# Alain Pelosato

# Aliens, Mutants et autres Monstres
## 998 films de série Z, B et mieux...

### Avec la nouvelle
### *"Les 7 derniers jours de Bela Blasko"*

*Bela Blasko dit Bela Lugosi*

*sfm éditions*
ISBN 978-2-915512-20-5
9782915512205
Dépôt légal septembre 2018

# Avertissement

Ce livre traite d'une thématique : « aliens, mutants et autres monstres au cinéma ».
Aucune sélection n'a été faite sur la base d'une soi-disant qualité du film traité. Au contraire même, j'ai veillé à voir le maximum de films de série Z et de série B sur ces thèmes et les ai traités sur un pied d'égalité avec les autres.
Quant au respect de la thématique, je me suis basé, évidemment, sur ma conception des termes *aliens, mutants et monstres*. D'abord on dit « alien » pour « extraterrestre », car le mot est plus court. Ensuite ce qu'on peut mettre dans les mots « mutants » et « monstres » est bien vaste. Je ne vais pas ici vous donner une définition. Ce serait périlleux. La lecture de ce livre (qui est aussi fait pour être consulté) vous donnera une idée.
Ainsi, je n'ai pas traité les films de zombies et de morts-vivants sauf en ce qui concerne Frankenstein, car je considère que cette histoire est, dans l'imaginaire, structurellement à l'origine du thème de la manipulation de la nature. Quand l'histoire de zombies comporte des mutations ou des monstres autres que les zombies, j'en ai sélectionné les films que vous trouverez dans ce livre.
Je publierai, quand j'aurai eu le temps de le confectionner, un autre livre sur le thème des

zombies qui comporte tellement de films, dont tellement de séries Z et séries B !

J'ai le plaisir d'offrir à mes lecteurs ma nouvelle littéraire *Les 7 derniers jours de Bela Blasko*, qui est un hommage au cinéma Bis, particulièrement un hommage à Bela Lugosi et au pire réalisateur de l'histoire : Ed Wood junior. Cette nouvelle avait été publiée en 1999 dans le recueil présenté par Léa Silhol : « De Sang & d'Encre ». Encore merci à elle.

Quant à la bibliographie, j'ai utilisé mon livre **Cinéma fantastique et de SF – Essais et données pour une histoire du cinéma fantastique - 1895-2015** qui contient une imposante biblio et plus de 1000 chroniques de films. Le présent livre contient de nombreuses nouvelles chroniques de films que j'ai vus depuis, spécialement pour le présent livre.

Bonne lecture !

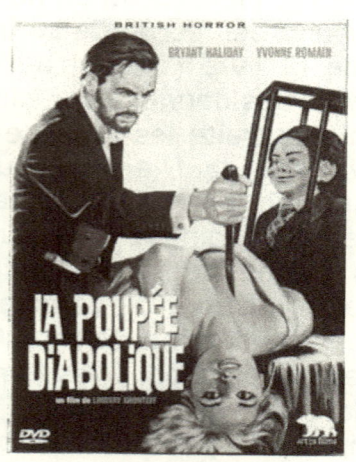

# Les origines[1]

## La Chose sans nom de Mary Shelley

On sait que le *Frankenstein* de Mary Shelley est né d'un pari littéraire. Cette phase étonnante de la création est reprise au cinéma par le préambule du film *La Fiancée de Frankenstein* de James Whale, dans lequel la même actrice joue Mary Shelley au début du film et la *Fiancée* à la fin. Le cinéaste tchèque (réfugié aux U. S. A.) Ivan Passer reprend l'histoire de ce pari dans un film de 1988 : *Haunted Summer* et, en 1986, Ken Russel en avait fait un film d'épouvante dont le titre est tout un programme : *Gothic*. Voici comment Mary Shelley elle-même relate cet épisode fondamental de sa vie : « *Au cours de l'été 1816, nous (Mary et son époux) visitâmes la Suisse et devînmes les voisins de Lord Byron (qui) était le seul parmi nous qui couchât ses pensées sur le papier. [...] Mais l'été devint humide, inclément[...] Des volumes d'histoires de fantômes, traduits de l'allemand en français tombèrent dans nos mains. [...]*

---

[1] Ces textes sont des extraits de mon étude « Cinéma fantastique et de SF – Essais et données pour une histoire du cinéma fantastique 1895-2015 »

— *Nous allons écrire chacun une histoire de fantôme, dit Lord Byron.*
*Nous nous ralliâmes à sa suggestion. Nous étions quatre (Mary et Bercy Shelley, le Dr Polidori – qui se rendit célèbre avec son histoire de vampire – et Byron). [...] Je m'occupais à songer à une histoire, une histoire qui rivalisât avec celles qui nous avaient incités à en écrire. Une histoire qui parlerait aux peurs mystérieuses qui hantent notre nature, qui susciterait une horreur profonde – une histoire telle que le lecteur n'osât point regarder autour de lui, une histoire à glacer le sang, à faire battre le cœur à coups redoublés. Si je n'y parvenais point, mon histoire de fantôme serait indigne de son nom. [...] Je vis, étendue, l'apparence hideuse d'un homme donner des signes de vie, à la mise en marche d'une puissante machine, et remuer d'un mouvement malaisé, à demi vital. [...] L'effort de l'homme pour imiter le stupéfiant mécanisme du Créateur de l'univers, ne pouvait qu'engendrer un effroi suprême. Sa propre réussite terrifiait l'artisan, il fuyait précipitamment, frappé d'horreur, son œuvre affreuse.* » Ainsi, d'une œuvre somme toute mal écrite, est né un mythe qui consacre de nombreuses œuvres cinématographiques. Pour donner une idée du style de Mary Shelley, lisons cet extrait : « *Ce fut par une lugubre nuit de novembre que je vis enfin mon œuvre terminée. Avec une anxiété mêlée de terreur, je rassemblai autour de moi les instruments qui devaient me permettre d'infuser l'étincelle de vie dans cette*

*chose inerte gisant à mes pieds. Une heure du matin venait de sonner et la pluie frappait lugubrement contre les vitres. Ma bougie presque entièrement consumée jetait une lueur vacillante, lorsque tout à coup, je vis s'ouvrir l'œil jaune et vitreux de cet être. »*[2]

Contrairement à Dracula, le mythe de cette Créature n'est pas une tradition d'un folklore quelconque. Il est né de l'angoisse de l'espèce humaine devant la Création de la vie, et de la manière dont de futures découvertes (Mary Shelley a écrit son livre en 1818, elle avait dix-neuf ans...) pouvaient faire accéder à cette divinité. À partir donc de cette idée de l'alchimiste qui crée la vie avec la mort, au même titre qu'il chercha à trouver la vie éternelle et créer l'or avec le plomb, l'œuvre débouche sur les problèmes humains qui en sont la conséquence. Différents angles de vue peuvent ainsi être traités, et ils l'ont été par le cinéma. Le point de vue de la Chose d'abord, traité par James Whale dans les fameuses scènes de Boris Karloff et la petite fille dans *Frankenstein* et du joueur de violon aveugle dans *La Fiancée de Frankenstein*. Le point de vue du docteur Frankenstein ensuite qui veut développer la connaissance humaine quelles que soient les conséquences. Ce point de vue, qui se rapproche de Stevenson dans *Dr Jekyll et Mr Hyde*, est largement développé par toute la série des *Frankenstein* de Terence Fisher

---

[2] Mary Shelley dans son introduction à *Frankenstein*

pour la Hammer (années 1950 et 1960). Dans ces films, le docteur Victor Frankenstein parvient toujours à ses fins et renaît de ses cendres. Et c'est normal, comment peut-il mourir puisqu'il a découvert l'éternité ?

Lovecraft (avait-il lu Mary Shelley ?) a écrit, sur commandes, une série de nouvelles intitulées *Herbert West réanimateur*. Dans ces histoires terrifiantes, Herbert West est un étudiant qui a inventé un produit qu'il suffit d'injecter aux cadavres pour leur redonner la vie. La méthode technique est bien plus simple que dans *Frankenstein*... Le cinéma s'est intéressé à cette nouvelle version de la Chose : Stuart Gordon a réalisé *Re-animator* dans lequel il a rajouté du sexe (dont Lovecraft n'était pas friand) et du gore, beaucoup de gore... Il y a même eu deux suites, avec le même acteur, signées Brian Yuzna (*Re-animator 2* et *Beyond Re-animator*). Enfin, Stevenson lui-même a écrit une nouvelle *Les Pourvoyeurs de cadavres* (1884) que l'écrivain avait écrite dans une période de profonde dépression. Même thème de récupération de cadavres dans les cimetières pour des expériences clandestines. Plusieurs films se sont inspirés de cette histoire dont *Le Récupérateur de cadavres* de Robert Wise (1945) avec Boris Karloff et Bela Lugosi, et *L'impasse aux violences* de John Gilling (1960) avec Peter Cushing, célèbre pour ses interprétations du docteur Frankenstein dans les films de Terence Fisher. Dans le film de Robert Wise, les expériences du médecin lui serviront à guérir une petite fille paralytique. Le thème est donc plus progressiste : les expériences clandestines servent, à un moment ou à un autre, au bien-être de l'humanité. Hélas, à cause de la perversité de Gray, le pourvoyeur de cadavre interprété magistralement par Boris Karloff, le crime devient le matériau (cher au docteur Frankenstein) des expériences interdites. La scène où Gray tue par étouffement entre ses mains l'homme à tout faire qui voulait le faire chanter est très cruelle. C'est Bela Lugosi qui joue le rôle de cet homme dans ce beau film très expressionniste. Lorsque Gray a ramené son cadavre chez le docteur, une scène stupéfiante, reprise de nombreuses fois ensuite, montre le visage du mort dans l'eau (les cadavres sont conservés dans un bain) et, en gros plan, les mains du docteur qui saisissent la tête pour la ramener à la surface. Ce film est surtout l'histoire d'une hantise, une profonde culpabilité matérialisée par Gray, dont le fantôme, pure création de l'esprit du docteur, le tuera à la fin. Seul le mythe de *Frankenstein* s'est perpétué jusqu'à nous alors que les autres se sont transformés, modernisés, pour une simple raison, c'est que ce mythe était déjà moderne. Dans *Chair pour Frankenstein*, Paul Morrissey insiste surtout sur la chair, car ce film est présenté en trois dimensions. il faut donc faire peur. Sans explication, Morrissey laisse croire que Victor s'est marié avec sa sœur (qui n'est que sa sœur de lait dans l'histoire d'origine) et leur enfant prendra d'ailleurs la relève. Dans ce film grotesque et baroque, les mises à mort (nombreuses) sont très impressionnantes : décapitation avec une grande cisaille, multiples éventrations avec les mains... Au contraire, Kenneth Branagh, dans son *Frankenstein*, film produit par Coppola et dans lequel on voit clairement toute son influence, montre un monstre humain, pétri de contradictions entre sa violence et son amour. La Chose assène clairement ses reproches à son créateur sur la mer de glace où elle l'a entraîné : « *Tu m'as donné des émotions sans me dire comment m'en servir. [...] Et mon âme ? j'en ai une moi ? [...] As-tu jamais songé aux conséquences de tes actes ? Tu m'as donné la vie et tu m'as abandonné à la mort. Qui suis-je ?* » Le monstre, interprété par le puissant acteur Robert de Niro, réclame une femme, une compagne comme lui, ainsi elle ne le haïra pas. Et il rajoute : « *J'ai en moi une puissance d'amour que tu es à cent lieues d'imaginer, et une violence...* » Ce superbe film développe un rythme fait de longues scènes succédant à de très courtes, ces longues scènes elles-mêmes rythmées par de longs plans-séquence placés entre une succession éblouissante de plans très courts. La couleur des tenues des personnages (rouge et bleu vif) prédit leur destin. Cela fait un film qui ressemble à une partition, une superbe symphonie pour les yeux... Sous l'influence évidente du producteur, le macabre est laissé de côté pour insister sur les sentiments et l'affectivité. C'est une histoire d'hommes, les femmes n'y sont que les objets des sentiments des hommes, Elisabeth portant la tenue rouge au milieu de la foule grise qui fuit l'épidémie de choléra est sacrifiée aux obsessions occultistes de Victor Frankenstein. (Elle subira le même sort, au fond, que la petite fille juive au manteau rouge, dans le film en noir et blanc *La Liste de Schindler* (1993) de Steven Spielberg). Une histoire de père et de fils, monstrueux, mais humain, drame du complexe d'œdipe composé d'une double culpabilité, celle du créateur, du père qui a créé un fils sans en être le géniteur, en volant la chair des autres *(« un simple matériau »,* déclare Frankenstein) et celle du fils qui veut la mort de son père et lui voler son épouse comme il lui a arraché son cœur de sa poitrine lors de leur nuit de noces. Alors que l'ensemble du film respecte l'architecture et le scénario du roman, cette dernière scène et celle qui suivra, la "résurrection" d'Elisabeth par une nouvelle expérience de Frankenstein, ont été rajoutées. Elles sont fondamentales dans le projet (réussi) du réalisateur et de son producteur de détourner le sens de cette aventure et d'en faire une histoire macabre du mythe d'Œdipe. Au fond, cet esprit de l'œuvre cinématographique est le prolongement de celui de l'œuvre littéraire puisqu'on peut y lire cette réflexion de Victor Frankenstein : « *L'être que j'avais déchaîné parmi les hommes, ce démon doué de la volonté de détruire et de la puissance de réaliser ses projets horribles, telle la mort qu'il venait de donner, je le considérais comme mon propre vampire, mon propre fantôme sorti de la tombe, et contraint de détruire tous ceux qui m'étaient chers. »*

Avec le film *Le Mort qui marche* dans lequel Boris Karloff fait une interprétation géniale de la souffrance d'un homme simple exécuté à la place d'un autre, les histoires de Lovecraft et de Stevenson prennent un tournant qui aboutit à *La Nuit des morts-vivants* de Romero. En effet, on trouve dans *Le Mort qui marche* (film de Michael Curtiz de 1936), trente-deux ans avant le film de Romero, tous les ingrédients du film d'horreur moderne. Le cadre n'est plus gothique, mais moderne : l'Amérique des gangsters des années trente et les morts reviennent pour consommer les vivants (vengeance dans le film de Curtiz alors que l'action du second film de la trilogie de Romero, *Zombie le crépuscule des morts-vivants*, se déroule dans un vaste centre commercial abandonné).

Mais, il y eut d'autres créatures créées par l'homme dans d'autres chefs-d'œuvre de la littérature et du cinéma. *Le Golem*, légende juive mise en littérature par Gustav Meyrink fit l'objet de nombreux films. Cette créature est réalisée par l'homme grâce à l'assistance du diable avec de la simple argile. Bien sûr, le danger est qu'elle prenne son autonomie. Le thème commun à toutes ces histoires c'est le "moteur" de l'œuvre littéraire dont parlait Stephen King. Du robot de *Metropolis* en passant par l'ordinateur qui se révolte dans *2001 L'odyssée de l'espace* et le robot de *Mondwest*, jusqu'aux répliquants de *Blade Runner,* l'homme réfléchit sur l'autonomie que peut (doit) prendre la créature vis-à-vis de son créateur. L'Homme n'est-il pas la créature de Dieu ?

Enfin, les légendes et pratiques Vaudou ont inspiré nombre de films comme *Vaudou* de Jacques Tourneur, *L'emprise des ténèbres* de Wes Craven, qui traitent des zombies, esclaves produits par des rites qui ressuscitent les morts. En réalité, il semblerait que cette pratique existe réellement : elle consiste à administrer à un vivant un produit qui le jette dans la plus complète léthargie semblable à la mort et, une fois sorti de sa sépulture et remis en activité, ne sait plus qu'obéir à celui qui lui donne des ordres...

# Docteurs de l'horreur

### Le premier scientifique de la mort : le docteur Frankenstein...

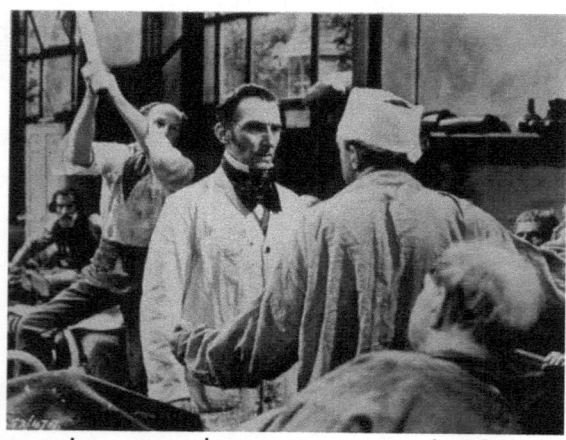

Le premier grand personnage de fiction, un vrai savant, fut le docteur Frankenstein. Ce personnage du roman de Mary Shelley est devenu réellement célèbre, grâce, notamment au cinéma. Comme personne ne donna de nom à la créature créée par Frankenstein, on lui prêta le nom de son créateur.
Mary Shelley, qui écrivit son roman à l'âge de dix-neuf ans, utilisa les expériences scientifiques de l'époque pour écrire son livre. D'une part, son mari rêvait d'utiliser l'énergie de la foudre et d'autre part, Giovani Aldini réalisa

des expériences de réanimation à Londres en 1802 – 1803.

Cet intéressant personnage de Frankenstein fut rapidement éclipsé par le personnage de sa créature. Cette éclipse est surtout due au film de James Whale *Frankenstein* (1931) dans lequel le docteur est une pâle figure victime de ses recherches et le monstre, magistralement interprété par Boris Karlofff, occupe ainsi le devant de la scène. Cette image du pauvre jeune docteur dépassé par ses propres recherches est radicalement changée dans la série des *Frankenstein* de la Hammer, société anglaise de production qui réalisa des films d'horreur après la Deuxième Guerre mondiale. Ces films ont été pour la plupart réalisés par Terence Fisher. C'est Peter Cushing (1913 – 1994) qui interprète ce rôle dans tous ces films, homme de science cynique qui poursuit un seul but : la réalisation de ses expériences infernales sans aucune considération morale ou éthique. Un personnage réellement subversif, car se fichant complètement de la société et des conséquences de ses expériences. Dans un de ces films – je crois qu'il s'agit de *Frankenstein créa la femme* (1967) – le docteur infernal viole son assistante !

## Le professeur Quatermass et la terreur venue du cosmos

*Quatermass 2*

Il faut dire que la Hammer avait déjà contribué largement à changer l'image un peu niaise du scientifique avec sa série des *Professeur Quatermass*. Ce dernier, dans le premier film de la série : *Le Monstre* (1955) de Val Guest, envoie une fusée dans l'espace. Mal lui en a pris, car cet engin rencontre une entité (lovecraftienne) qui tue les passagers sauf l'un d'entre eux qui revient avec en lui toutes les données de sa future transformation en monstre. Ici, le professeur joue un personnage impitoyable, seulement motivé par ses recherches et totalement dénué de tout scrupule dans la mesure où ses recherches sont en jeu. Ce trait de caractère se poursuit dans les deux films suivants : *La Marque* (1957) de Val

Guest, dans lequel les extraterrestres (toujours aussi lovecraftiens) installent des bases sur Terre, et *Les Monstres de l'espace* (1967) de Roy Ward Baker, dans lequel on trouve un vaisseau spatial enterré lors du creusement du tunnel de Londres ; et devinez ce qu'on trouve à l'intérieur de cet artefact ?... un monstre lovecraftien bien sûr !

C'est que l'influence de Lovecraft dans ces films ne se limite pas à la présence de monstres. N'oublions pas que cet écrivain américain était un matérialiste convaincu, et que la science joue un rôle déterminant dans son œuvre. Sa mythologie est basée sur l'existence matérielle d'êtres incroyables. Cette matérialité, il la pousse jusqu'à décrire une autopsie d'un « Grand Ancien » dans sa nouvelle *Les Montagnes hallucinées* !

Ce thème de la terreur venue du cosmos est magistralement traité dans le film *Event Horizon* (1997) de Paul Anderson, dans lequel le scientifique créateur du fabuleux vaisseau spatial sera le vecteur de la folie destructrice des monstres de l'au-delà. On ne triture pas dame Nature impunément !

## D'autres scientifiques de la mort...

*Herbert West en pleine action*

Lovecraft a aussi mis en scène un scientifique maudit : Herbert West, réanimateur. On peut aisément voir Lovecraft lui-même dans ce personnage lorsqu'il le décrit de la manière suivante : « *West était matérialiste. Il ne croyait pas à l'existence de l'âme et attribuait tous les effets de la conscience à des phénomènes physiques.* » Ce personnage, un étudiant en médecine qui découvre un produit qui réanime les morts, a été mis en scène par Stuart Gordon dans son film *Re-animator* (1985), film délirant mêlant sexe et gore (alors que Lovecraft détestait le sexe...). Le même Stuart Gordon a produit la suite de Brian Yuzna : *Re-animator 2* dont le titre anglais, *Bride of re-animator*, rend hommage au film *La fiancée*

de *Frankenstein*. Dans ces deux films, c'est Jeffrey Combs qui joue le rôle d'Herbert West de même que dans *Beyond Re-animator* également réalisé par Brian Yuzna.
Restons dans le domaine de la boucherie avec *Le Jour des morts-vivants* (1985) de George A. Romero. Il y met en scène le docteur Logan, dit « *docteur Frankenstein* ». On le surnomme ainsi, car il faisait des expériences sur les morts-vivants. Ces expériences étaient indispensables, car l'espèce humaine avait quasiment disparu, et le « bon » docteur tentait de redonner humanité à ces monstres affamés de chair humaine.
Enfin, dans le domaine de la mort, ou plutôt de la non-mort, comment ne pas citer le professeur Van Helsing du roman de Bram Stoker *Dracula* (1897) ? Ce professeur est à la fois un détective de l'étrange et un « scientifique de l'irrationnel », un érudit qui connaît les vampires, leur nature et la manière de s'en débarrasser. Et quand on observe bien le personnage du scientifique en général dans les fictions fantastiques et de science-fiction, c'est souvent quand il est irrationnel qu'il est positif, et au contraire négatif quand il est rationnel... Cet érudit de l'irrationnel est présent systématiquement dans les œuvres de Graham Masterton, basées sur un mythe ou une légende qui donnent « *un maximum de crédibilité à des scénarios parfois improbables* ».[3]

---

[3] Citation de Graham Masterton dans sa préface au roman « L'orgue de Leonardo » de Christophe Corthouts, éditions Naturellement, collection 2000.com.

Ne voit-on pas là une revanche de *ceux qui ne savent pas* contre *ceux qui savent* ?

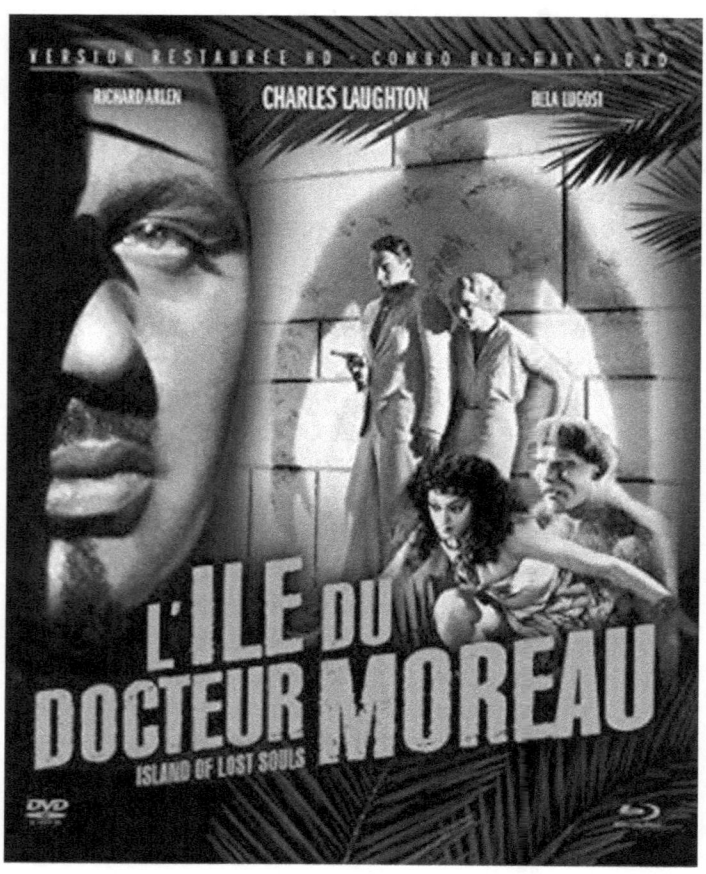

## Docteurs de la vie

Le thème de donner humanité à ce qui n'en a pas, est traité par le chef-d'œuvre de H. G. Wells : *L'Île du docteur Moreau*. (Première édition française en 1901) On se souvient de l'histoire : retiré sur une île, le docteur Moreau tente des expériences qui transforment les animaux en êtres humains. Mais la nature, une fois chassée, revient au galop. La bestialité reprend le dessus, malgré la tentative du docteur d'instituer de nouvelles lois qui interdisent tout acte bestial. Il est intéressant de noter l'évolution du personnage au cinéma depuis la première version (D'Erle C. Kenton en 1932) dans laquelle (comme dans le roman de Wells) la seule chirurgie est évoquée comme technique de transformation, jusqu'à celle de John Frankenheimer en 1996, dans laquelle le docteur joué par Richard Burton utilise les manipulations génétiques. On voit là que la technique importe peu (donc la vraisemblance scientifique a peu d'importance...), seule l'histoire est intéressante.

Les manipulations génétiques conduisent à de sombres aberrations. Dans *Tarantula* (1955) de Jack Arnold, les expériences du savant fou conduisent à la création d'une araignée géante ; mais la science sera victorieuse contre elle-même, puisque cette araignée sera détruite par le... napalm, nouvelle arme découverte alors récemment.

Cette terreur des manipulations génétiques n'a pas fini d'inspirer nos fantastiqueurs. *Mimic* (1997) de Guillermo Del Toro met en scène des insectes mutants qui imitent l'apparence des hommes pour mieux les dévorer. Mais cette fois, le scientifique responsable de cette catastrophe est une femme, un grand tournant dans l'histoire des scientifiques dans la fiction fantastique, car jusqu'à présent on avait affaire à un homme ! Cette nouvelle mode avait déjà été inaugurée dans *Relic* (1997) de Peter Hyams. On a vu aussi une scientifique féminine dans *Peur bleue* (1999) où elle transforme un requin dans le but de chercher des solutions médicales.

Mais autrefois, c'était une autre terreur scientifique qui dominait les histoires de science-fiction. C'était celle de l'atome. Citons deux raretés cinématographiques : *Dr Cyclops* (1940) d'Ernest B. Schœdsack, film dans lequel ce docteur à la très mauvaise vue réduit en miniature les êtres vivants grâce aux radiations atomiques, et, surtout, le très méconnu *L'horrible cas du docteur X* (1963) de Roger Corman, dans lequel ce docteur acquiert la capacité d'une vue très spéciale aux rayons X ! Le pauvre...

Ce dernier cas correspond à celui du scientifique qui fait une découverte sensationnelle, et qui l'expérimente sur lui-même avec de terribles conséquences.

Le plus fantastique dans ce domaine est bien *La Mouche*, nouvelle de George Langelaan, adaptée deux fois au cinéma, la première fois par Kurt Neumann en 1958 et par David Cronenberg en 1986. Dans le film de David Cronenberg, la présence de l'ordinateur et les découvertes génétiques rendent l'histoire encore plus crédible, car les deux êtres ne se rassemblent pas par morceaux comme dans la première histoire, mais ont leurs gènes complètement imbriqués...

Le cinéma et la littérature ont réussi à nous terrifier avec les « docteurs »... Cette terreur vient de loin. De l'époque moyenâgeuse où l'apparition du docteur en médecine signifiait l'approche de la mort. Lors des grandes épidémies de peste, leur tenue terrifiante ne pouvait que contribuer à cette terreur.
L'évolution des sciences et des techniques n'a pas apaisé cette dernière. Au contraire. Elle a donné encore plus d'ampleur aux moyens humains de transformer la nature, en général, et celle de l'homme en particulier. Sacrés docteurs !

### *Zoom sur le meilleur de Frankenstein*

## La Fiancée de Frankenstein (1935)

James Whale a créé, pour le cinéma, le monstre le plus célèbre, la créature de Frankenstein, dans le film *Frankenstein* (1931) pour lequel il avait sollicité Bela Lugosi, celui-ci ayant refusé, ne voulant pas jouer le rôle d'un monstre. Ce fut donc Boris Karloff qui obtint le rôle et qui interpréta une inoubliable créature, jamais égalée. Le mythe de Frankenstein au cinéma a été traité dans mon livre « *Cinéma fantastique et de SF – Essais et données pour une histoire du cinéma fantastique 1895-2015* », je n'y reviendrai donc pas. Dans le domaine du fantastique, James Whale a aussi réalisé *L'homme invisible* (1933) d'après l'œuvre de H. G. Wells. Le film qui nous intéresse ici, *La Fiancée de Frankenstein*, est le meilleur de Whale, bien supérieur au *Frankénstein*. C'est pourtant ce dernier qui fit la célébrité du cinéaste. Plusieurs scènes de cette suite de *Frankenstein* marquent l'histoire du cinéma, notamment, les homoncules de l'horrible Pretorius, la scène de la rencontre de la créature avec le joueur de violon aveugle et la rencontre de la créature avec sa "fiancée". La coiffure de cette dernière a beaucoup inspiré les parodies comme celle de Mels Brook. Enfin, Brian Yuzna a repris l'idée de la fiancée du monstre dans *Re-animator 2* qui se veut la suite de *Re-animator* (1985) de Stuart Gordon. Cette idée de fiancée pour le monstre est complètement absente du roman de Mary Shelley. Elle a pourtant été reprise souvent au cinéma, y compris avec un sens inversé dans *Frankenstein* de Banagh. Hitchcock rend hommage à ce film dans *Saboteur* (1942) avec la scène de l'hôte aveugle.

**La Fiancée de Frankenstein**
Le générique commence évidemment avec l'image de l'Universal : un avion (poussif) qui tourne autour du globe terrestre...
Une nuit d'orage : la caméra avance lentement vers un manoir isolé à peine aperçu dans l'obscurité. Changement de plan : vu de l'extérieur, un homme se tient debout devant une baie vitrée et regarde vers le ciel.
Chaude lumière, ambiance confortable avec feu dans la cheminée changent l'ambiance en même temps que la musique. Le même personnage déclare : « Voilà la splendeur du romantisme : au-dehors, les éléments sont déchaînés, et d'ici, nous les contemplons paisi-

blement. » Il marche vers la gauche et la caméra, en pivotant, fait entrer deux autres personnages dans le champ : une jeune femme qui fait de la broderie et un homme qui écrit. Le premier personnage se nomme lui-même : lord Byron, « le grand pécheur d'Angleterre » et présente M. Shelley, l'homme qui écrit, et ce dernier cite Mary (« qui est un ange » répond Byron). Il ajoute : « Vous qui craignez l'orage, vous avez écrit un conte qui m'a glacé le sang ». Mary : « La punition d'un mortel qui ose défier Dieu ».

Byron raconte alors l'histoire, et c'est l'occasion de présenter des extraits de « Frankenstein » (1931) avec les commentaires de Byron en voix off.

La scène du cimetière montre l'enterrement d'un mort et ensuite, la nuit, Frankenstein volant le cadavre dans sa tombe fraîche, détachant le pendu du gibet où il se balançait, Frankenstein l'alchimiste dans sa retraite où, à l'aide de cadavres, il crée un monstre si effrayant que seul un cerveau détraqué a pu le concevoir. Et tous ces meurtres : ce petit enfant noyé, Frankenstein précipité dans les flammes par le monstre qu'il a créé...

Retour au manoir, Mary s'est piqué le doigt avec son aiguille. Shelley trouve dommage qu'il n'y ait pas de suite au roman de la jeune femme. Si ! Il y en a une !

Mary raconte... Byron : « Ouvrez les vannes de l'enfer ! »

Près du moulin en ruines (à la fin de « Frankenstein »), le feu a fait son œuvre, la foule acclame l'effondrement du bâtiment en flammes.

Une vieille bigote (que l'on reverra souvent dans la suite) : « Ça bouge encore ! Il n'est pas complètement consumé ! » Une autre : « Le monstre n'est pas mort ? »

Henry Frankenstein est emmené inanimé au château. Le père de la petite fille assassinée par le monstre déclare : « Quand j'aurai vu ses os calcinés, je pourrai enfin dormir ! » Il s'approche des restes de l'incendie, une passerelle s'effondre et il tombe dans l'eau. Au fond, le monstre sort de l'ombre... et noie le pauvre père, puis remonte et jette la femme dans le trou. L'image montre la vieille bigote en plan américain, derrière elle, le monstre entre dans le champ par la droite. Elle se retourne, le voit et fuit en hurlant. Le monstre ne sait pas parler, il ne fait que pousser des grognements. (Toutes ces images sont très expressionnistes).

Frankenstein est ramené au château et Elisabeth l'accueille. La vieille bigote vient annoncer la nouvelle : « Il vit ! Le monstre vit ! » Frankenstein est allongé sur la table. Cette scène est montrée par un lent travelling qui suit la civière portée par des hommes, dans un plan général qui se rapproche. Il n'est pas mort : c'est encore la vieille bigote qui l'annonce en le voyant bouger.

Dans la chambre du blessé, Elisabeth s'inquiète auprès de Frankenstein de ses expériences. Elle a très peur. Un homme frappe à la porte du château. Minnie la servante lui ouvre. Il s'annonce comme le docteur Pretorius, que Frankenstein a connu lors de ses études. Il vient proposer une collaboration à Frankenstein et l'invite à venir voir le fruit de ses travaux.

Les deux hommes arrivés chez lui, il sert à boire et porte un toast « à un monde de dieux et de monstres ! » Il va chercher une longue boîte, ressemblant à un cercueil miniature. Il en sort des bocaux recouverts de tissus qu'il enlève pour dévoiler des « créatures charmantes ». En effet, ils contiennent chacun un être humain vivant miniature. Il y a le roi amoureux de la reine qu'il ne peut rencontrer dans son autre bocal, l'évêque, la danseuse et la sirène... Frankenstein : « Ce n'est pas de la science ! C'est de la magie noire » (Les effets spéciaux sont excellents). Pretorius : « Quittez les ossuaires. Suivez la voie de la nature ou de Dieu, si vous croyez la bible : il créa l'homme et la femme. » Frankenstein refuse, même quand Pretorius lui propose de créer une compagne au monstre.

Le monstre marche dans la forêt ; il boit dans une rivière alimentée par une belle cascade et voit son image terrifiante reflétée par la surface de l'eau. Il en est effrayé ! Il fait peur à une jeune bergère qui en tombe à l'eau du haut de son rocher. Il plonge pour la sauver, mais elle hurle de terreur. Deux chasseurs arrivent et tirent. Ils le blessent à l'épaule. Dans la ville, c'est la mobilisation générale sous la direction du Bourgmestre (l'équivalent du maire). La foule poursuit le monstre dans une futaie surréaliste, le rattrape et le fait prisonnier. Il est attaché comme une bête à un poteau et jeté dans une charrette. On l'enchaîne dans une cellule. Mais, il descelle facilement les anneaux auxquels sont fixées ses chaînes et démolit la porte. Il terrorise la population dans la ville.

C'est la nuit au camp de Tziganes, une femme a peur du monstre. Elle envoie son mari chercher du sel et du poivre. Après son départ, le monstre surgit, bouscule tout le monde et s'empare de la viande qui rôtit sur le feu. Mais il se brûle ! Il s'éloigne et entend une musique douce.

Un ermite joue du violon dans sa cabane. Le monstre s'approche. L'ermite entend son grognement de plaisir et sort en demandant : « Qui est là ? » Comme personne ne répond, il rentre et continue à jouer du violon. L'image le montre assis, de profil, le feu de cheminée projette son ombre sur le mur. À droite, une fenêtre au travers de laquelle on voit bouger le monstre qui regarde à l'intérieur. Il entre et l'ermite lui souhaite la bienvenue. Il est aveugle et s'en excuse ! Il le fait entrer, le soigne, lui donne à manger. Il est très heureux d'avoir un nouvel ami, alors qu'il ne rencontre personne depuis longtemps. Le vieillard comprend que le monstre ne sait pas parler. Ce handicap le rend solidaire avec lui : « Je ne peux voir et vous ne pouvez pas parler ! » L'ermite invite le monstre à se reposer. Il remercie Dieu. Alors que tous deux pleurent, le monstre allongé et l'ermite le visage posé sur sa poitrine, la main du monstre sur la nuque, en arrière plan, le crucifix accroché au mur s'illumine. Le lendemain, l'ermite apprend au monstre à parler alors qu'il mange de bon cœur. Les chasseurs surviennent, voient le monstre et le charme est rompu. Il s'échappe et la maison de l'ermite brûle.

Il se réfugie dans une crypte et voit le cadavre d'une jolie femme. « Ami », dit-il en lui passant la main devant les yeux... Quelqu'un arrive... Il se cache dans un coin sombre. Pretorius et deux aides viennent chercher la morte, une jeune fille de dix-neuf ans. Après leur travail, les aides repartent et laissent Pretorius seul dans la crypte. Il s'installe avec un bon repas en compagnie d'un crâne et des ossements. Il rit aux éclats alors que le monstre sort de l'ombre. Pretorius offre au monstre le boire et le manger et lui annonce qu'il va faire une femme pour lui et l'invite, par allusion, à faire pression sur Frankenstein pour parvenir à cette fin. Le monstre rappelle qu'il a été créé avec des cadavres et ajoute : « Moi, aimer cadavres... Haïr vivants ! »

Pretorius se rend chez Frankenstein qui vient de se marier avec Elisabeth. Ce dernier refuse de reprendre ses expériences. Le monstre est venu pour faire pression. Il finit par enlever Elisabeth afin d'obliger Frankenstein à reprendre l'expérience.

Scènes de laboratoire, d'expériences. Le cœur à greffer est faible, il faut un autre cœur. Pretorius fait tuer une innocente passante. Il

drogue le monstre pour avoir la paix. Le cœur est greffé alors que l'orage approche. Les cerfs-volants qui doivent attirer la foudre sont lancés et le « diffuseur cosmique » descendu (une espèce de montage d'anneaux...) C'est le même décor, le même escalier que dans « Frankenstein ». Après quelques péripéties, l'expérience réussit. La fiancée est habillée de blanc, sa grande chevelure possède une mèche claire en forme d'éclair de chaque côté. Le problème, c'est que lorsqu'elle voit le monstre, elle hurle de terreur ! Cela le désespère complètement. Il veut tout détruire et s'approche du levier qui peut tout faire exploser. Elisabeth qui s'est échappée appelle Frankenstein. Le monstre lui dit : « Pars ! Toi... vivre... » Et à Pretorius : « Toi, rester ! Nous... appartenir à la mort... » Et il baisse le levier. La tour explose. Elisabeth et Frankenstein sont sauvés !
Fin

**La Fiancée de Frankenstein** (1935). (Bride of Frankenstein). Un film de James Whale. Prod. Carl Lamemmle Jr. D'après le roman de May Shelley, adapté par Wiiliam Hurlbut et John Balderston. Déc. Charles D. Hall – Dir. Ph. John J. Mescall. Eff. Sp. John P. Fulton, Mus. Franz Waxman conduite par Bakaleinikoff. Mont. Ted Kent. Avec, Boris Karloff (le monstre), Colin Clive (Henry Frankenstein), Valerie Hobson (Elisabeth), Ernest Thesiger (Dr Pretorius), Elsa Lanchester (Mary Shelley), Gavin Gordon (Lord Byron), Douglas Walton

(Percy Bysshe Shelley) et Una O'Connor, E. E. Clive, Lucien Prival, O. P. Heggie, Dwight Frye, Reginald Barlow, Mary Gordon, Arn Darling, Ted Billings. Film noir et blanc

Et, pour parodier le générique du film *Frankenstein* qui posait la question au début : qui joue le monstre ? , ici, une autre question est posée : qui joue la fiancée du monstre ? Tout le monde aura reconnu Elsa Lanchester qui joue également Mary Shelley...

## La Nuit des morts-vivants (1969)

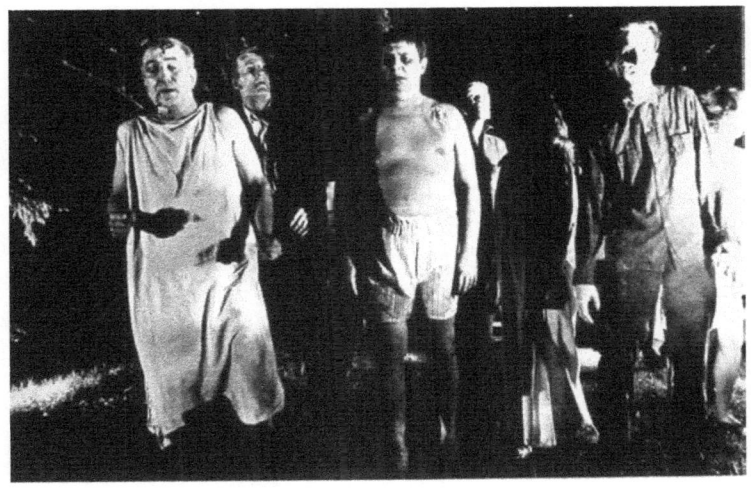

*Je propose d'inclure dans cette étude le film* La Nuit des morts-vivants. *Ceci dit, je n'ai pas considéré les films de zombie comme pouvant être inclus dans cette catégorie extraterrestre et mutants, bien que le zombie par définition est un mort qui a muté ! Mais le sujet « zombie » est trop vaste. J'ai donc décidé de le citer ici pour mémoire avec ce chef-d'œuvre et d'en faire un ouvrage spécial auquel je m'attellerai prochainement une fois ce présent livre publié. Certains films de zombie sont compatibles avec le thème de ce livre, par exemple* Le Jour des morts-vivants *de Romero...*

Il y avait déjà eu *White Zombie – les morts-vivants* (1932) de Victor Halperin, avec Bela Lugosi.
*La Nuit des morts-vivants* (1968) est le film qui donna sa célébrité à George Romero qui sut magnifiquement puiser dans ce nouveau

mythe pour en faire une première trilogie : *Zombie* (1978) – produit par Dario Argento – et *Le Jour des morts-vivants* (1985). Il poursuivit d'ailleurs ensuite avec trois autres films, car, a-t-il dit, il avait encore beaucoup de choses à dire : *Land of the Dead* (2004), film dans lequel il montre toute son affection pour les zombies, qu'il définit comme « commandos de la destruction de la société capitalise », puis, toujours de la même veine, *Diary of the Dead* (2008) et *Survival of the Dead* (2009)[4]
*La Nuit des morts-vivants* pourrait être défini comme le néoréalisme au service du fantastique, ce qui ne manque pas de contradiction, mais apparente seulement. En effet, Romero a tourné avec peu de moyens, sur le mode du reportage, dans un décor naturel absolument réaliste. C'est l'opposé du film gothique, car l'horreur ne vient pas du décor, mais de la situation. Il rend ainsi crédible cette histoire de morts-vivants. L'originalité, à l'époque, réside aussi dans le fait que le personnage principal, héros positif, seul maître de lui-même, est un noir. À l'époque où le film sortit en salle, on en sortait bouleversé et terrorisé. Les deux suites sont en couleurs et encore plus terribles, car, la fin reste totalement ouverte. Ce thème a fait la fortune d'autres cinéastes. Le scénariste Dan O'Bannon réalise en 1984 *Le*

---

[4] Téléchargez les interviews de toute l'équipe du film *Land of the Dead*, Romero en premier : **http://www.sfmag.net/Romerosfmag45.pdf** et aussi, à propos du même film : **http://www.sfmag.net/spip.php?article2815**

*Retour des morts-vivants*, parodie terrifiante du thème cher à Romero, dans laquelle seul le cerveau des vivants est consommé et surtout, au fur et à mesure que l'action se déroule, le mal s'étend et aucune solution n'apparaît, au contraire, la situation s'aggrave de minute en minute jusqu'à la catastrophe finale. Le responsable de tous les maux est bien sûr l'armée américaine. Tant qu'on peut se défouler sur elle dans des films... *Le Retour des morts-vivants 2* (1987) de Ken Wiederhorn et *Le Retour des morts-vivants 3* de Brian Yuzna participent de la même terreur, avec de moins en moins de parodie. Enfin, les Italiens reprennent le thème pour en faire des films assez originaux comme Lucio Fulci dans les années soixante-dix et Michele Soavi, plus récemment. George Romero, décidément insatiable sur ce sujet, a produit un remake en couleurs avec quelques variantes de scénario : *La Nuit des morts-vivants* (1990) de Tom Savini.

*La Nuit des morts-vivants* semble exaucer un souhait du grand cinéaste français, Jacques Tourneur, qui avait dit : « *Le véritable film de terreur n'a jamais été fait. J'ai un projet qui n'a jamais été tourné : la guerre entre les morts et les vivants. Nous sommes combien sur Terre aujourd'hui ? Quatre milliards. Et combien y a-t-il de morts ? Nous, les vivants, sommes une minorité. Pour moi, il y a trois mondes parallèles. Tous ces mondes sont enchevêtrés les uns et les autres et se développent parallèlement. J'en suis persuadé !* » Et puisque nous sommes dans les citations, voici celle de Stephen King dans son essai *Pages noires*, édité en 1981 aux États-Unis : « *Les histoires de goules et de cannibales nous entraînent au cœur d'un territoire authentiquement tabou – voir les réactions suscitées par* La Nuit des morts-vivants *et* Zombie *de George Romero.* »

Il est vrai qu'aujourd'hui, pratiquement plus personne ne conteste le statut de chef-d'œuvre à ce film. Mais il n'en était pas question à l'époque de sa sortie. C'est que dans le domaine du cinéma, il en est de même (moins aujourd'hui) que dans le domaine de la littérature : la critique s'intéresse peu au fantastique, sauf pour le dénigrer. Je ne suis pas le seul à le penser, Stephen King le dit également, avec beaucoup plus de talent : « *... Maints critiques [...] se conduisent avec notre genre d'élection (le fantastique) à la façon de ces riches dames yankees qui visitaient les enfants dans les usines de Nouvelle-Angleterre pour leur apporter des paniers de victuailles, de la dinde à Thanksgiving et des œufs en chocolat à Pâques. Ces critiques-là, qui sont aussi inconscients de leur élitisme arrogant que de leur ignorance des ressources et des qualités de la littérature populaire, perçoivent parfaitement le caractère ridicule des chaudrons de sorcières, des chapeaux pointus et autres clichés du surnaturel, mais ils ne peuvent pas – ou ne veulent pas – reconnaître les*

*archétypes universels présents dans les meilleures œuvres du genre. »*[5]
Avant de regarder le film, savourons la bande-annonce.
Les extraits les plus terrifiants du film sont commentés par une voix off dramatique dans une ambiance musicale dramatique : *« La nuit des morts-vivants. Les morts qui se nourrissent de la chair des vivants. Les âmes mortes qui viennent traquer les vivants. Les vivants, la seule nourriture de ces créatures du diable. La nuit des morts-vivants. Un voyage au bout de la peur. Une aventure plus terrifiante que vos cauchemars les plus horribles. La nuit des morts-vivants. »*

**La Nuit des morts-vivants.**
Sous une musique étrange et lancinante, plan général qui montre une route dont on voit loin les virages. Nous sommes en automne, car les arbres ont perdu leurs feuilles. Le temps est gris. L'image reste fixe longtemps jusqu'à ce que le spectateur aperçoive la voiture qui arrive sur la route. Elle passe devant la caméra et l'image change pour la montrer qui s'éloigne. Le générique démarre par le titre. Les plans alterneront ainsi pendant tout le générique, suivant le parcours de la voiture. En prenant son temps, l n'y a pas le feu ! (Ce type de prologue qui signifie : « ils vont vers un destin horrible ! » a, depuis, souvent été

---

[5] Pages noires

utilisé dans les films d'horreur ; je pense notamment à « Evil dead » de Sam Raimi). Juste avant la fin du générique, la caméra pivote, car la voiture tourne pour s'engager dans un chemin de traverse en côte. Quand elle entre dans le cimetière, le drapeau américain flotte au premier plan. Divers plans du parcours automobile dans les allées du cimetière. Les passagers sont frère et sœur qui viennent sur la tombe de leur mère pour la Toussaint. (C'est Halloween). Il est huit heures du soir et les deux jeunes gens se disputent un peu. Quelques reproches... Il plante une gerbe alors que le tonnerre gronde. Il y a des éclairs. Le frère aperçoit, au loin, un homme de grande taille qui marche dans une allée. Puis, filmé en plan rapproché, le frère dialogue avec sa sœur, située hors champ, et dont on entend les réponses. Il se souvient, quand ils étaient enfants, qu'il faisait peur à sa sœur en ces lieux. Puis, alors que la jeune femme traverse le champ, il s'aperçoit qu'elle a toujours peur. Et il s'amuse de cette peur :
— Ils viennent te chercher Barbara !
— Arrête ! Tu ne sais pas ce que tu dis...
— Ils viennent te chercher Barbara !
L'image montre une stèle au premier plan. Barbara entre dans le champ par la droite au-delà de la stèle (à l'extérieur de l'espace sépulcral), elle est de face. Le frère entre dans le champ, filmé de dos, devant la stèle et s'appuie sur elle. Au fond, le même type déambule...
...

— Regarde, dit-il, en voilà un qui vient !
Toujours le même type qui déambule au milieu des stèles.
— Il va t'entendre, s'inquiète Barbara.
— Moi, je me tire ! Réplique son frère.
Au premier plan, sur la partie gauche de l'image, le type de dos regarde la scène en s'avançant. Le frère court et traverse le champ vers la droite, Barbara est de face...
Le type l'attrape ! Son frère, Johnny (elle l'appelle au secours) revient à la rescousse. Ils se battent, et Barbara assiste à la scène. Johnny tombe et sa tête heurte une pierre tombale.
L'action commence !
Poursuivie, Barbara fuit, tombe, se relève, échappe à son poursuivant acharné ! Elle entre dans la voiture : pas de clé de contact ! Elle ferme les portes. L'agresseur frappe sur les vitres de ses mains (filmé au grand-angle). Puis, il ramasse une grosse pierre et brise la vitre avant droite. Il tente d'attraper la fille par l'ouverture. Elle a l'idée de desserrer le frein à main et de laisser rouler la voiture en roue libre dans la pente. Mais le volant se bloque et la voiture se coince contre un arbre. L'agresseur continue sa poursuite d'une démarche maladroite. Elle court, court, complètement terrorisée. Une maison au loin ; elle passe devant une pompe à essence. Elle atteint la maison, toujours en courant. La porte est fermée, elle fait le tour et trouve une porte ouverte. Elle entre. La visite de toutes les pièces lui montre que la maison est déserte.

(Il y a toujours le tonnerre) Le téléphone ne marche pas. Elle regarde dehors : il fait nuit et l'agresseur est arrivé près de la maison. D'autres personnes bizarres marchent vers la maison, d'une démarche raide et lente... En haut de l'escalier, elle trouve un cadavre dont le visage semble avoir été dévoré. Terrifiée, elle fuit et sort. Éblouie par des phares. Un homme de couleur (Ben) sort de la voiture... Elle doute un moment de ses intentions (et de sa nature) et voit qu'il est dans la même situation qu'elle. Il cherche de quoi manger pour fuir.
— Que se passe-t-il ? Demande Barbara.
— Je n'en sais rien...
Les agresseurs cassent les phares de la voiture. Barbara pique une crise... Ben tue l'un d'eux à coup de clé de monteur en charpente métallique (une clé d'un côté et une pointe de l'autre). À l'intérieur, un agresseur, du sang sur la bouche (celui qui a dévoré le visage de la personne du deuxième étage ?) s'approche de Barbara effondrée dans un fauteuil. Il gémit. Ben survient et l'empêche d'aller plus loin, le plaque au sol et lui plante sa clé dans le crâne (du moins, le devine-t-on car cela se passe hors-champ, le spectateur ne voit, au bas de l'image, que la clé plantée par Ben). L'homme repousse encore un autre agresseur. Maintenant, ils sont nombreux dehors. Ben et Barbara doivent s'enfermer, il est difficile de partir... Barbara fixe, hallucinée, la tête du mort au crâne percé montrée en gros plan et qui se met à glisser alors que Ben lui dit :

« Ne regardez pas ! » en tirant le corps par les pieds. Il sort le corps, l'arrose de pétrole et enflamme.
(Ce film a quelque chose d'expressionniste dans les ombres et la lumière)
Les préparatifs de défense du siège sont soigneusement montrés : outils, clous, planches pour barricader les fenêtres. Les protagonistes sont désormais enfermés dans un lieu clos. Ben a remarqué qu'ils avaient peur du feu. Il raconte un accident qu'il a vu et comment il a échappé aux créatures. Barbara raconte son aventure et veut aller chercher son frère, « là dehors ».
« Là dehors, c'est l'enfer ! » Rétorque Ben. Il a allumé la radio qui donne des informations : des meurtres nombreux ont été perpétrés par des assassins inconnus ; certains parlent de monstres difformes. Les forces de police sont débordées. Les autorités envisagent de faire appel à l'armée. Elles conseillent aux gens de rester chez eux... Mais c'est l'affolement général et les gens fuient par les routes... Ben déplace un fauteuil devant la maison et y met le feu pour éloigner les créatures qui les assiègent. Le journaliste de la radio annonce une réunion gouvernementale avec le FBI, la CIA et des scientifiques de la NASA. On entend toujours la radio, telle une voix off, alors que l'on voit Ben continuer ses travaux de protection. Barbara s'est allongée. La radio parle de massacres. La caméra montre la porte de la cave dans un plan très court...

La radio : « Pour certains, les meurtriers ont l'air de gens normaux, pour d'autres, ce sont des monstres. Ils ressemblent à des humains et agissent comme des bêtes ». Ben trouve une carabine et des cartouches. Son travail de protection est terminé : « Nous sommes en sécurité ici, les secours finiront bien par arriver, » dit Ben. Mais Barbara est hébétée. La radio : « Les victimes ont été en partie dévorées. » Ben va cacher dans une pièce le cadavre du premier étage. On voit que c'est une femme. La radio : « Les tueurs mangent la chair de leur victime. » Soudain, des gens sortent de la cave ! Un homme d'âge mûr (Harry Cooper) et un jeune (Tom). Ben leur reproche de l'avoir laissé faire le travail de barricade tout seul, mais ils se sentaient plus en sécurité dans la cave. Harry Cooper veut y redescendre rejoindre sa femme et sa fille qui est malade. Débat tactique entre Ben et Harry : l'un veut fuir et l'autre s'enfermer dans la cave. Tom est d'accord avec Ben qui veut essayer de fuir. Les créatures qui assiègent la maison sont de plus en plus nombreuses. Certaines parviennent à passer leurs bras au travers d'une fenêtre. Ben tire sur l'une d'entre elles, par deux fois, mais elle ne meurt pas ! Il lui tire une balle dans la tête et elle meurt. Un grand nombre de créatures avancent lentement vers la maison. Certaines sont monstrueuses. Une vieille mange un insecte. Nouvelle dispute entre Ben et Cooper. Cooper refuse de donner un coup de main. « Pauvre gamine, dit Ben, avoir un père aussi idiot. » La fiancée de Tom,

Judy, arrive également de la cave. Finalement, Cooper descend dans la cave et s'y barricade avec sa femme, Helen, et leur fille malade qui est allongée sur un établi. Le dialogue entre les époux montre clairement le peu d'estime que la femme porte à son mari. « C'est cela qui compte, être le seul à avoir raison. » Lui dit-elle. Helen veut rejoindre les autres. Cooper va ouvrir et Helen monte alors que Judy descend garder la petite fille.

Ils trouvent une télé alors que Cooper refuse toujours de faire quoi que ce soit. Ils allument la télé. Les informations : « Les premiers témoins n'étaient pas crus. » [...] Le journaliste donne connaissance d'un communiqué de la défense civile à Washington : « On a établi que ces crimes sont le fait d'individus morts récemment et revenus à la vie. Une enquête auprès des morgues et des hôpitaux a conclu que les cadavres qui n'ont pas été enterrés reviennent à la vie pour tuer. » Il ajoute ensuite : « La situation a évolué. Il y a de nouvelles instructions. La défense civile a établi des refuges où vous trouverez de la nourriture, des soins et la protection des soldats. » Une liste de refuges avec adresses défile sur l'écran. Cette information encourage le camp de ceux qui veulent fuir. Ils décident donc de tenter une sortie avec la camionnette de la maison pour prendre de l'essence et s'en aller, alors que la télévision poursuit ses informations : « Pourquoi consulte-t-on des experts de l'espace ? On pense généralement qu'il y a un rapport avec l'explosion de la sonde spa-

tiale envoyée vers Vénus. Cette sonde aurait disparu pendant son retour sur terre. La sonde avait fait le tour de Vénus et fut détruite par la NASA en raison de ses radiations très élevées. Ces radiations sont-elles la cause de cette vague de meurtres ? ... « Reportage en direct à la sortie de la réunion gouvernementale : confirmation est donnée (non officiellement) par les experts de la relation entre le phénomène des morts-vivants et la sonde spatiale (« C'est la seule explication logique ! » regrette l'un d'eux.) Ben et les autres continuent à discuter sur la possibilité ou non de partir. Helen veut trouver le moyen de soigner sa fille... La télévision montre l'interview d'un médecin : « Nous ignorons l'évolution de ces blessures. « Ben demande à Helen de redescendre auprès de la petite fille et de faire remonter Judy. À la télévision, le médecin poursuit : « À la morgue de l'un versité, nous avions un cadavre amputé des quatre membres. Ce matin, il a ouvert les yeux et commencé à bouger. » Helen est descendue dans la cave, elle s'assoit au chevet de sa fille et Judy remonte. La petite fille gémit et dit qu'elle a mal... Le médecin de la télévision : « Il faut se débarrasser du corps en le brûlant.
— À quel moment intervient la réaction ?
— Deux minutes après la mort (!)
[...]
— Arrosez-les d'essence et brûlez-les. [...] C'est de la viande morte et dangereuse. »
Ben organise la préparation de cocktails Molotov. Tom a trouvé les clés de la pompe à es-

sence. Ben va accompagner Tom. Ce dernier conduira la camionnette. Tom va voir Judy qui découpe des lanières de drap pour confectionner les cocktails Molotov. Une discussion s'engage entre eux sur la nécessité de partir. Judy doute que ce soit la solution de sortir.
Barbara et Judy descendent à la cave. Cooper monte à l'étage avec un carton de cocktails Molotov, Ben et Tom tentent la sortie. « Bonne chance » et ils déclouent les planches qui barricadent la porte. Cooper jette les cocktails Molotov qui effraient les morts-vivants par leurs flammes. Certains brûlent. Ben et Tom sortent. Judy les rejoint... Ben tient une torche pour éloigner les morts-vivants ; il monte sur la plate-forme de la camionnette pendant que les deux jeunes gens montent dans la cabine. Ils sont constamment agressés par des morts-vivants. Le camion s'éloigne au milieu des morts-vivants et arrive devant la pompe à essence. Tom descend et essaie d'ouvrir avec la clé. Ce n'est pas la bonne clé ! Ben pose sa torche et tire sur la serrure. Tom décroche le tuyau et d'un geste ample pour se tourner vers la camionnette, envoie un cercle d'essence autour de lui, essence qui touche la torche posée par Ben et qui s'enflamme ! Tom remonte dans la camionnette pour l'éloigner, mais le feu a déjà pris à l'arrière, vers le réservoir de carburant. Le véhicule éloigné, il fait le geste de descendre, mais le blouson de Judy est coincé... et l'explosion les tue tous les deux ! Ben maintient les morts-vivants éloignés avec sa torche pour rejoindre la maison.

Il est toujours entouré d'une bande de monstres très agressifs, quoique lents. Il réussit à atteindre la porte, mais elle est fermée à clé ! Il hurle, mais Cooper n'ouvre pas ! Ben défonce la porte, entre et casse la gueule au lâche ! Dehors, les morts-vivants s'approchent de la camionnette maintenant éteinte et se jettent sur les restes de Tom et Judy qu'ils dévorent : quartiers de viandes, tripes, mains... Ben n'a pas abandonné l'idée de partir. Il se demande s'ils ne peuvent pas utiliser la voiture de Barbara, mais elle est trop loin. À la télévision, un reportage montre une opération de destruction de ces monstres par une équipe dirigée par le shérif de Butler. Très rassurant : on peut tuer un monstre en détruisant son cerveau... Le shérif : « On en a tué dix-neuf ce matin, plus trois autres. » Il ne sait pas quand ça sera fini...

Soudain, les lumières s'éteignent dans la maison. Plus d'électricité ! Cooper a encore plus peur. Il pense à récupérer la carabine. Les morts-vivants ne sont plus effrayés par la lumière et deviennent plus agressifs encore et essaient de démolir portes et fenêtres, leurs bras dépassent les ouvertures mal barricadées. « Venez m'aider ! » Hurle Ben à Cooper. Il hésite et s'approche d'un coup pour... subtiliser la carabine ! Il y a confusion, ce qui permet à Ben de lui sauter dessus et de lui reprendre l'arme à feu et à tirer sur lui. En attendant, les morts-vivants commencent à réussir à démolir les portes et fenêtres. Cooper, blessé, descend dans la cave. Helen est attrapée par les mains qui dépassent d'une fenêtre. Elle ne parvient pas à se dégager ! Barbara, dans un éclair de lucidité, vient à son secours, lui permet de se dégager et de descendre dans la cave. Lorsqu'elle arrive en bas, elle voit sa fille en train de dévorer le bras de son père ! La bouche pleine de sang, le regard mauvais, elle s'approche de sa mère, mains aux doigts crochus en avant. « Oh ! Baby ! » Gémit-elle, désespérée, en reculant devant le monstre qu'est devenue sa petite fille. L'enfant prend une truelle pointue et assène de nombreux coups mortels à sa mère paralysée par la terreur. Le sang gicle contre le mur. En haut, Barbara est emportée par la marée des morts-vivants parmi lesquels elle reconnaît son frère. La petite fille est remontée et agresse Ben qui s'en débarrasse. Il descend dans la cave et barricade la porte. Les morts-vivants envahissent la maison.

Dans la cave, le cadavre de Cooper se met à bouger ; Ben lui loge une balle dans la tête. Il jette un coup d'œil sur Helen : elle ouvre les yeux ! Son cadavre subit le même sort. Ben s'installe dans la cave.

Le jour se lève, gris. Un hélicoptère montre, vus du ciel, les morts-vivants qui fuient dans un champ. L'équipe de destruction approche. Les morts-vivants sont abattus comme des lapins. (On prendrait presque pitié) Ben entend des bruits. Il sort de la cave. Les hommes préparent un bûcher. Ben regarde par la fenêtre, prudemment.

Le shérif (celui du reportage à la télévision) : « Vince, tire-lui entre les deux yeux ! » Il tire et tue Ben ! « Bien visé, il est mort ! »

Générique de fin sur des photos : gros plans sur un crochet de boucher utilisé comme une gaffe, la tête de Ben, les cadavres brûlés, le crochet planté dans la poitrine de Ben...

Dernières images : ils emmènent Ben au bûcher, au milieu des morts-vivants (on en reconnaît certains).

Ultime image, mobile cette fois : le bûcher brûle...

**Fin**

**La Nuit des morts-vivants** (1968) (Night of the living dead). Un film de George A. Romero. Prod. Russel W. Streiner et Karl Hardman. Sc.: John Russo et George Romero. Dir. Prod. Vincent Survinski. Prod. Ex. George Kosana. Ph. The Latent image inc. Irg. son Gary R. Streiner et Marshall Booth. Eff. Sp. Regis Survinski et Tony Pantanello. M x. Hardman Assoc. inc. Props Charles O'Dato. Tittle sequence The Animators. Script coord. Jacqueline Streiner, Script girl Betty Ellen Hanghey. Coif. Bruce Capristo, Ecl. Joseph Unitas. Avec Duane Jones (Ben), Judith O'Dea (Barbra), Karl Hardman (Harry), Marilyn Eastman (Helen), Keith Wayne (Tom), Judith Ridley (Judy) et Kyra Schon, Charles Graig, Bill Heinzman, George Kosana, Frank Doak, Bill « Chilly Billy » Cardille, A. C. Mc Donald, Samuel R. Solito, Mark Ricci, Paula Richards, John Simpson, Herbert Summer, Richard Ricci, William

Burchinal, Ross Harris, Al Croft, Jason Richards, Dave James, Sharon Carrol, William Moggush, Steve Hutsko, Joann Michaels, Phillip Smith, Ella Mae Smith, Randy Burr. Tourné à Pittsburg. Noir et blanc.

**George A. Romero**

# Mutants, extraterrestres et autres monstres

## Les films

**Le Golem** de Paul Wegener et Carl Bœse (1920), la légende du Golem. La créature artificielle refuse sa concition inhumaine... Décors et maquettes créent une atmosphère fantastique dans l'harmonie et l'élégance. Étrange, non ?
Sur le même thème, d'après Gustav Meyrink : *Le Golem* de Julien Duvivier (1935).

**Aelita** de Jakov Protazanov (1924), film soviétique (ou antisoviétique ?) qui présente les fantasmes du cinéaste au travers d'une planète Mars fantastique. Il fait partie de ces films de conquête spatiale dans lesquels le voyage n'a aucune importance, mais le lieu d'arrivée en a beaucoup. Dans ce cas chacun peut y aller de son interprétation : critique ou apologie du régime soviétique ? Ce dernier l'a compris comme une apologie.

**Frankenstein** de James Whale (1931), prodigieux avec Boris Karloff ! De nombreux critiques comparent la scène célèbre et très émouvante du monstre avec la petite fille au bord de l'eau avec une scène du *Golem* de Paul Wegener (1920) où on voit une petite fille tendre un fruit au monstre. Film américain qui donnera une impulsion expressionn ste au cinéma fantastique d'outre-Atlantique

**L'île du docteur Moreau** de Erle C. Kenton (1932), une panthère transformée en magnifique jeune fille... Mais, hélas, chassez le naturel, il revient au galop ! ... Un remake en 1977 par Don Taylor avec Burt Lancaster et en 1996 par Frankenheimer avec Richard Burton... Une adaptation du livre de H. G. Wells.

**Docteur X** de Michael Curtiz (1932 – version couleurs)
Comme on s'ennuie ! Que de bavardages, de dialogues niais... Le maquillage est consternant... Michael Curtiz tente piteusement l'expressionnisme. On dirait de l'Abbot et Costello...

**King Kong** de Ernest B. Schœdsack – Merian C. Cooper (1933), un grand singe ramené à New York s'évade et enlève la belle jeune fille dont il est amoureux. Célèbre scène de King Kong sur l'Empire State Building entouré d'avions qui lui tirent dessus.
Il y eut ensuite : *Le Fils de King Kong* (1933) d'Ernest B. Schœdsack – *Monsieur Joe* (1943) d'Ernest B. Schœdsack – *King Kong contre Godzilla* (quelle idée !) (1963) d'Inoshiro Honda – *La Revanche de King Kong* (1967) d'Inoshiro Honda – *King Kong* (1976) de John Guillermin – *King Kong revient* (1977) de Paul Leder – *Le Colosse de Hong Kong* (1977) de

Ho Meng-Hua – *King Kong II* (1986) de John Guillermin, etc.

**L'homme invisible** de James Whale (1933), le célèbre héros de H. G. Wells est de plus en plus de mauvaise humeur à cause de son état. Superbes images expressionnistes.
Le personnage de Wells a donné lieu à de nombreuses adaptations, une suite d'abord : *Le Retour de l'homme invisible* (1940) de Joe May (une première suite *La Revanche de l'homme invisible* n'a jamais été diffusée en France), le feuilleton télévision de la fin des années cinquante et, une fois n'est pas coutume, une vision comique du personnage par John Carpenter dans *Les Aventures d'un homme invisible* (1992). Enfin, Paul Verhœven a réalisé *The Hollow Man* (2000)

**La Momie** de Karl Freund (1932), Boris Karloff aussi effrayant en momie vengeresse dans un film expressionniste.

**La Fiancée de Frankenstein** de James Whale (1935), le meilleur de tous les *Frankenstein*. Scène sublime d'humanité avec le violoniste aveugle et fabuleuse coiffure de la fiancée, coiffure reprise dans *Frankenstein junior* de Mel Brooks (1974).

**Le Retour du Docteur X** de Vincent Sherman (1939). Vaut d'être vu pour la composition étonnante de Humphrey Bogart en mort-vivant.

**Le Fils de Frankenstein** de Rowland V. Lee (1939). Décors tordus et ombres expressionnistes comme dans *Le Cabinet du docteur Caligari* (1919 – Robert Wiene)

**Dr Cyclops** de Ernest B. Schœdsack (1940), un docteur à la très mauvaise vue réduit les êtres vivants en miniatures... On commence là à parler de radioactivité.

**Le Spectre de Frankenstein** d'Erle C. Kenton (1942)
Avec Bela Lugosi et Lon Chaney Junior.
La malédiction de Frankenstein plane encore sur le village.
Le Monstre n'est pas mort, « il a survécu à la mine de soufre ».
Ygor le gardien emmène le monstre voir un des deux fils du docteur Frankenstein. Ce fils est psychiatre, il soigne les "fous". Ygor pense que ce docteur peut maîtriser la foudre qui pourrait guérir le Monstre. Une version fantastique de l'électrochoc. Enfin la solution sera cherchée dans la greffe d'un nouveau cerveau.
D'autre part, le Monstre s'intéresse à la jolie fille du docteur, qui est fiancée au procureur.
Comme d'habitude Lon Chaney Jr (qui n'est jamais arrivé à la cheville de son père) est très emprunté et Bela Lugosi cabotine.
Ah ! la fée électricité !
Scénario tiré par les cheveux, mauvais acteurs... mais ces vieux films de l'Universal

ont gardé tout leur charme.

**Frankenstein rencontre le loup-garou** de Roy William Neill (1943). Malgré son titre racoleur, ce film n'est pas si mal. Il renvoie bien sûr au *Frankenstein* de James Whale, ou plutôt à sa suite *La Fiancée de Frankenstein* (1935) avec le prologue dans le cimetière et aussi au *Loup-garou* de Waggner (1941). Il y a tous les ingrédients des films d'horreur modernes : une explication "scientifique" ("c'est un lycanthrope") qui permet de rendre l'histoire rationnelle donc plus vraisemblable donc plus horrible... Il y a la Gitane qui *sait.* Le monstre est pris dans la glace et Bela Lugosi a enfin rencontré le rôle qu'il avait refusé pour le *Frankenstein* de Whale et accepté alors par Boris Karloff. Le docteur n'a pas besoin de la foudre, il utilise l'énergie hydraulique et tous les instruments de la science moderne de l'époque, même la radiographie !

**La Belle et la Bête** de Jean Cocteau (1946), tout le monde connaît l'histoire, mais il faut voir le film. C'est un grand chef-d'œuvre du fantastique avec une interprétation magistrale de l'argent fétiche de Cocteau : Jean Marais.

**La Bête aux cinq doigts** de Robert Florey) 1947, Peter Lorre est toujours formidable en distillant la terreur avec son jeu d'acteur et ses mimiques subtiles. La main d'un mort revient le venger. Mais, n'était-ce qu'un stratagème ? On retrouve souvent cette "Bête" dans de nombreux films humoristiques qui ont suivi... *La famille Addams*, par exemple.

## 24 H chez les Martiens (Rocketship XM)
de Kurt Neumann (1950)
Assez amusant. Très plaisant.
16 minutes avant le décollage les cosmonautes font une conférence de presse.
Film très kitsch. Le voyage est très ringard, le vaisseau dirigé avec de grosses manettes.
À l'image de John Carter (héros du cycle de Mars d'ER Burroughs, bientôt au cinéma), ils devaient aller sur la Lune, mais vont sur Mars où une guerre nucléaire a détruit la civilisation. Superbe !
La pellicule est teinte en rouge sur la partie relatant le séjour sur Mars.
Ce film avait été vu à la télé en France.
À l'époque on m'avait raconté l'histoire de cette façon (le film était en anglais non sous-titré...) :
« Ils sont allés sur la Lune et comme les Terriens avaient bombardé la Lune avec des bombes atomiques, les gens de là-haut étaient tout rongés par la radioactivité... »

## Le Boulanger de l'Empereur de Martin Fric (1951)
## L'Empereur du Boulanger de Martin Fric (1951)
DVD Artus Films publié en 2005.
Le deuxième film est la suite du premier. Ce dernier comprend 16 pièces et le second 12 pièces.

Ce film tchécoslovaque met en scène de manière théâtrale, en deux films, les nombreux caprices de l'empereur *Rodolphe 2* (1552-1612). C'était l'empereur des Romains, mais aussi le roi de Bohême et de Hongrie. Il est devenu fou à la fin de sa vie. C'est à cette période qu'est consacré le film. L'empereur est joué par le superbe Jan Werich, qui joue aussi le rôle du Boulanger, car, ce dernier est le sosie de l'empereur plus jeune. Les faits se déroulent à Prague où siégeait l'empereur, ville du Golem par excellence.
Le comédien qui joue l'empereur est bien maquillé tel qu'il se présentait réellement dans un portrait connu. D'autre part, de nombreuses références historiques sont présentes, par exemple, le fait que Rodolphe 2 avait accueilli à Prague et rémunéré, le grand astronome Tycho Brahe sur la fin de sa vie, en tant qu'astrologue, car, à cette époque, les astronomes étaient avant tout des astrologues....
Donc l'empereur fait de nombreux caprices, et, pour les satisfaire s'entoure de nombreux charlatans : alchimiste, magicien et astrologue, en rappelant qu'en aucun cas Tycho Brahe n'était un charlatan, l'astrologue présenté dans le film n'est pas Tycho Brahe.
Au début du film, le boulanger (prénommé Matej) raconte : « À Prague se trouvait un rabbin qui s'est aperçu qu'une énergie immense se trouvait dans la matière. Même dans l'argile tout ordinaire. (...) Rabbi en a donc fait un pantin géant et l'a appelé Golem. Et avec un drôle de mécanisme... Comment ça

s'appelait ?... Le Shem. Et avec ce Shem il a animé le Golem(...) et avec lui sa force colossale. »

Matej continue : « Une fois il est arrivé que le Rabbi Löw l'a oublié, et ce géant se mit à tout casser. (...) Le rabbin lui a donc ôté la vie et l'a enterré quelque part... »

Le boulanger a fait des croissants, mais il n'y a rien pour le peuple, car tout est pour l'empereur.

Le premier film se déroule avec les caprices insensés de l'empereur. Il demande l'eau de jouvence à l'alchimiste, de belles apparitions féminines au magicien et le *Golem* !

Le film (tourné sous le régime communiste) dénigre systématiquement ces « professions » ésotériques, dont les représentants sont terrifiés par l'empereur.

Finalement le Shem (une bille qui s'encastre dans le front du Golem) sera trouvé après le Golem.

Matej est emprisonné (car il a donné les croissants au peuple), mais va tomber dans des souterrains où le Golem sera trouvé...

Dans le deuxième film, un concours de circonstances fera qu'il sera pris pour l'empereur rajeuni, car ce dernier a consommé l'eau de jouvence préparée par l'alchimiste, mais qui, en fait, n'en est pas une...

La bataille pour la possession du Shem sera terrible et le Golem sera domestiqué pour fournir de l'énergie aux fours du boulanger... et autres.

Le DVD comprend les deux films, mais aussi de très intéressants suppléments.

Ainsi, par exemple, Blazena Urgosikova nous explique comment le Golem a été traité au cinéma. La légende du Golem au cinéma n'est pas l'ancienne légende. Elle date du 19$^e$ siècle. C'est l'expressionnisme allemand qui a donné l'impulsion au cinéma. En ce qui concerne le Golem, c'est, bien sûr, le film de Paul Wegener (voir ci-dessus) qui présentait trois versions. Ce film a donc donné l'impulsion de la série de films sur Frankenstein. Par exemple, comme je l'ai fait, on compare la scène dans Frankenstein de la petite fille qui donne une pomme au « monstre » à la même scène du Golem. Elle nous parle aussi du film de Julien Duvivier. Elle explique que si les films de Martin Fric sont des films comiques, celui de Julien Duvivier est un vrai film de terreur.

Le film de Fric était tributaire du régime communiste. Ainsi, le Golem devient, à la fin, la base du socialisme et du bonheur pour le peuple. Mais ce film est antérieur au réalisme socialiste. Il n'a rien à voir avec le réalisme socialiste.

Il y a deux autres films tchèques : *Slecna Golem* et *Posledni Golem*.

**Lost Continent** de Sam Newfield (1951)
Une fusée expérimentale s'écrase quelque part sur Terre.

Une expédition part la récupérer. Ils sont obligés de gravir une montagne (maudite par les autochtones) et trouvent au sommet une

jungle préhistorique et des dinosaures. Le discours "scientifique" n'a ni queue ni tête et l'intrigue est sans intérêt. Les monstres sont très bien pour l'époque.
Ce film reste bien implanté dans le souvenir...

**Flight to Mars** de Lesley Selander (1951)
La première partie ressemble comme deux gouttes d'eau au film précédent.
Toujours très kitsch avec les mouvements du corps simulant un changement de direction de la fusée.
Puis l'autre moitié du film se déroule sur Mars où la tenue des filles très très courte constitue l'aspect le plus intéressant, car l'histoire est très convenue. Mais pour l'époque...
Il y a deux histoires d'amour. La fin est dramatique.
On se régale.

**La Chose d'un autre monde** de Christian Nyby (1951), avec quel mépris certains critiques parlent de la « carotte extraterrestre » pour parler de l'alien de ce film qui m'avait terrifié dans mon enfance. Beaucoup de critiques attribuent sa réalisation à Howard Hawks qui en fut le producteur, mais, pitié laissons à Nyby la paternité de son chef-d'œuvre ! Cette histoire est adaptée d'une nouvelle de John W. Campbell *La Bête d'un autre monde* (1938). Campbell qui s'est visiblement largement inspiré d'un petit roman de Lovecraft *Les Montagnes hallucinées*. C'est le chef-d'œuvre des films d'épouvante des années cinquante. La scène au cours de laquelle les savants ont planté les graines du monstre et se sont aperçus qu'elles ont germé n'a jamais été égalée.

John Carpenter a réalisé en 1982 un remarquable remake. Un autre remake de la période faste du cinéma fantastique espagnol, avec Peter Cushing et Christopher Lee : *Terreur dans le Shangaï express*, par Eugenio Martin, reprend tous les ingrédients de Dracula, Frankenstein, DrJekyll et les morts-vivants...

**Le Jour où la Terre s'arrêta** de Robert Wise (1951), ce film inaugure un autre état d'esprit de la science-fiction : les extraterrestres peuvent être gentils. Celui de ce film, Klaatu, est un messager de paix. Il vient dire au monde d'arrêter les guerres. Mais ce n'est pas facile.

Il est assez curieux de faire un rapprochement avec l'année 1982 au cours de laquelle sont sortis *The Thing* de John Carpenter, remake de *La Chose venue d'un autre monde* et *E.T.* de Steven Spielberg. Ces deux films mettent en scène l'un un extraterrestre terrifiant et l'autre un extraterrestre gentil. Rappelons que le film de Carpenter fut descendu par la critique, car ce film d'horreur jurait avec l'ET à l'eau de rose de Spielberg, et The Thing fut un échec commercial.. En cette année 1951 nous avons eu également deux films l'un avec un alien gentil (*Le Jour où la Terre s'arrêta*) et un alien terrifiant *(La chose venue d'un autre monde)*. Quelle coïncidence !

**Red Planet Mars de** Harry Horner (1952)
Film ésotérique de propagande religieuse et idéologique comme on n'en fait plus maintenant.
Ils croyaient encore aux canaux sur Mars.
Il y a peu de personnages et beaucoup de dialogues.
Un scientifique prend contact avec Mars et ce contact et les informations reçues changent les mentalités sur Terre...
On se demande comment il est possible que l'humanité puisse croire au message religieux des Martiens.
Mais c'est comme ça. Du coup l'URSS s'effondre (cela se produira d'ailleurs quarante ans plus tard...), ils parlent de l' « écroulement de l'édifice soviétique ».
Il y a un vrai suspens et un coup de théâtre très malin à la fin.
Un régal.

**Les Envahisseurs de la planète rouge** de William Cameron Menzies (1953). Un film au style baroque avec une pointe des décors expressionnistes du *Cabinet du Dr Caligari* (notamment le chemin qui mène au piège des extraterrestres) et toutes les idées SF de la guerre froide : les gens asservis aux E.T., l'armée US qui vient sauver le monde de l'invasion, la jolie fille enlevée, etc. Très plaisant. Dommage que le réalisateur utilise trop souvent les mêmes images pour des scènes différentes.

**Le Monstre des temps perdus** de Eugène Lourie (1953).
Ce film est sorti un an avant « Godzilla » d'Inoshiro Honda, bien plus célèbre pourtant... Il raconte une histoire identique et eut également beaucoup de succès. Un monstre est libéré par une explosion atomique expérimentale dans l'arctique. On apprendra plus tard qu'il s'agit d'un rednosaure. Un type l'a vu. Personne ne le croit. Le psychiatre, lui, parle d'hallucinations. Les psychiatres n'ont jamais la cote dans les histoires fantastiques. Mais alors ce monstre est doublement dangereux : par sa taille (gigantesque !) et aussi parce que son sang est contaminé. Pas question d'éclabousser la ville de son sang. L'armée est désemparée ! Mais le type qu'on ne croyait pas a une idée : utiliser l'isotope radioactif. Ça désinfecte ! Voilà un film qui doit énerver les écolos ! Vive l'armée américaine et les scientifiques ! (quand ils croient aux monstres...)

**Le Météore de la nuit** de Jack Arnold (1953), nous n'étions pas préparés à les rencontrer, mais ils reviendront. Une séquelle de R. Duchowny : *Le Météore de la nuit II* (1995), film TV.

**La Guerre des mondes** de Byron Haskin) (1953), les Martiens ont trois doigts et ils tuent des Américains par milliers. Une banale épidémie de chez nous aura raison d'eux... Les débuts de l'exploration de l'espace et la guerre

froide produisent les nouvelles terreurs des années cinquante.
Steven Spielberg a réalisé un remake en 2005.

**Godzilla** d'Inoshiro Honda (1954).
Rappelons que Honda voulait faire un film contre la bombe atomique. Mais, à cause de la censure, il ne pouvait pas. Alors, il a inventé ce monstre issu de la mer et des radiations de la bombe. Ce premier *Godzilla* (en noir et blanc) est un très bon film, saisissant. Contrairement à tous ceux qui ont suivi. Hollywood ne pouvait pas se priver de ce film. Mais, à la sortie de la guerre avec le Japon, il était difficile d'accepter de montrer un film joué uniquement par des Japonais. Ils ont donc rajouté des scènes avec un acteur américain (Raymond Burr). Il vaut mieux voir la version originale.
Voir toutes les versions de Godzilla dans le chapitre des films à thèmes.

**Les Survivants de l'infini** de Joseph Newman et Jack Arnold, ce dernier est non crédité (1954), Exeter, un habitant de Métaluna qui est en guerre contre les Zahgons, s'est introduit sur terre pour y trouver de l'énergie... Le monstre au gros cerveau de ce film est entré dans la postérité.

**L'étrange créature du lac noir** de Jack Arnold (1954), il faut respecter ce qui n'est pas comme nous, même une créature mi-homme,

mi-poisson. Effet fantastique de la projection en trois dimensions.
Une suite sans grand intérêt par le même : *La Revanche de la créature* (1955).

**Le Monstre** de Val Guest (1955), ce film sut aussi me terroriser lorsque j'étais enfant. Le cosmonaute revenu de l'espace se transforme petit à petit en monstre qui absorbe toute matière vivante, même les cactus. Terreur de l'immensité du cosmos, toujours... Et terreur de la transformation physique comme Lovecraft l'a bien exprimée dans le *Cauchemar d'Innsmouth*, nouvelle qui semble avoir inspiré ce film, le premier de la Hammer.
Suites, toujours avec le professeur Quatermass : en 1957 *La Marque* de Val Guest, et en 1967 : *Les Monstres de l'espace* par Roy Ward Baker. Dans tous ces films, on rencontre l'ambiance de l'œuvre de Lovecraft.
On le voit, les deux premiers sont antérieurs au film **La Planète des hommes perdus** d'Antonio Marghereti (Anthony Dawson) 1962, dont le scénario ressemble à celui de *La Marque*...

**Tarantula** de Jack Arnold (1955), une araignée dont la monstruosité est le produit des recherches d'un savant sème la terreur. Heureusement qu'il y a l'armée et une nouvelle arme : le napalm !

**King Dinosaure** de Bert I Gordon (1955)

Deux couples sont lancés dans l'espace en direction d'une planète inconnue qui apparaît subitement dans le système solaire.
Le langage scientifique de ce film est totalement faux, mais cela n'a pas d'importance...
Le voyage dans la fusée n'est pas filmé.
Puis on s'ennuie. Il y a bien un "combat" entre un explorateur et un crocodile empaillé. Comme le dit l'un des explorateurs : "On a amené la civilisation sur la planète Nova". En Guise de dinosaure on a droit à des lézards géants et un crocodile.

**Attack of the crab monsters** (1956) Des crabes géants produits par la radioactivité attaquent des scientifiques après un essai nucléaire.

**Planète interdite** de Fred M. Wilcox (1956), le robot Robby construit par le génial professeur Morbius, et ce dernier, tiennent compagnie à la belle Altaira sur la planète Altair 4. Tous les membres d'une précédente expédition y sont morts. Seuls survivants Morbius et sa fille Altaira. Cette planète accueillit autrefois une civilisation aujourd'hui perdue, celle des Krells. Une nouvelle expédition atterrit à la recherche des disparus... Ils découvriront que le monstre qui a tué les explorateurs précédents est l'œuvre de l'esprit de Morbius, créé grâce à la haute technologie laissée par les Krells.

**Le Géant de la steppe** d'Alexandre Ptouchko (1956), film soviétique d'Héroïc Fantasy avec des batailles, des diables, des dragons. En couleurs et CinémaScope... Un des grands films de ce genre, hélas méconnu.

**Le Satellite mystérieux** de Koji Shima (1956). Un film à contre-courant pour l'époque : les extraterrestres sont moches, mais gentils et la recherche nucléaire va sauver la Terre !

**L'invasion des profanateurs de sépulture** de Don Siegel (1956), cette fois, les monstres de l'espace sont parmi nous, ils prennent même notre place ! On ne voit pas ce que la sépulture vient faire dans le titre français ! Plusieurs remakes de cette histoire terrifiante : *L'invasion des profanateurs* de Philip Kaufman en 1978 avec l'inquiétant Donald Sutherland et le très beau *Body Snatchers* (le vrai titre anglais du roman et du premier film) d'Abel Ferrara en 1993. On peut parler de films du même genre avec *The Thing* de John Carpenter (1982) et *The Faculty* de Robert Rodriguez (1999).

**Prisonnières des Martiens** d'Inoshiro Honda (1957).
Les Martiens utilisent un robot géant pour enlever toutes les femmes de la Terre. Peut-être peut-on y voir une allégorie en remplaçant les Martiens par les Américains et leur sale bombe ? (Bon sang ! Quand passeront-ils

*L'Homme H* (1958), le plus terrifiant des Honda ?)

**Not of htis Earth** de Roger Corman (1957)
Un film de Corman que je n'avais pas vu !
La planète Davana envoie un agent sur Terre pour préparer le terrain.
Corman filme des personnages qui font des choses étranges... mystère...
Mais le scénario est très prévisible !

**Rodan** de Inoshiro Honda (1957). D'abord un ver géant mis à jour lors de fouilles. Ensuite le ver est mangé par des créatures volantes préhistoriques nées d'un œuf gigantesque (toujours sous terre...) Honda continue avec ses monstres nés de l'obsession de la bombe atomique.

**Le Sang du vampire** de Henry Cass (1958)
C'est le retour de la Hammer dans les salles. Donc Artus Films profite de ce regain d'intérêt pour éditer des films de ce superbe studio relativement oubliés. Et c'est formidable.
Ce film contient donc tous les ingrédients du film d'horreur british des années 50 : l'assistant du vampire difforme, les belles serveuses aux profonds décolletés à la taverne, le chirurgien genre Frankenstein, et les couleurs, superbes couleurs ! Et aussi les chevauchées dans la forêt, l'arrivée au sinistre château qui est une prison et le laboratoire dans les sous-sols gothiques du château.

Tout cela relève des canons du roman Dracula et il y a même le portrait du fiancé du jeune homme qui attire le vampire. Enfin, ici c'est plutôt l'assistant monstrueux qui est attiré par la fille...
Chienne de vie ! Ou plutôt de mort !
Ce film est la version « continentale »avec des scènes érotiques « osées », la version anglaise étant plus soft...
Regarder le supplément qui apprend bien des choses sur ce film.
Par exemple, que le scénariste est aussi celui d'autres films de la Hammer : *Le Cauchemar de Dracula, Dracula prince des ténèbres, Les Horreurs de Frankenstein*, etc.

**Missile to the Moon** de Richard Cunha (1958)
Deux évadés de prison se réfugient... dans une fusée destinée à se rendre sur la Lune. Le constructeur de la fusée les enrôle pour la piloter (!). Parce que le gouvernement voulait l'empêcher de partir.
Marrant, hein ?
Et ce n'est pas tout !
Ils emmènent par erreur deux passagers clandestins : l'associé de l'inventeur et sa fiancée.
La fusée s'envole vers la Lune. Elle rencontre l'inévitable et cruel nuage de météorites. L'un des deux évadés est très méchant. Il convoite la fiancée et réussit à l'embrasser. Elle n'a pas l'air de dire non dites donc ! Souvent les femmes sont cucul dans ces films américains des années 50...

Ils arrivent sur la Lune où ils sont accueillis par des monstres de pierre et plein de belles filles. Toutes ces filles sont jouées par des miss France et d'autres pays, nous apprend-on au générique...

C'est dommage qu'on voie de l'herbe et des buissons sur la Lune à l'extérieur (car dans la caverne il y a de l'air produit par les Amazones)... D'autre part, comme il n'y a pas d'atmosphère sur la Lune, on ne devrait pas y entendre les coups de feu...

Toujours très amusants ces films. À voir absolument pour comprendre l'histoire du cinéma.

**Hideous Sun Demon** de Robert Clarke (1959)

Un scientifique exposé à des radiations réagit bizarrement aux rayons du soleil !

Il devient donc une créature de la nuit...

Comme dans *Nosferatu*, une femme le retiendra jusqu'au lever du jour...

Il y a aussi deux femmes dans sa vie, comme dans *Dracula* et une scène entre une petite fille et le monstre comme dans *Frankenstein*. Que de références !

Le monstre est un peu nul et les bagarres mal foutues, mais c'est rigolo.

Un ancêtre de Hulk ?

**The Cosmic Man** d'Herbert S. Greene (1959)

Un OVNI est repéré au radar par les militaires. On retrouve une sphère en suspension dans l'air dans la montagne.

L'armée est mobilisée. Un scientifique aussi. La culpabilité de la bombe A traîne tout le long du film. C'est la guerre froide...
Donc ils cherchent et une entité rôde...
Les effets spéciaux sont efficaces. La fille crie stupidement.
Un film intéressant. Et vive l'amitié entre les peuples !

**La Malédiction des Pharaons** de Terence Fisher (1959), Peter Cushing est le gentil égyptologue et Christopher Lee la méchante momie.

**La Machine à explorer le temps** de George Pale (1960), c'est dans ce film que l'on voit les Morlock, monstres de caoutchouc dont l'image est encore toujours utilisée pour illustrer le film fantastique. Une très belle adaptation du roman de H.G. Wells.

**Le Village des damnés** de Wolf Rilla (1960), douze enfants naissent de femmes dont certaines sont vierges après que le village fut isolé du reste du monde. Ces enfants terrifiants veulent la perte de l'humanité. Une suite de Anton M. Leader *Children of the damned* en 1964 et, en 1995, un magnifique remake, *Le Village des damnés* de John Carpenter, où la même histoire est traitée à sa manière : ironiquement terrifiante.

**La Petite boutique des horreurs** de Roger Corman (1960), un employé minable d'un magasin de fleurs a trouvé des graines dans une poubelle. Une fois plantées, elles donnent une plante qui parle et qui mange les êtres humains. Film culte ! Une séquelle plutôt comédie musicale (1986) par Franck Oz. Le look de la plante a été souvent repris, particulièrement dans *Gremlins 2* (1990).

**Les Damnés** de Joseph Losey (1961), enfants mutants créés par les militaires...

**La Planète des tempêtes** de Pavel Klushantsen (1962)
Six cosmonautes et un robot parviennent sur Vénus avec deux vaisseaux (le troisième est détruit par un astéroïde dès le début du film). Ils y trouvent diverses créatures genre dinosaures et des habitants qu'ils entendent, mais qu'ils ne voient jamais...
Ce film est une curiosité cinématographique des films soviétiques de propagande à très petits budgets. On sait aujourd'hui ce qu'est la planète Vénus et ce film est rendu ridicule par ce savoir, ce qui amène le producteur à carrément s'excuser au début avec un panneau explicatif...
Cette histoire est sans doute inspirée du célèbre film **Planète Interdite** de Fred M. Wilcox (1956). Les Soviétiques n'ayant jamais vu ce film, le scénariste ne s'est pas gêné, d'autant plus que le robot dans le film soviétique est un robot anglo-saxon ! Et, cerise sur le gâteau, *Planète interdite* est inspiré de *La Tempête* de Shakespeare !

En supplément, comme toujours dans le DVD d'Artus Films, le superbe exposé d'Alain Petit, qui ne connaît pas le cinéma soviétique aussi bien que le cinéma italien. En effet, s'il cite bien *Solaris* (1972) le chef-d'œuvre d'Andreï Tarkovski, il oublie le *Stalker* (1979) du même, et aussi l'adaptation du roman ennuyeux de l'écrivain officiel soviétique Efremov, *La Nébuleuse d'Andromède*... Film homonyme de Evgueni Cherstobitov (1967)

**La Planète des hommes perdus** d'Antonio Marghereti (Anthony Dawson) 1962
C'est le deuxième film de Marghereti. Une curiosité cinématographique.
Musique pompier, dialogues bateau, décors bon marché, effets spéciaux simplistes et jargon scientifique à côté de la plaque. Une bataille spatiale très ringarde.
Un délice ! Très niais. Un film fait avec des bouts de ficelle.
L'histoire : tout indique une attaque extraterrestre... Un astéroïde a pénétré dans le système solaire et menace la Terre. Ils envoient un astronef pour étudier le « corps étranger ».
Un scientifique acariâtre présente une théorie seul contre tous !

**La Révolte des Triffides** de Steve Sekely et Freddy Francis (1962). Je me souviens très bien de ce roman de John Wyndham publié si mes souvenirs sont bons chez Fleuve Noir. Assez terrifiant. Le film lui est un peu vieillot, mais possède ce charme irrésistible des vieux beaux...

**Twice-Told Tales** de Sidney Salkow (1963). Salkow a réalisé l'année suivante "Je suis une légende" adapté du roman de Matheson. Twice-Told Tales, jamais projeté en France à ma connaissance (sauf à la télé) est un petit bijou de film d'horreur qui adapte trois contes de Nathaniel Hawthorne (donc, trois contes puritains...), ce qui est suffisamment rare, car c'est un auteur difficile à adapter à l'écran :
- *L'Expérience du docteur Heidegger :* De l'eau de jouvence trouvée qui sourd dans le caveau où repose le corps de Sylvia. Les deux frères retrouvent la jeunesse grâce à cette eau et redonnent vie à Sylvia. Mais cela va faire ressortir les cadavres des placards et la malédiction règne, car elle est la mère de la culpabilité.
- *La fille de Rappaccini :* Une très belle jeune fille dans un si beau jardin à Padoue. Mais cette jeune fille est empoisonnée ! C'est la punition de son père qui veut la préserver du péché et la garder pour lui seul.... Ah ! La culpabilité !
- *La Maison aux sept pignons :* Cette maison est le siège d'une malédiction. Et (donc) elle est hantée. Toujours la culpabilité. Et un amour interdit.

L'esprit puritain et le sentiment de culpabilité de Hawthorne dont un ancêtre fit brûler les sorcières de Salem sont vraiment bien rendus.

**L'horrible cas du Dr X** de Roger Corman (1963). Un pauvre docteur voit le monde comme au travers des rayons X. Il en deviendra fou. Seul Roger Corman est capable de traiter un sujet aussi difficile pour en faire un film attachant.

**Les Oiseaux** de Alfred Hitchcock (1963), les oiseaux attaquent et tuent, on ne sait pas pourquoi et on ne le saura jamais. Scène célèbre de l'incendie de la station-service produite par trois ingrédients : les horribles oiseaux, un automobiliste ivre qui fume et de l'essence qui coule. Les effets spéciaux sont stupéfiants et le suspense insoutenable.

**L'empreinte de Frankenstein** de Freddie Francis (1964)
Film de La Hammer au Titre original : *The Evil of Frankenstein.*
Les prologues des films de La Hammer sont toujours très denses. Ici on assiste à l'enlèvement du corps d'un défunt par un individu peu recommandable d'apparence, ceci sous les yeux d'une innocente jeune fille. Le laboratoire du baron Frankenstein est très coloré et très animé avec moult vapeurs (produites par l'azote liquide du responsable des effets spéciaux). Les opérations post mortem, bien que seulement suggérées, sont terri-

fiantes. Peter Cushing en docteur de l'horreur est toujours aussi bon. « Le travail du diable » affirme le prêtre de la paroisse. Le château du baron ressemble à celui du comte Dracula. Quant à l'étincelle de vie elle provient de la fée électricité comme l'avait indiqué Mary Shelley.
Dans un film de Frankenstein tout est dans la créature. Ici elle est plutôt ratée.
Nouveauté : cette créature aime la chair fraîche, du moins dans la première partie du film.
Une histoire à dormir debout, mais il y a Peter Cushing.

**La Poupée diabolique** de Lindsay Shonteff (1964)
DVD Artus Films
Excellent film en noir et blanc.
Un ventriloque roule en voiture avec sa poupée... Il veut rester le maître et le dit à la poupée. La complice du ventriloque qui est aussi hypnotiseur ne veut plus participer au spectacle. Elle a peur de lui. Il s'appelle Vorelli.
On assiste au spectacle de Vorelli. On constate qu'il y a de nombreux spectateurs qui fument ! Puis c'est la représentation avec Hugo, la poupée. Même l'assistante fume derrière le rideau de la scène.
Marianne qui avait participé à un sketch avec Vorelli reste sous son emprise. L'hypnotiseur est invité à une fête au château de la tante de Marianne. Cette dernière accepte un verre de vin de la part de Vorelli et se fait brièvement hypnotiser. Elle est très jolie cette Marianne.

Il y a une discussion entre le mannequin/poupée et l'hypnotiseur. Et voilà que la marionnette se lève et marche. Comme elle l'avait déjà fait lors du spectacle. Le mannequin saisit un couteau et menace son maître qui continue à l'humilier. Vorelli hypnotise Marianne pendant que Marc, son fiancé, inspecte clandestinement la poupée pour s'apercevoir que ce n'est qu'une poupée...
Vorelli oblige Marianne à venir dans sa chambre. Alors que Marc est visité par le mannequin qui l'appelle au secours et lui parle de Berlin en 1948.
Marianne va mal. « Un état de semi-coma avec des poussées de délire ». Elle appelle son fiancé au secours : « Fais-le cesser Marc ! »...
Le jeune homme fait le bon diagnostic : c'est Vorelli !
L'assistante de ce dernier est jalouse. Il prend un couteau pour menacer la marionnette ? Non ! En fait, la poupée sort de sa cage avec le couteau et va tuer l'assistante.
Marc embauche un autre journaliste pour enquêter sur Vorelli. Leur enquête les amène à découvrir que l'âme d'un jeune assistant a été transférée dans le pantin par Vorelli. Mais personne ne croit Marc sur ce sujet. Classique.
Marianne est complètement soumise à Vorelli qui lui rend visite.
La jeune femme annonce à Marc qu'elle aime Vorelli et qu'elle le quitte...
Mais la marionnette va tout arranger !

**Mothra contre Godzilla** d'Inoshiro Honda (1964), une énorme mite, puis ses deux larves, viendront à bout de Godzilla.

**Les Maléfices de la momie** de Michael Carreras (1964). Oui, comme les histoires de momies ne m'ont jamais emballé, je n'en dirais pas plus. Et comme j'aime ce que fait La Hammer...

**Je suis une légende** de S. Salkow et U. Ragona (1964). Un beau petit film en noir et blanc dans lequel Vincent Price est excellent. Cette adaptation du roman de Matheson a certainement bien inspiré d'autres films comme, par exemple, *La Nuit des morts-vivants* (1968) de George Romero. Un seul être humain a survécu sur notre Terre peuplée de vampires. Voir le remake plus loin.

**Mutiny in outer Space** de Hugo Grimaldi (1965)
Ce film commence par aborder le problème des déchets spatiaux. Quelle plaie !
Il y a, comme toujours, une belle fille, même deux belles filles.
Un vaisseau revient de la Lune avec des échantillons de glace. Il rejoint la station spatiale. Le copilote a des démangeaisons. Il a une espèce de mycose à la jambe.
Il y a une mycose mortelle dans les échantillons de glace provenant de la Lune. Le commandant de la station spatiale devient fou (mal de l'espace !) et l'épidémie se répand dans la station.

Quelle catastrophe !
Très chouette film ! Dommage que les monstrueuses mycoses soient très nulles.

**The Curse of the Fly** de Don Sharp (1965)
La suite de *La Mouche noire* de Kurt Neumann (1958).
La famille Delambre poursuit des expériences de téléportation qui, évidemment, ne réussissent pas du premier coup.
Un joli film noir et blanc en cinémascope qui vaut rien que par le prologue : l'évasion de l'héroïne d'un asile d'aliénés...

**La Planète des vampires** de Mario Bava (1965). Mario Bava réalise ce film avec son fils Lamberto en utilisant les décors de *Hercule contre les vampires* (1961). Avec un budget de misère Mario Bava réalise une œuvre qui est à la source d'autres grands films de science-fiction comme *Alien* (1979) de Ridley Scott et *The Thing* (1982) de John Carpenter, lui-même, remake de *La Chose d'un autre monde* (1951) de Christian Nyby.
Autre titre traduit directement de l'italien : *Terreur dans l'espace*.
Ce film est un grand classique. On en a beaucoup parlé en disant que c'est lui qui avait inspiré le scénariste O'Bannon pour le film **Alien, le 8ᵉ passager**...
Il a évidemment son côté ringard, daté, mais c'est vraiment accessoire : un poste de pilotage extrêmement spacieux, des cosmonautes

dans des combinaisons très inconfortables avec de gros gants.

Un signal de détresse provenant d'une planète isolée parvient au vaisseau spatial qui effectue un atterrissage forcé sur un monde étrange. Plusieurs membres d'équipage semblent passagèrement possédés, agressifs, puis ne se souviennent de rien…

Ils sont victimes d'un vampirisme psychique. Leurs corps sont « habités », psychiquement, mais aussi physiquement, même après leur mort !

Ils trouvent un très ancien vaisseau extraterrestre échoué là depuis des siècles.

Les extraterrestres de la planète ne peuvent survivre que grâce aux corps des humains.

Bava réalise un exploit, comme toujours, en obtenant des effets spéciaux superbes avec quasiment aucun moyen ! Il utilise les reflets dans les miroirs, les cadrages étroits avec un objet, les peintures sur vitre et… la polenta !

Un très grand ce Mario Bava !

Évidemment, on reconnaît là le scénario du film *Alien*.

Mais pas seulement, on reconnaît aussi le thème du roman et des films *Body Snatchers*.

**L'invasion des profanateurs** de sépultures de Don Siegel (1956) et **L'invasion des profanateurs** de Philip Kaufman (1978) ainsi que **Body Snatchers** d'Abel Ferrara (1993). Ces trois films sont tirés du roman *Body Snatchers* de Jack Finney (1954), qui avait été accusé d'anticommunisme, car on faisait le rapprochement entre les extraterrestres qui envahis-

sent l'esprit et le corps des humains avec l'idéologie communiste... Il est possible que le scénariste américain du film de Mario Bava se soit inspiré de ce roman de Finney...
Le supplément avec Alain Petit qui nous régale comme toujours avec son érudition sur le cinéma Bis populaire...

**La Guerre des monstres** d'Inoshiro Honda (1966), de plus en plus de monstres ! Avec *Les Envahisseurs attaquent* (1968) d'Inoshiro Honda on atteindra le maximum, l'overdose de monstres. Ici, on se contente de deux monstres ... Pour la liste des films avec Godzilla, voir ci-dessous *Godzilla* de Roland Emmerich (1998) et la liste des films à thème.

**Destination planète Hydra** de Pietro Francisci (1967)
Un paysan à cheval (avec un fusil en bandoulière) assiste à l'atterrissage d'un engin spatial à Molino. La scène est excellente ! Il y a quelques scènes à Rome.
Une équipe dirigée par un scientifique (et sa jolie fille) enquête sur le terrain où a atterri l'engin spatial. Les acteurs ne sont pas empruntés comme ils le sont habituellement dans ces films de série B.
La chef des extraterrestres est une belle rouquine accompagnée de deux bels hommes. Du Grand Guignol très kitsch.
Les scènes d'apesanteur sont très nulles, ratées. On ne constate aucun effort pour les rendre crédibles. On est loin du très grand Ma-

rio Bava. Les bagarres sont des matchs de catch. Et il est même question d'une « tempête photonique » !!! Les filles ont des tenues très sexy. Les étoiles sont des ronds de papier métallisé suspens dus à un fil...
J'ai compris : c'est un film comique.
Dans le supplément du DVD d'Artus Films, Alain Petit nous parle de la SF italienne au cinéma. Le doublage en français aurait accentué le comique du film. Ce film marque la disparition du cinéma bis : arrivée du cinéma de Hong Kong, mauvais doublage, développement du cinéma porno, etc. Madre Mia !

**La Planète des singes** de Franklin J. Schaffner (1968), un vaisseau spatial américain perdu atterrit sur une planète dont l'espèce dominante intelligente est le singe. Aventures, guerres et amour pour découvrir que cette planète est la Terre après la guerre nucléaire. Scène finale fabuleuse où Charlton Heston découvre les restes de la statue de la Liberté au bord de la plage. « *Ils les ont fait sauter leurs bombes !* » Hurle-t-il...
Nombreuses suites : *Le Secret de la planète des singes* de Ted Post (1970) – *Les Évadés de la planète des singes* de Don Taylor (1971) – *La Conquête de la planète des singes* (1972) et *La Bataille de la planète des singes* (1973) de J. L. Thomson – Une série de télévision : *La Planète des singes* (1974).

**Le Peuple des abîmes** de Michael Carreras (1968). Je me souviens très bien d'avoir vu autrefois au cinéma la bande-annonce de ce film. Je n'ai jamais oublié la scène qui montre la chaloupe de sauvetage sur une mer d'huile avancer lentement dans le brouillard au milieu d'horribles et gigantesques algues, monstrueuses. Hélas je n'ai jamais eu l'occasion de voir ce film jusqu'à récemment. Et je n'ai pas été déçu par rapport à l'effet qu'avait produit sur moi la bande-annonce. Un très bon petit film sur la mer, les horreurs qu'elle cache ; des aventures fabuleuses... Ces thèmes ont été repris par *Virus* et *Un cri dans l'océan*.

**La Malédiction de Dunwich** (*L'abomination de Dunwich – The Dunwich Horror*) de Daniel Haller (1969)
Une adaptation de la nouvelle de Lovecraft, « *L'Abomination de Dunwich* ».
Roger Corman est producteur exécutif de ce film. On reconnaît bien là sa méthode : avec quelques acteurs, des décors naturels, une soufflante et de la fumée (et quelques traitements de pellicule) il fait un petit film délicieusement désuet.
Un descendant de la famille maudite des Watheley, dont une femme avait copulé avec Yog-sogoth pour engendrer un monstre cherche à s'emparer du Necronomicon pour ouvrir la porte aux Anciens.
Il y a même les engoulevents qui crient pour enlever l'âme des gens qui meurent.

**Dracula contre Frankenstein** de Tulio Demichelli et Hugo Fregonese (1969)

Pour envahir la Terre, des extraterrestres récupèrent les cadavres pour emprunter leur corps et ils tentent de libérer des monstres qui seront leurs troupes de choc. Scénario emberlificoté.

D'ailleurs, le film est très bavard au début pour expliquer le scénario.

« Les femmes très belles sont de très puissants aimants ». On aime ou on n'aime pas le jeu de mots avec « aimants »...

Un vampire renaît quand on enlève le pieu planté dans sa poitrine. Voilà déjà Dracula.

Les extraterrestres enlèvent une belle blonde pour en faire une esclave. Un policier enquête, car il y a eu un meurtre. Il est question d'un livre maudit aussi.

« Ça prend l'allure d'un très mauvais roman », déclare le policier. On ne le lui fait pas dire !

Vampire – loup-garou – momie – Frankenstein...

Le scénario est de Paul Nasch qui joue également le loup-garou.

Personne dans le film, ne s'appelle Dracula, ni Frankenstein... Mais c'est racoleur dans le titre.

Dans le DVD d'Artus Films, Alain Petit commente ce film avec toute son érudition sur les films de série B. Il nous raconte la carrière de tous les participants : acteurs, réalisateurs, scénaristes. Le scénario est très inspiré du film *Plan 9 from outher Space* et de *Plan X*.

**Danger planète inconnue** de Robert Parrish (1969), une expédition spatiale échoue et retombe sur la terre. Surprenant ! Mais ce n'est pas la terre... Roy Thinnes qui joue le rôle principal nous avait habitués à celui de David Vincent dans le feuilleton télé *Les Envahisseurs*.

**Lâchez les monstres** de Gordon Hessler (1970) avec le trio infernal : Vincent Price, Peter Cushing et Christopher Lee. Une histoire de savant fou qui crée une espèce nouvelle. Pas trop mal ficelé.

**Solaris** de Andreï Tarkovski (1972), le film fantastique par excellence. La démonstration par un maître du cinéma que la science-fiction est un mode d'existence du fantastique. La planète-océan Solaris crée matériellement les désirs et les angoisses des hommes qui l'étudient à bord d'une station orbitale. Le savant Kris appréciera d'abord le double vivant de son épouse morte, puis le haïra et ne parviendra pas à s'en débarrasser. Celle-ci souffre autant de cette existence et tentera de se suicider en buvant de l'azote liquide. Grâce à Solaris, il comprendra et revivra les rapports psychologiques qu'il noue avec son père. La lenteur est le mode d'expression cinématographique de Tarkovski. C'est le choix de la difficulté. Seul le très grand talent de Tarkovski peut faire de cette lenteur des chefs-d'œuvre, comme *Andreï Roublev* (1969) ou *Stalker* (Voir ci-dessous).

**Le Bossu de la morgue** de Javier Aguirre (1972)
Le scénariste (Paul Naschy) semble parfois perdre le fil.
Un bossu amoureux fou d'une jeune fille pète un câble quand elle meurt. Il va conclure un pacte avec une espèce de docteur Frankenstein et péter un deuxième câble ! Le labo se trouve dans les souterrains qui servent de refuge au bossu.
Tout cela ne tient pas très bien la route, on rigole et on a des hauts le cœur...
Ils n'ont pas lésiné sur les effets spéciaux : ils ont brûlé vif des rats vivants !
Comme supplément au DVD chez Artus film, Alain Petit le spécialiste de ces films de série B analyse celui-ci et fait un petit historique de l'âge d'or du film d'horreur espagnol. Il date le départ de ce genre avec le film « Les Vampires du Dr Dracula » en 1968, cet âge d'or se terminant en 1975-76...

**Le Monstre est vivant** de Larry Cohen (1973), le film commence sur les chapeaux de roue : un accouchement se termine très mal, infirmières et médecins sont égorgés par le nouveau-né qui prend la fuite. Le monstre est bien vivant, produit par l'action d'un nouveau contraceptif. Il sèmera mort et terreur sur son passage. L'horreur se terminera dans les égouts. Original non ? Suites : *Les Monstres sont toujours vivants*, du même en 1978, *La Vengeance des monstres* (1987) et *La Vengeance des monstres* de Larry Cohen (?)

**Le Massacre des Morts-vivants** de Jorge Grau (1974)
Ce film a été tourné 6 ans après la sortie du film *La Nuit des Morts-vivant* de George A. Romero. Plusieurs scènes de ce *Massacre des Morts-vivants* sont tournées de manière à montrer au spectateur que le réalisateur rend hommage à Romero. Il reprend les thèmes de Romero : les morts reviennent à la vie à cause d'une pollution, à cause d'une activité humaine néfaste...
Jorge Grau est espagnol. Le film est une co-production italo-espagnole-anglaise... très vampirisée par les Italiens. Il est sorti en salles dans de nombreux pays et donc affublé de nombreux titres aussi divers que variés.
Venons-en au film.
Le premier plan est très joli avec un beau mouvement de la caméra. Mais le reste ne sera pas toujours du même niveau.
Et puis alors, dès le début, il y a, ah ! Horreur ! une MACHINE qui envoie des ONDES...
Dès le début un petit hommage à Romero avec une jeune femme dans une voiture attaquée par un mort-vivant. Zombie que l'on retrouvera presque tout au long du film.
En général les acteurs ne sont pas bons à part le jeune homme, personnage principal du film, et dans une moindre mesure la jeune femme.
Comme il y a des morts violentes, la police s'en mêle avec un « commissaire » très borné. Ils l'appellent « commissaire »... Est-ce ainsi

qu'on appelle ce genre de flic en Angleterre où se situe l'action du film ?

De fait, le scénario est très malin et habile (mais peut-être un peu lourd quand même) et fait en sorte que jamais le flic en question n'aperçoit le moindre mort-vivant, et persiste donc à croire que c'est le jeune le responsable de tous ces morts, victimes des zombies...

L'hôpital a l'air d'un château hanté alors qu'à l'intérieur il est très moderne. On ressent trop bien le tournage en deux lieux différents. Les zombies sont un peu ridicules. Le responsable des effets spéciaux utilise beaucoup les abats d'animaux, et tout cela est plus dégoûtant qu'effrayant. Enfin, les zombies s'enflamment comme de la paille. La fin est trop facile.

Je sais j'entends dire : « mais à cette époque ». Soit ! Le film mérite d'être vu, car c'est le précurseur du genre en Europe... Il sera suivi plus tard des chefs-d'œuvre de Lucio Fulci, qui n'ont, je crois, rien à devoir à ce film. À part, peut-être, *Zombi 3* sorti en 1988 (qui a aussi d'autres titres) dans lequel des produits chimiques zombifient les gens sur une île avec de méchants militaires comme dans *Le Jour des Morts-vivants* de Romero, sorti trois ans plus tôt. Un des plus mauvais films de Fulci... On ne peut pas toujours être bon.

Comme toujours aux éditions Artus films (ici en compagnie de Studiocanal) le supplément est particulièrement intéressant, avec David Didelot, qui récite sans erreur et sans jeter un œil sur un papier son savoir immense sur ce film, le réalisateur et ses acteurs, et sur

l'histoire du cinéma bis. C'est excellent ! C'est donc notre ami David qui dit que ce film est le précurseur des films de zombies... En n'oubliant, comme il l'a dit lui-même, qu'il y a eu avant *La Nuit des morts-vivants*. En fait ce n'est que le deuxième précurseur.
Il y a une scène dans le film (pas très bien tournée) dans laquelle des bébés, semble-t-il contaminés par les radiations de la MACHINE, sont devenus agressifs et mordent le héros... C'est assez original à cette époque. Et c'est la même année, en 1974 que Larry Cohen sort son film *Le Monstre est vivant*, dans lequel une femme enfante d'un bébé monstre qui tue tout le personnel médical dans la salle d'accouchement. Prélude très saisissant, bien au-dessus de ce *Massacre des Morts-vivants*. Ce film de Larry Cohen sera suivi de deux suites et d'un remake bien des années plus tard. Ce thème du bébé monstre va se répandre dans le cinéma de genre comme la peste noire au Moyen-Âge...
David fait également un parallèle avec le film ultra ennuyeux de Jean Rollin *Les Raisins de la mort* tourné en 1978... Là ce sont les produits de traitement de la vigne qui zombifient les morts...
Enfin, bref, revenons à notre film *Le Massacre des Morts-vivants* : il est à voir comme un monument à la gloire du cinéma bis de morts-vivants qui a réussi le tour de force à faire des histoires de zombies, celles qui sont aujourd'hui les plus répandues et les plus regardées dans le genre fantastique...

**Le Bossu de la morgue** de Javier Aguirre (1972)
Le scénariste (Paul Naschy) semble parfois perdre le fil.
Un bossu amoureux fou d'une jeune fille pète un câble quand elle meurt. Il va conclure un pacte avec une espèce de docteur Frankenstein et péter un deuxième câble ! Le labo se trouve dans les souterrains qui servent de refuge au bossu.
Tout cela ne tient pas très bien a route, on rigole et on a des hauts le cœur...
Ils n'ont pas lésiné sur les effets spéciaux : ils ont brûlé vif des rats vivants !
Comme supplément au DVD chez Artus film, Alain Petit le spécialiste de ces films de série B analyse celui-ci et fait un petit historique de l'âge d'or du film d'horreur espagnol. Il date le départ de ce genre avec le film « Les Vampires du Dr Dracula » en 1968, cet âge d'or se terminant en 1975-76...

**Frissons** de David Cronenberg (1974), *« Le but véritable était de montrer l'immontrable, de dire l'indicible. Je ne pouvais pas proposer ces parasites hors champ parce que personne n'aurait su ce qui se passait. »* David Cronenberg interviewé par William Beard, Piers Handling et Pierre Véronneau. Ce film raconte le développement et la transmission de parasites qui transforment leurs hôtes en furieux maniaques sexuels. Les parasites croissent dans le ventre de leur victime et s'échangent par le bouche-à-bouche... Avec la merveilleuse Barbara Steele, actrice fétiche de Mario Bava.

**Le Monde des morts vivants** d'Amando De Ossorio (1975)
J'avais déjà vu du même *La Révolte des morts vivants* (1971).
Les ingrédients sont toujours les mêmes : belles filles plus ou moins dénudées (mais pas trop), brouillard parfois réalisé par traitement de la pellicule, et templiers morts-vivants.
Ici nous sommes dans un vaisseau fantôme, représenté par une maquette en carton-pâte, ou même parfois par un simple dessin et quelques gros plans en studio dans des décors sommaires. Des scènes interminables de filles qui crient, le recyclage de mêmes plans plusieurs fois, le couvercle des coffres s'ouvre d'une lenteur interminable en grinçant.
Vraiment le film fantastique Z espagnol des années 70 dans toute sa splendeur. Il reste donc une curiosité si vous voulez vous marrer.
Heureusement les Espagnols ont fait bien mieux depuis. Ils ont même donné au cinéma de grands chefs-d'œuvre du fantastique et de l'horreur...

**Rage** de David Cronenberg (1976), une jeune femme ayant subi une greffe de peau s'aperçoit qu'elle a désormais besoin de se nourrir de sang, utilisant un appendice qui lui sort sous le bras. Elle vampirise donc les gens en les embrassant et leur transmet la rage. C'est une épidémie, la loi martiale est décrétée...

L'angoisse ne se base pas sur des effets spéciaux, mais sur les mises en situation et la couleur rouge de la plupart des scènes. Cronenberg en parlant de son film, refuse de considérer le désordre qui y règne comme un chaos social : « *Mon expérience personnelle de la vie en société ne ressemble pas à celle de* Rabid *(Rage) où les gens se déchaînent dans les rues. Je n'ai jamais vécu cela. C'est donc vraiment un exemple d'un désordre intérieur plutôt qu'extérieur.* » Pourtant... Un film terrifiant.

**Frankenstein junior** de Mel Brooks (1974), merveilleuse parodie des *Frankenstein* de James Whale. La scène la plus délirante est celle où la gouvernante se présente avec la même coiffure que la fiancée de Frankenstein.

**Chair pour Frankenstein** de Paul Morrissey (1974), Victor Frankenstein vit avec son épouse (sa sœur de lait...) Elisabeth et leurs enfants dans son château. Il veut créer un homme viril qui pourra être le géniteur d'une espèce nouvelle. Il décapite un pauvre homme en se trompant sur la "marchandise". Horreur gore en trois dimensions : les organes s'écoulent des ventres ouverts, le sang gicle des corps décapités. À la fin, le fils Frankenstein prendra la relève en brandissant fièrement un bistouri...

**Eraserhead** de David Lynch (1977), ce film culte, dérangeant comme (presque) tous les films de Lynch, fit d'emblée le succès du cinéaste. Un monde industriel étrange, des volailles qui bougent encore dans les assiettes, un mystérieux aiguilleur (du moins, l'ai-je pris pour tel) qui ponctue le film, un jeune homme et sa femme avec leur progéniture monstrueuse, espèce de fœtus-lézard qui couine et saigne facilement. La jeune femme qui ne supporte pas l'horreur, laisse tomber mari et "enfant"... Ce film peut se dérouler à l'infini. Il faut le voir, rien ne sert d'en parler, car, en parler trop c'est s'exposer à montrer un peu de son inconscient.

**La Guerre des étoiles** de George Lucas (1977), début de la fameuse trilogie qui a fait l'objet en 1997 d'une nouvelle édition, avec de nouveaux effets spéciaux, et qui connut encore un énorme succès. Les héros de cette saga sont devenus quasiment légendaires : Luke Skywalker, Dark Vador, princesse Laia, Han Solo, et les deux robots, C3P0 et R2D2. Une histoire de rébellion, de lutte contre le mal pour la liberté. Lucas a « *adapté la forme antique du voyage initiatique à l'imaginaire du vol dans l'espace* », déclare le commissaire de l'exposition « *Star Wars : magie du mythe* » organisée par le musée de l'air et de l'espace de Washington ! Les thèmes du film sont puisés dans l'Odyssée, les chevaliers du Moyen Âge et les bandes dessinées actuelles. Mais, on ne peut pas s'empêcher de faire une relation avec l'œuvre d'Isaac Asimov. Ce dernier n'a-t-il pas écrit, dans un article intitulé *Du*

*Plagiat* : *«... Il y a aussi des histoires qui se veulent sciemment proches de mon univers, sans que je puisse en prendre ombrage. Les films de la série* La Guerre des étoiles *rappellent vaguement mon cycle de Fondation, mais, que voulez-vous ? Je me vois mal faire du scandale pour ça... »* Pour réaliser les trucages et effets spéciaux, Lucas a créé son propre studio : Industrial Light and Magic (ILM) ouvrant la voie du numérique et de l'image virtuelle avec une avance importante sur les autres.
Les deux autres volets de la trilogie :
**L'empire contre-attaque** d'Irvin Kershner (1980), et **Le retour du Jedi** de Richard Marquand (1983), produits par George Lucas. (Voir plus loin les autres épisodes)

**Le Crocodile de la mort** de Tobe Hooper (1977) Des dents pires que des couteaux !

**Tentacules** de Oliver Hellman (1977)
Producteur : Ovidio G. Assonitès... Avec Henry Fonda !
Il existe un Tentacules de Yassi Wain (2001)
Des êtres humains, dont un bébé, sont retrouvés dans l'océan atrocement mutilés. (Je sais on utilise souvent ces mots dans les chroniques de ce genre de films, mais comment faire autrement ?)
Un flic et un journaliste enquêtent et se posent des questions sur d'importants travaux menés par une multinationale au fond de la mer.

Deux plongeurs vont inspecter les profondeurs et ne reviennent pas vivants ;
Ce film ne respecte aucune règle habituelle : le journaliste est un vieillard barbu, le flic un gros balourd.
Il y a beaucoup de vues sous-marines, des gros plans sur un poulpe qui évitent de mettre en œuvre de coûteux effets spéciaux.
La mer a des dents, mais aussi des tentacules.

**Ces Garçons qui venaient du Brésil** de Franklin J. Schaffner (1978)
Un film culte. Mais mérite-t-il vraiment ce titre ?
Avec de grands acteurs vieillissants : James Mason, Gregory Peck et Lilli Palmer, par exemple.
Cette histoire de clonage par des nazis est inspirée d'une nouvelle d'Ira Levin, l'auteur qui a été rendu célèbre par une autre adaptation cinématographique d'une de ses œuvres : *Un bébé pour Rosemary,* film réalisé par Roman Polanski (1968).
Autres adaptations de Levin :
1956 : *Baiser mortel* (A Kiss Before Dying), de Gerd Oswald
1975 : *Les Femmes de Stepford* (The Stepford Wives), de Bryan Forbes
1982 : *Piège mortel* (Deathtrap), de Sidney Lumet
1991 : *Un baiser avant de mourir* (A Kiss Before Dying), de James Dearden
1993 : *Sliver,* de Phillip Noyce

2004 : *Et l'homme créa la femme* (The Stepford Wives), de Frank Oz

Revenons à nos garçons du Brésil.

Je pense que tout le monde connaît l'histoire : un chasseur juif de nazis mène une enquête sur un assassinat programmé par d'anciens nazis réfugiés au Paraguay de 94 hommes de 65 ans dans plusieurs pays du monde... Le IVe Reich est en marche !

Le début du film est traité comme un mauvais James Bond avec une musique tonitruante. Cela frise la parodie. L'accent allemand de Lieberman est comique. On ne peut pas le prendre au sérieux (ça c'est pour l'adaptation française)...

Le spectateur a droit à un exposé très scientifique des expériences de clonage de l'époque.

La dernière partie est excellente, avec le combat entre le vieux chasseur de nazi et sa proie

**Superman** de Richard Donner (1978), l'enfant de la planète Krypton devient superman sur terre. Formidable adaptation de la célèbre bande dessinée. Suites : *Superman II* de Donner 1980 – *Superman III* de Richard Lester 1983 – *Superman IV* de Sidney J Furie 1987.

**Piranhas** de Joe Dante (1978), des jeunes inconscients et trop curieux ouvrent une vanne dans un laboratoire militaire abandonné et, catastrophe ! les piranhas mutants passent dans le lac situé à proximité. Gare ! Séquelles : *Piranhas 2 : les tueurs volants* (1981) de James Cameron et *L'invasion des*

*Piranhas* (1984) d'Anthony Dawson (pseudonyme d'Antonio Margheriti).

**Chromosome 3** de David Cronenberg (1979), de mystérieux meurtres sont perpétrés par des nains. Ce sont les membres de la même famille qui sont assassinés. Une femme engendre ces créatures en les faisant pousser sur son corps et les envoie pour une vengeance psychotique. C'est qu'elle est soignée par un psychiatre qui incite ses patients à donner une expression physique à leur rage. Nola Carveth le prend strictement au mot. *« En tant que pures créatures de la rage, les enfants de la progéniture sont idiots, asexués, inarticulés, ne voient qu'en noir et blanc et, [...] ne vivent pas longtemps. »* [6]

**Prophecy** de John Frankenheimer (1979)
Poursuite dans la nuit avec trois type en tenue de spéléologue avec casque, lampes de poche et chiens. En fait, ce sont des bûcherons... Ils meurent tous, mais le film prend bien soin de ne pas révéler comment. Mais à entendre le cri du dernier tué, ça doit être horrible.
Puis un orchestre symphonique. Manif d'Indiens, misère dans le ghetto noir.

---

[6] William Beard, dans son article *L'esprit viscéral : les films majeurs de Cronenberg* recueilli dans *L'horreur intérieure*...

Les Indiens ne veulent pas qu'une papeterie exploite leur forêt du Maine. Un medecin est chargé de faire le négociateur. Il y va avec sa femme qui est enceinte, mais qui ne la sait pas. Elle joue du violoncelle. Ils apprennent que les Indiens croient qu'un être mythique appelé Katahdin enlève les gens qui ont disparu.
Le conflit se présente comme une contradiction d'intérêts Indiens contre bûcherons.
Une famille fait de la randonnée et du camping (« *Délivrance* » ?)
« Ici tout devient gros, très gros », déclare le vieil Indien.
Des problèmes d'environnement sont évoqués (pollution ?)
De fait, il y a effectivement une gigantesque usine de pâte à papier. Matériau de base : les arbres ! On fait une petite visite...
Le problème d'environnement ? C'est tout simplement le mercure (Hg). On évoque même Minamata au Japon et l'intoxication des pêcheurs de la baie ainsi nommée par le mercure.
À quoi sert le mercure dans une papeterie ? À fabriquer le chlore (Cl2) qui est utilisé pour le blanchiment du papier.
Le mercure s'accumule le long de la chaîne alimentaire et produit des malformations du fœtus chez la femme. On a en mémoire cette image de la Japonaise de Minamata qui lave son enfant monstrueux dans une bassine...
Dans ce film, le scénariste développe cette idée archi utilisée dans la SF de la pollution qui

engendre des monstres. C'est donc la cas et, de plus, la femme du héros est enceinte !
Le film disserte bêtement sur l'évolution du fœtus...
Les campeurs se font attaquer par les monstres. La police accuse les Indiens...
Un film très idéologique sur le génocide indien et la pollution industrielle.

**Terreur extra-terrestre** de Greydon Clark (1979)
La participation des acteurs Jack Palance et Martin Landau met tout de suite l'ambiance ! Mais ne garantit aucunement la qualité du film.
Un père et son fils campent dans la nature dans un camping-car. Le père est un type assez con. Visiblement les scénaristes n'aiment pas les chasseurs. Ce personnage est donc la première victime de sangsues volantes.
C'est très mal joué et très mal doublé.
Une bande de jeunes partent en vacances dans la nature... Ah ! Cette nature inhospitalière, dangereuse.
Jack Palance joue le rôle du tenancier de la station-service. Il s'appelle Taylor. C'est un chasseur. « Vous avez jamais été à la chasse ? » Demande-t-il. Il ne veut pas que les jeunes aillent au lac...
Un des jeunes couples part à la recherche des autres qui ont disparu. La jeune fille tombe dans un piège constitué par un grand trou dans le sol. Elle en sort. Le couple découvre une cabane pleine de cadavres, dont leurs

amis. Une sangsue volante pleine de dents se colle au pare-brise du camping-car avec lequel ils espéraient fuir. Ils se réfugient dans un bar plein de beaufs tenu par une barmaid. La jeune fille s'enfuit du camping-car à l'arrivée d'un extraterrestre à grosse tête.
Dans le bar il y a Martin Landau qui joue le rôle du paranoïaque qui voit des E.T. partout et qui a raison pourtant, alors que personne ne le croit. Il s'appelle Dobbs. Les autres l'appellent « sergent ».
Mais que c'est mal joué ! Beaucoup de dialogues inutiles.
Taylor arrive avec la jeune fille. Le bar est assiégé en pleine nuit, électricité coupée...
Le sergent tire sur le shérif par erreur ! Ensuite, il menace le jeune homme, guidé par sa paranoïa.
Taylor a récupéré une sangsue et la conserve dans un bocal de formol.
Il déclare au couple de jeunes qu'il veut chasser tout seul les extraterrestres et les tuer. Il se fait de nouveau attaquer par un de ces sangsues volantes en forme d'étoile avec plein de dents. Il l'arrache de sa cuisse avec un couteau. Le couple de jeunes s'enfuit et fait de l'autostop. Ils montent dans une voiture de police et s'aperçoivent qu'elle est conduite par sergent !
Taylor transporte des explosifs vers la cabane. Sergent croit que les deux jeunes sont des extraterrestres. Ils s'échappent et se réfugient dans une maison isolée et déserte. Ils entrent par effraction et s'installent. Quelque chose

rôde dans la nuit. Une ombre menaçante se déplace. Le robinet d'eau s'ouvre tout seul. La lumière du placard s'allume spontanément.
Tout cela tire en longueur...
Une sangsue volante se colle au visage du garçon et le « martien » au gros crâne apparaît... Il poursuit la jeune fille... Taylor la sauve.
Dernière bataille à la cabane où sont entreposés les morts. Le garde-manger de l'E.T.
Taylor a miné la cabane avec de la dynamite !
Mais voilà ce fou de sergent qui voit des aliens partout et surtout là où ils ne sont pas.
Et voici le « martien » à grosse tête !

**Le réalisateur Greydon Clark raconte :**
Il avait acheté un script à un scénariste qu'il avait beaucoup modifié pour ce film.
Le script raconte donc l'histoire d'un extraterrestre qui débarque sur Terre pour traquer les humains par pur divertissement. « C'était bien avant Predator » Dit-il.
Schwarzenegger aurait dit lors du tournage du film Predator : « *Avez-vous vu ce petit film intitulé Terreur Extraterrestre ? Notre film Predator reprend la même idée : un extraterrestre venu sur Terre pour chasser les hommes.* »
Bon... Admettons. Mais cela n'est pas très évident dans ce film. Ce n'est en tous les cas pas présenté comme ça... Néanmoins, ça y est : souvent ce film est désormais présenté comme celui qui aurait inspiré Predator...
Ce film a été tourné en décembre 1979 en trois semaines.

**Le DVD propose un documentaire sur les extraterrestres au cinéma** ; d'abord ils furent un prétexte à l'anticommunisme paranoïaque et le grand tournant fut, bien sûr, la sortie du film *Alien, le 8ᵉ passager*.
Je remarque que *Alien* est sorti un an avant *Terreur Extraterrestre...*
Il y aurait selon ce documentaire trois grandes familles de films sur les extraterrestres : 1) les attaques bourrin 2) le genre plus feutré genre X-files et 3) le genre intimiste, enlèvements, expériences médicales comme *la Quatrième Nuit...*
Autre connexion entre les deux films *Predator* et *Terreur extraterrestre* : c'est le même acteur qui joue le rôle du « martien » à grosse tête de ce dernier et celui qui joue Predator dans le film du même nom !

**Star Trek** de Robert Wise (1979), reprise en film des histoires du vaisseau Enterprise et du mythique vulcain Spock aux oreilles pointues. Plusieurs suites : *Star Trek II : la colère de Khan* par Nicholas Meyer (1982) et *Star Trek III : à la recherche de Spock* de Leonard Nimoy (1984) – *Star Trek IV : retour sur Terre* de Leonard Limoy (1987) – *Star Trek V : l'ultime frontière* de William Shatner (1989) – *Star Trek VI : Terre inconnue* de Nicholas Meyer (1991) – *Star Trek generations* de David Carson (Picard prend le relais...) (1994) – *Star Trek premier contact* de Jonathan Frakes (1997) et *Star Trek insurrection* de Jonathan

Frakes (1998) (voir ma critique à ces années pour ces deux derniers films).

**Stalker** d'Andreï Tarkovski (1979), la lenteur du cinéaste au service d'une quête d'un nouveau Graal. Tiré du roman des frères Strougatski, géniaux écrivains soviétiques de science-fiction, ce film prodigieux nous entraîne avec le Stalker dans la *zone*, interdite, car très dangereuse, étendue laissée stérile par des extraterrestres descendus là autrefois et repartis sans autre forme de procès. Le guide, le S*talker*, se fait payer cher pour emmener les "touristes" dans cet endroit fabuleux. Leur but : la chambre des désirs, qu'ils atteindront, mais qui ne pourra satisfaire aucun désir... Un chien passe alors que le Stalker dort sur un îlot au milieu d'une mare croupissante. Débris de véhicules militaires, ruines de maisons, nature luxuriante, temps gris ; le Stalker vérifie si le chemin est sans embûche en lançant devant lui de longues ficelles attachées à des boulons. En voyant ce film aujourd'hui, cette zone délabrée, abandonnée et dangereuse, ne préfigurait-elle pas la société soviétique décadente ? Le Stalker doit payer cher ses séjours répétés dans la zone. Son enfant est mutant : la dernière image du film, alors que le bruit du train qui passe est assourdissant, montre la petite fille faisant déplacer un verre avec le regard. Aller dans la zone débouche sur la création d'une autre humanité....

**Alien** de Ridley Scott (1979), ce monstre est devenu une célébrité. Un cargo spatial sur le retour vers sa base reçoit un signal d'alarme provenant d'une petite planète. Une expédition y est envoyée. On y trouve l'épave d'un vaisseau extraterrestre. Dans la soute des œufs attendent, tel le fourmi-lion, qu'un être passe à proximité. Un des cosmonautes sera attaqué par une larve sortie de l'œuf. Cette larve a introduit un rostre dans son estomac et y a pondu un œuf. Le biologiste du bord qui a fait ostensiblement l'erreur de laisser entrer un passager contaminé soigne le malade. Celui-ci reprend vie, mais un petit monstre sort de son corps lui infligeant une atroce et mortelle blessure. Désormais, c'est une guerre sans merci entre ce monstre et l'équipage qui sera décimé. Seule Ripley, la jeune femme magistralement interprétée par Sigourney Weaver saura terrasser le monstre. Ce film a plusieurs importances : il rompt avec la science-fiction héritière de *2001*, tout axée sur le développement technologique et ses répercussions, et renoue avec le style de l'écrivain Lovecraft qui a su, justement, allier la science et les techniques à de profondes et archaïques pulsions de la vie. Ainsi, le monstre d'Alien est-il proprement lovecraftien, et son créateur, Carlo Rambaldi, semble bien s'être inspiré des monstres de l'écrivain américain. Enfin, l'action prend toute son importance et sert à montrer du doigt les horreurs que l'on ne voit pas, mais que l'on nous fait deviner hors champ, comme cette scène de recherche du chat dans les soutes du vaisseau spatial. Le scénario développe une argumentation serrée : si ce monstre a été introduit dans notre univers, c'est de la faute aux dirigeants de la compagnie et de la société des hommes qui ont organisé cette introduction par l'intermédiaire du biologiste médecin qui n'est qu'un robot à leurs ordres. Quatre suites à ce jour : *Aliens, le retour* de James Cameron (1986), *Alien 3* de David Fincher (1992), , *Alien la résurrection* (1997) de Jean-Pierre Jeunet et *Alien contre Predator* de Paul Anderson (2004). Jusqu'à Alien 4, les films sont interprétés par Sigourney Weaver.

**Scanners** de David Cronenberg (1980), lutte entre des télépathes capables de transmettre une énergie considérable dans un autre corps humain jusqu'à le détruire. Le héros découvrira que le scanner qu'il poursuit est son frère et que le savant qui l'envoie leur père, véritable créateur de l'espèce des scanners grâce à un nouveau produit. Une suite : *Scanners II* (1990) de Christian Duguay et encore quelques autres.

**Anthopophagous** de Joe D'Amato (1980)
Un horrible anthropophage (joué par le terrible George Eastman, que l'on a vu aussi dans *Horrible* du même cinéaste, voir la chronique suivante) dévore de jolies jeunes filles et jeunes hommes sur une île pour finir pas se dévorer lui-même !

**Horrible** de Joe D'Amato (1981)
DVD Bach Films Titre original *Rosso Sangue*.
Un film très sadique... éprouvant.
Un homme en jeans et chemise ouverte est poursuivi par un autre en imperméable. Ne nous laissons pas tromper : sans doute que le poursuivi est le méchant et le poursuivant le gentil.
Dans une maison, un enfant et sa nourrice ; le chien aboie devant la porte que le petit garçon ouvre. L'homme poursuivi qui fait de gros yeux est là ! Il est éventré ! Ses boyaux pendent entre ses doigts.
Hôpital, salle d'opération où on opéré le blessé [Les chirurgiens semblent remuer une omelette plutôt que d'opérer...]
L'homme se réveille en pleine opération. Les docteurs lui objectent un supplément d'anesthésiant.
Ensuite on voit un vieil homme ivre persécuté par des jeunes en moto. Dans les films d'horreur ce genre de scène désigne de prochaines victimes.
La police arrive et engueule l'ivrogne alors que les motards sont partis. Les policiers sont appelés pour l'arrivée du blessé à l'hôpital.
Salle d'opération : « Je ne pense pas qu'il s'en sortira ! Adrénaline ! »
Les battements de cœur repartent.
« Une capacité de récupérer si vite n'existe pas ! » S'exclame le chirurgien. « Ce qui m'a frappé c'est la coagulation si rapide du sang ! » Poursuit-il.

[Qu'est-ce qu'ils fument dans ces films à cette époque !]
Dehors, (il fait nuit) les policiers interpellent le poursuivant du blessé. Il montre son passeport.
[C'est assez mal joué. Parfois les images sont mal cadrées.]
Le blessé n'a aucun papier sur lui. Ils trouvent des pièces de monnaie grecque. Or l'homme rencontré la nuit par les policiers est grec. Le blessé se réveille à l'hôpital sous le regard de ce dernier. Le policier expulse ce dernier. L'inspecteur sort de la chambre d'hôpital, appelé au téléphone.
Le blessé se réveille, se lève et... tue l'infirmière en lui perçant le crâne avec une perceuse de chirurgie. La police arrive trop tard.
Le monstre s'est rhabillé et fuit dans la nuit. C'est un géant bien baraqué.
Le Grec collabore avec la police pour traquer ce monstre.
« Le cerveau de ce monstre a grossi après l'opération. Il est immortel et peut régénérer ses cellules facilement. » Explique le chirurgien.
Le Grec est un prêtre. « Quelle est la raison qui le pousse à tuer ? » « Il est possédé par le démon. » Répond le prêtre qui explique qu'il faut détruire le cerveau de cette machine à tuer pour le tuer.
Le monstre tue un employé du nettoyage malgré les balles qui lui transpercent la poitrine. Il le fait en passant son crâne à la scie sauteuse.

L'inspecteur et le prêtre traquent le tueur.
Un des motards –voir plus haut) tombe en panne à proximité : le monstre le tue après avoir été renversé par une voiture.
(...)
Il reconnaît la voiture qui l'a accidenté et qui était conduite par le père du petit garçon du début et va pénétrer dans l'appartement.
Ce petit garçon et sa sœur handicapée sont gardés par une jeune fille qui va bêtement ouvrir la porte, car le chien pleure... Elle prend un coup de pic de terrassier sur la tête...
La nourrice qui prend la relève arrive.
[Au centre de l'intrigue, il y a un match de foot américain.]
Chassé-croisé dans la maison entre le monstre, le petit garçon et la nourrice. Suspense !
Le tueur fait cuire la nourrice en la maintenant la tête dans le four de la cuisine...
La petite handicapée réussit à se lever et, pour se défendre, crève les yeux du monstre avec des ciseaux.
[C'est l'affiche du film : le monstre aux yeux crevés.]
La fin est superbe : l'affrontement entre la jeune handicapée et le monstre aveugle.
Le curé chasseur de monstre arrive. Affrontement.
Tout sera résolu par la hache !
Superbe scène finale !
**Bonus.**
Christophe Lemaire journaliste présente Joe D'Amato qui a tourné *Horrible* après une flop-

pée de films pornos, dont le fameux *Tarzan X*. Le scénario de ce film a été pompé sur celui d'*Halloween* de Carpenter. Ce film, dit-il, comme beaucoup de films d'horreur, est un prétexte pour des scènes gore. On ne le regarde que pour les scènes gore comme on ne regarde que les scènes de cul dans les films porno.
Le film a une ambiance américaine. Plusieurs éléments tendent à faire croire au spectateur que nous sommes aux USA. Le comédien qui joue le monstre est George Eastman, de son vrai nom, Luigi Montefiori. Il était également le monstre dans le film Anthropophagous de Joe D'Amato (1980)...

**Outland (Loin de la terre)** de Peter Hyams (1981). « Le train sifflera trois fois » transposé sur la planète Jupiter.

**La Maison près du cimetière** de Lucio Fulci (1981), Lucio Fulci poursuit son œuvre à base de morts-vivants. Ici, le monstre est dans la cave. N'avez-vous jamais eu peur d'y descendre étant enfant ? *« Personne ne saura jamais si les enfants sont des monstres ou si les monstres sont des enfants »*. Cette citation d'Henry James clôt le film dont la fin, comme toutes celles des films de Fulci, n'est pas très heureuse... Ce film semblerait avoir inspiré *Evil Dead* (1982) de Sam Raimi... Mais aussi *Hellraiser* (1987) de Clive Barker...

**Evil Dead** de Samuel Raimi (1982), une bande de jeunes passent le week-end dans une cabane isolée dans la forêt, séjour loué dans une agence. Dans la cave, ils trouvent un manuscrit de peau et un magnétophone. Ils écoutent de mystérieuses incantations psalmodiées sur la bande. Elles appellent d'horribles démons invisibles qui possèdent les corps et les esprits. « Viens avec nous... » Entendent-ils murmurer dans leur crâne. Ce film que Sam Raimi a réalisé à vingt-deux ans avec un très faible budget est devenu un film culte. Gore et terreur grandiloquente produisent deux effets : la terreur ou le rire devant les exagérations du film. C'est en tirant parti de ce deuxième effet que Sam Raimi a réalisé deux suites de plus en plus extravagantes : *Evil Dead 2* en 1987 et *L'armée des ténèbres* en 1993.

**The Thing** de John Carpenter (1982), remarquable remake plein d'action, d'horreur et de suspense de *La Chose d'un autre monde* (1951). L'idée du chien qui transporte la Chose dans son corps a été reprise dans *Alien 3* et *Hidden*. Carpenter, très influencé par Lovecraft, reprend le thème de l'horreur interne qui débouche sur la transformation physique. D'ailleurs le roman de Campbel dont est tiré ce film doit vraisemblablement son inspiration au petit roman de Lovecraft : *Les Montagnes hallucinées* dans lequel des archéologues découvrent sur le continent antarctique les corps gelés d'Anciens qui reviennent à la vie après avoir été décongelés….

**Blade Runner** de Ridley Scott (1982), les répliquants, nouvelles créatures produites par l'homme ne peuvent vivre que quelques années. Ils sont utilisés comme main-d'œuvre dans les mines des autres planètes. Certains s'évadent et réclament le droit de vivre, car ils sont vraiment humains. Le blade-runner est l'agent qui est chargé de les poursuivre et de les éliminer. Dans le Los Angeles du futur, la chasse au répliquant est sans pitié. À la fin un répliquant sauvera la vie du blade-runner qui se demandera encore plus, du coup, s'il en est un lui aussi (de répliquant). Il y a deux versions. Dans la première, cette question ne se pose pas et le blade-runner file le parfait amour avec le répliquant femelle… Harrison Ford joue le rôle du blade-runner et Rutger Hauer interprète le fameux Batty, répliquant charismatique. Où est le bien et le mal ? Qui ose donner et prendre a vie ?

**Videodrome** de David Cronenberg (1982), attention à la télé ! Par abus de télévision, une chaîne dispensant une drogue hallucinogène qui déforme le cerveau, Max Renn est transformé en magnétoscope de chair programmable.

**Dead Zone** de David Cronenberg (1983), scène fantastique du kiosque en hiver. Smith, qui voit l'avenir, assiste au meurtre d'une

jeune fille, impuissant... *« J'étais là et je n'ai rien fait ! »* Dira-t-il. Autre dialogue entre Smith et son psychiatre :
*— Si vous étiez à même de remonter le temps, de revenir en Allemagne avant que Hitler n'arrive au pouvoir, et sachant ce que vous savez, que feriez-vous, est-ce que vous le tueriez ?*
*—... Moi, je le tuerais !*
D'après le roman de Stephen King.
En 2004, est sortie une série télévisée de Michaël Piller adaptée de ce roman de Stephen King dont le pilote est réalisé par Robert Lieberman (2003). Très bien faites, les scènes de visions prémonitoires sont parfaitement réalisées.

**E.T. l'extra-terrestre** de Steven Spielberg (1982), émotion dans les chaumières : un petit E.T., si moche qu'il en est touchant, est adopté par une famille modèle américaine. Mais, à l'instar du petit oiseau malade recueilli par les enfants, il veut retourner dans son nid. *« Maisooon ! ... »* Pleure-t-il constamment. Il y a quelques cris de terreur au début, la magnifique scène romantique (un peu dysnéenne) de l'envol des bicyclettes et l'arrivée de l'OVNI. Aimons-nous les uns les autres... même au-delà des étoiles. Spielberg semble refuser de réaliser un E.T. 2.

**La Forteresse noire** de Michael Mann (1983). Un très bon film au rythme langoureux, au montage délicieusement chaotique.

L'histoire est adaptée du roman homonyme de F. Paul Wilson. Une seule chose est ratée et c'est dommage, c'est le monstre dont le design a été concocté par Enki Bilal. Ils auraient dû demander à quelqu'un d'autre. Ce monstre est ridicule. Des soldats allemands en 1941 sont envoyés occuper un poste avancé sur un col des Carpates. Ils élisent domicile dans une grande forteresse inquiétante. Des soldats cupides ouvrent la porte à une entité enfermée dans cette forteresse qui, une fois libérée, se nourrit du mal dont sont porteurs les nazis et grâce à cette énergie maléfique prend forme. Elle cherche à sortir de cette forteresse...

**Christine** de John Carpenter (1983), une voiture hantée qui tue. Faites attention quand vous montez dans la vôtre. Du King efficacement mis en scène.

**Ogroff (Mad Mutilator)** de Norbert Moutier (1983)
Quel film ! Un beau film amateur en super 8. L'introduction explique les origines de la monstruosité d'Ogroff (un enfant de la guerre).
Quelle aventure. Un film réalisé sans aucun moyen, avec des bouts de ficelle, mais réalisé quand même/ J'aime ces gens qui ne se laissent pas arrêter par le manque de moyens. C'est le cas ici.
« Un film de copains » dit Alain Petit dans les suppléments.

Un film quasiment muet sans cartons. « Le premier slasher français qui a existé » et « un horrible type qui mange la chair humaine » Déclare Norbert Moutier, le réalisateur.
Le film demande un effort, mais faites-le ça vaut le coup. Il est devenu un film culte.
De plus les suppléments sont passionnants : des témoignages de gens qui ont participé au film et du réalisateur, 30 ans après !

**Gremlins** de Joe Dante (1984), la pagaille la plus complète semée par d'horribles petits êtres produits par un charmant petit animal quand on ne sait pas s'y prendre avec lui. C'est alors la catastrophe, l'horreur. L'essence même du fantastique ! Quelle bande d'anars ces Gremlins ! Quels « fouteurs de merde » ! Bonsoir, qu'on n'aimerait pas que ça arrive chez nous, mais comme on rigole quand cela grippe (c'est le moins qu'on puisse dire !) les rouages d'une société bien policée. Suite : *Gremlins 2* du même, avec Christopher Lee en savant fou. Un chef-d'œuvre.

**C.H.U.D.** de Douglas Cheek (1934), attention dans le métro on rencontre d'horribles mutants issus de l'effet de déchets sur les clochards. Ce film serait bien si les monstres n'étaient pas aussi nuls.

**Razorback** de Russel Mulcahy (1984), lutte à mort entre un sanglier monstrueux et un chasseur. Clins d'œil à *Massacre à la tronçonneuse*...

**Terminator** de James Cameron (1984), venu du futur, un robot exterminateur cherche à tuer une charmante jeune fille qui doit enfanter le chef des résistants à la dictature des machines que connaît son époque. Il est suivi par un résistant qui doit, lui, protéger la jeune femme. Il lui fera un enfant (devinez qui ce sera ?) et ils élimineront le robot magistralement joué par Schwarzenegger. Formidables scènes d'actions ponctuées de surprises.
La suite, réalisée par le même, est encore mieux : ***Terminator 2, le jugement dernier*** (1991). Deux robots viennent du futur, l'un pour tuer le jeune garçon qu'est devenu le fils du résistant, l'autre pour le défendre. La surprise, c'est que le gentil robot est Schwarzenegger. Fabuleux effets spéciaux du robot en métal liquide qui peut prendre toutes les formes et reste indestructible. Ils changeront l'avenir, car c'est le futur revenu à notre époque qui a produit cet avenir. Bon ! C'est un paradoxe des voyages dans le temps. On n'a pas fini de prendre des migraines avec ces paradoxes avec *Terminator 3 : le soulèvement des machines* de Jonathan Mostow (2003) et encore deux autres suites...

**Starman** de John Carpenter (1985) Un extraterrestre prend la forme du mari mort.

**Dune** de David Lynch (1985), je ne reconnais pas « mon » David Lynch dans ce film. Mondes de sables et messie sauveur, Lynch empile de somptueux tableaux qui constituent un film.

**Enemy** de Wolfgang Petersen (1985). Amusante histoire d'extraterrestres. Pendant la guerre contre les Dracs, un humain et un Drac se trouvent isolés sur une planète désertique. Puis, le Drac accouche d'un petit et en meurt... Il faut accepter les différences ! "Drac" est le nom de plusieurs monstres de légendes, le mot a pour origine "dragon" comme d'ailleurs "Dracula".

**Le Jour des morts-vivants** de George A. Romero (1985). Ce film magnifique (et terrifiant !) rassemble tous les genres : horreur et terreur, science-fiction, fantastique et métaphysique, etc. Seule la PEUR est le véritable héros de ce film. Sarah, la seule femme du groupe, est également la seule courageuse. Le monde inventé par Romero descend à toute vitesse la pente savonneuse de la disparition de l'espèce humaine. Sans rémission. Terrifiant ! Il donne une vision atroce de la MORT, telle qu'elle doit être en réalité... « *Ils apprennent... ils apprennent la méfiance.* » Déclare Sarah à propos des morts-vivants. « *Ils marchent à l'instinct* ». Ajoute le docteur Logan « Frankenstein », le dépeceur de morts-vivants. « *Mais qui sont-ils ?* » Questionnait la fille dans *Zombie*. Logan essaie de le savoir au prix de scènes gore qui sont une anthologie. L'espèce qui va supplanter l'espèce humaine dont elle est issue ? « *Eux, c'est nous. [...] La*

*seule différence est qu'ils fonctionnent moins bien. »* Répond Logan. Voilà une belle analyse de la folie. Le docteur fait des expériences sur un mort-vivant. Il lui offre des objets, car il veut donner à ces créatures le comportement social. *« La civilité mérite bien une récompense... »*
Les tensions internes du groupe de survivants sont le moteur du processus de sa propre destruction. C'est l'image de l'espèce humaine... *« C'est là qu'est le problème dans le monde, chérie... »* Déclare le Noir à Sarah. Belle lucidité pour le seul personnage masculin positif. Le capitaine, lui, est un salaud : le seul moment où il est humain, il prend de mauvaises décisions. *« Je sais maintenant quel visage avait le diable ! »* Ce film est l'essence même du fantastique : il montre une déstructuration du réel que même la science (représentée par Logan) ne peut comprendre.

**Life Force (L'Étoile du mal)** de Tobe Hooper (1985)
Le scénario est de Dan O'Bannon et Don Jakoby. Tiré d'un roman de Colin Wilson.
Ce film n'est pas terrible et il semble être un remake du film de Val Guest **Le Monstre.**
Son côté lovecraftien ne fait aucun doute : le mal vient de l'espace, il ne faut pas le réveiller... On sent aussi une influence de la série des films **Alien**.
Un vaisseau spatial terrien se trouve dans les parages de la comète Halley. Il rencontre un vaisseau spatial qui était caché sur la tête de

la comète. Ils sont coupés de la Terre à cause des émanations de la comète. Les effets spéciaux sont rudimentaires. Une navette est envoyée explorer ce vaisseau extraterrestre. Les membres de l'expédition y trouvent des milliers de cadavres desséchés qui ont la forme de chauves-souris géantes. Ils en emmènent une dans la navette. Quelle bêtise ! Ils ont trouvé aussi trois corps humains endormis. Plus tard la navette terrienne ne répond plus. Le vaisseau mère envoie une navette de secours qui constate qu'un incendie a détruit la navette. Les passagers sont morts sauf les trois corps humains ramenés du vaisseau ET qui sont restés intacts. Ils ne se méfient toujours pas et ramènent ces trois corps sur Terre.

La fille extraterrestre vampirise un scientifique et s'enfuit. Les deux corps masculins se réveillent aussi, mais sont tués par des soldats. Mais l'épidémie vampirique se répand.

Le vaisseau spatial extraterrestre se dirige vers la Terre : il y collecte l'énergie vitale au-dessus de Londres. Que faire ? Il faut éviter la « stérilisation thermonucléaire »...

La fin tourne au film de zombies. La solution finale contre les vampires est très classique : le pieu en plein cœur !

**2010 Odyssée 2** de Peter Hyams (1985), suite de *"2001"* : Soviétiques et Américains collaborent et se lancent à la recherche de la navette Discovery aux alentours de Jupiter. Ils sont concurrencés par les Chinois qui se perdront sur Io, un des satellites de la monstrueuse planète. Ils prendront contact avec le cosmonaute disparu David Bowman et Jupiter se transformera en soleil pour constituer avec ses satellites un nouveau système solaire. C'est l'œuvre de l'intelligence supérieure matérialisée par le monolithe, intelligence capable de génie cosmique.

**Aux Portes de l'au-delà** de Stuart Gordon (1986), Gordon adore adapter Lovecraft. Un film terrifiant qui suggère que la folie est la possession de notre esprit par des entités de l'au-delà. Un scientifique a inventé une machine pour passer dans la sphère des Grands Anciens. Cela aura des conséquences incalculables sur lui-même et son assistant (joué par Jeffrey Combs). Les efforts de la jolie psychiatre pour comprendre la situation ne pourront la mener qu'à la folie.

**L'invasion vient de Mars** de Tobe Hooper (1986) Sans commentaires.

**La Malédiction céleste** de David Keith (1986)
Une adaptation de la nouvelle de Lovecraft *La couleur tombée du ciel* (1927).
Un fermier n'arrive pas à joindre les deux bouts et un homme riche antipathique (bien sûr, puisqu'il est riche) veut lui acheter sa ferme. La météorite tombe (les effets spéciaux sont nuls) et l'infection extraterrestre s'étend.

Il y a aussi un agent immobilier qui veut spéculer sur les terrains, y compris sur celui où est tombée la météorite qui empoisonne l'eau du puits.
Ce film est insupportable.

**La Mouche** de David Cronenberg (1986), un savant découvre un procédé de translation des corps. Il entre dans une cabine, sa structure se désagrège en atomes qui sont transportés par un câble dans une autre cabine. Là, un ordinateur perfectionné qui a parfaitement enregistré la structure intime de la matière du corps translaté le reconstitue. Et cela marche ! Un jour, une mouche s'est introduite dans la cabine de départ. L'ordinateur combine les deux patrimoines génétiques, celui de l'homme et de l'insecte. La transformation physique et psychique sera terrible. Du pur Cronenberg qui ne pouvait être que fasciné par cette histoire de transformation... Suite : *La Mouche 2* par Chris Walas 1992, la vie de l'enfant dont le père fut La Mouche 1...
Remake de *La Mouche noire* de Kurt Neumann (1958) tiré lui-même du roman de George Langelaan

**Hidden** de Jack Sholder (1987), un extraterrestre genre langouste s'introduit dans le corps des humains en entrant par la bouche et en prend le contrôle. Ces humains deviennent de froids meurtriers. Une des nombreuses variations du thème des *Marionnettes humaines* de l'écrivain Robert A. Heinlein. Il y a une suite : *Hidden 2* de Seth Pinsker (1995).

**Les Poupées** de Stuart Gordon (1987). Sales petites poupées sanguinaires.

**Les Clowns tueurs venus d'ailleurs** de Stephen Chiodo (1987)
"Killer Klowns from Outerspace"
On rigole un bon coup avec ce film typique des années 80. Bien sûr ce n'est pas un chef-d'œuvre, mais un agréable film de série B bien foutu qui ne se prend pas au sérieux.
Toujours classique : dans une ville de l'Amérique profonde, de jeunes délurés, voire débauchés et un flic acariâtre... Jaloux, sans doute de ne pas en avoir fait autant dans sa jeunesse. Autre classique : le fermier un peu con confronté aux extraterrestres. Ces derniers sont très originaux et leur vaisseau aussi.
Ces clowns en ont l'air, mais n'en sont pas. Et ils sont destroy, sans foi ni loi, sans pitié, terribles. Et les mises à mort sont très recherchées.
Bon, tout cela serait presque amusant.

**Robocop** (Paul Verhœven (1987), un flic justicier, quasiment invincible, combat pour la justice. C'est une combinaison entre un être humain et un robot dont la profonde humanité émeut le spectateur, particulièrement quand lui reviennent ses souvenirs de sa vie antérieure d'être humain. Suites : *Robocop 2* d'Irvin Kershner 1990 – *Robocop 3* de Fred Dekker 1992. (Et une série télé du même nom.)

**Predator** de Mac Tiernam (1987), un extraterrestre chasseur a choisi notre planète pour une affreuse chasse à l'homme. Un commando de marines est exterminé dans la jungle. Il y a une suite : *Predator 2* dans la jungle des villes. Et une séquelle : *Alien contre Predator* de Paul Anderson (2003) et sa suite *Alien Vs Predator Requiem* de Colin Strause, Greg Strause (2007)

**Prince des ténèbres** de John Carpenter (1988), le grand Cthulhu attend depuis des millions d'années, enfermé dans un gigantesque cylindre de verre. Une équipe de scientifiques s'attaque à la tâche de l'étudier lorsqu'il est découvert dans les caves d'une église. Ils vont déclencher l'horreur. Ils ne connaissent pas le nom de l'entité qu'ils vont réveiller, car ils semblent ne pas avoir lu Lovecraft. Carpenter l'a lu, lui... Quelques scènes rappelant son film *Assaut*. Un chef-d'œuvre de l'épouvante rythmé par la musique composée par le réalisateur, comme dans tous ses films.

**Invasion de Los Angeles** de John Carpenter (1988), les extraterrestres sont parmi nous, mais nous ne le savons pas, sauf quand on porte des lunettes spéciales. On s'aperçoit alors qu'ils ont une sale tête ! Succulente parodie de John Carpenter avec humour noir.

**Batman** de Tim Burton (1989), les aventures du justicier masqué. Magistrale interprétation de Jack Nicholson. Un monde noir et pessimiste... Une suite : *Batman le défi* (1993) par Tim Burton. Un monde délicieusement gothique.
Joël Schumacher a ensuite pris la relève, les producteurs s'étant aperçu que *Batman le défi* pouvait faire peur aux enfants de moins de dix ans. *Batman forever* (1995) et *Batman et Robin* (1997), ce dernier beaucoup moins ennuyeux que le précédent. Il y avait déjà eu : *Batman* (1943) de Lambert Hillyer (un film en quinze épisodes !) et *Batman* (1966) de Leslie H. Martinson. Puis *Batman Begins* de Christopher Nolan (2005)

**Baby Blood** de Alain Robak (1989). Un joli petit film français gore dont le seul défaut est le simplisme (volontaire ?) du scénario. Alain Chabat y joue un petit rôle de même que Jacques Audiard ! Ce qui est bien c'est que toutes les victimes (des hommes) sont très cons !

**Alien la créature des abysses** d'Antonio Margheriti (1989) Sous le pseudonyme d'Anthony Dawson II...

**Abyss** de James Cameron (1989), ce film relance l'intérêt des films sous-marins. Une base sous-marine aux prises avec de méchants militaires qui veulent détruire de magnifiques extraterrestres qui ont choisi les abysses marins pour s'installer sur Terre. Les gentils seront sauvés grâce à eux. *Abyss* est inspiré de *M.A.L.* (1988) autrement dit *Mutant aquatique en liberté* de Sean Cunningham.

**Metamorphosis** de G.L. Eastman (1989)
Le docteur Peter Houseman (!) cherche à obtenir des subventions pour ses recherches génétiques. Elles consistent à trouver un remède à... la mort !
Le film utilise un jargon scientifique et des expériences de laboratoire grotesques. Pour éviter que ses découvertes ne tombent dans d'autres mains, le docteur expérimente le sérum sur lui-même.
« Au début tout a semblé très bien marcher, et puis, peu à peu, un changement s'est produit. »
Le monstre, puisque monstre il y a, est raté. Les filles poussent des cris grotesques (ils devaient bien se marrer pendant le tournage).
Il y a un peu de suspense à la fin.

**Abyss** de James Cameron (1989), ce film relance l'intérêt des films sous-marins. Une base sous-marine aux prises avec de méchants militaires qui veulent détruire de magnifiques extraterrestres qui ont choisi les abysses marins pour s'installer sur Terre. Les gentils seront sauvés grâce à eux. *Abyss* est inspiré de *M.A.L.* (1988) autrement dit *Mutant aquatique en liberté* de Sean Cunningham.

**Total Recall** de Paul Verhœven (1990), toute l'atmosphère de P. K. Dick dans ce beau film qui mélange rêve et réalité.... Très bons effets spéciaux et gentils mutants luttant pour la liberté (pour une fois que ce n'est pas le contraire !) sur Mars.

**Arachnophobie** de Frank Marshall (1990), une monstrueuse araignée est amenée dans le cercueil d'un photographe qu'elle avait piqué. Gare !

**Spontaneous combustion** de Tobe Hooper (1990) Des gens soumis à des expériences au cours desquelles ils ont été exposés à des radiations engendrent des enfants qui sont soumis à la combustion spontanée.

**Darkman** de Sam Raimi (1990), un chercheur brûlé vif dans son labo par des vilains méchants. Il en réchappe, défiguré, mais se refait tous les visages qu'il veut grâce à son invention : une peau artificielle, qui hélas ne dure pas longtemps... Génial le labo bricolé dans l'usine abandonnée ! Mon rêve d'adolescent ! Il existe deux suites : *Darkman II* (1994) et *Darkman III* (1996) toutes deux réalisées par Bradford May.

**Cabale** de Clive Barker (1990), waltdisniaiserie qui se veut terrifiante. On se demande ce que Cronenberg vient faire dans cette galère ! Pour le scénario, c'est du pillage de Stoker (encore !), Romero, Hooper, Masterton.... Les effets spéciaux à hautes doses ne suffisent pas pour faire un film. Sur le thème du psychiatre tueur, d'autres ont fait beaucoup mieux, comme Brian de Palma, par exemple, avec *Pulsions* (1981) et Jonathan Demme avec *Le Silence des agneaux* (1990)...

**La Nurse** de William Friedkin (1990). Auprès de mon arbre, je vivais z'heureux... On ne s'ennuie pas avec ce petit film du réalisateur de *L'Exorcisme*. Y a-t-il d'autres films avec des arbres fantastiques et vicieux ? Je me souviens évidemment de *Sleepy Hollow* de Tim Burton... et puis j'ai de vagues souvenirs de films avec Hercule ou Maciste. Mais ça va me revenir !

**Puppet Master 1 – 2 – 3, etc.** de David Schmoeller – David Allen – David DeCoteau (1989 – 1990)
L'excellent éditeur de DVD Artus Films a publié la trilogie des *Puppet Master*, qui a été suivie par tout un tas de films de la franchise jusqu'au No 10 ! Voir ci-dessous la liste exhaustive... Tous ces films sont sortis directement en vidéo, même si, au début, ils ont été filmés sur pellicule.
Je n'ai jamais été personnellement attiré par les films d'horreur utilisant les marionnettes et les poupées, seuls les *Chucky* ont trouvé grâce à mes yeux. C'est pourquoi je n'avais jamais pris le temps de regarder cette série pourtant reconnue comme une référence du genre. *Mea Culpa !*

Grâce donc à Artus Films, j'ai regardé cette trilogie fondatrice de la franchise.

**Pupper Master 1** (1989)

Superbe générique avec les gros plans sur les visages des marionnettes (attention, ce ne sont pas des poupées !).

Un vieux « Gepetto » fabrique des marionnettes. Certaines sont vivantes. Comme Pinocchio. D'ailleurs, le scénariste du film utilise un pseudo : Joseph G. Collodi, Carlo Collodi, étant lui-même le pseudo de Carlo Lorenzini, l'auteur du chef-d'œuvre de la littérature enfantine *Pinocchio*... de plus, le scénariste est en fait le réalisateur lui-même, David Schmoeller, bien que le producteur Charles Band s'en attribue lui-même la paternité.

Une équipe de gens aux pouvoirs spéciaux investissent l'hôtel où ont été cachées les marionnettes. Ils en seront les victimes. Il est également beaucoup question de sexe, comme, d'ailleurs dans les deux autres films de la trilogie.

Mais pourquoi ces marionnettes font tout ça ? Elles sont très cruelles...

On retrouve l'ambiance du film *La Maison du diable* de Robert Wise (1963)

Comme toujours dans les DVD d'Artus Films, le supplément est superbe. Ici, c'est Francis Barbier qui nous raconte tout sur le film. Il apprend à ceux qui ne le savent pas (et ils sont nombreux) les liens entre Stuart Gordon et le producteur de cette franchise, Charles Band qui, après une faillite, va créer la maison Full Moon qui va sortir une flopée de films de série B. D'ailleurs cette série des *Puppet*, trouve son origine, nous dit Francis Barbier, dans le film de Stuart Gordon, *Dolls*, produit par Brian Yuzna. Bien que fan inconditionnel de ces deux messieurs, rebuté par les histoires de poupées maléfiques, je n'ai pas vu le film... Sorry !

Pour les fans de ce milieu des séries B, le directeur de la photo de ce premier Puppet n'est autre que Sergio Salvati, qui fut directeur de la photo des meilleurs films de Lucio Fulci !

**Puppet Master 2** (1990)

Le réalisateur, David Allen, de ce Puppet 2 est le spécialiste des effets spéciaux du premier.

Travelling dans un cimetière la nuit avec éclairs et tonnerre. On lit nettement les noms de certains défunts sur les stèles : John Bocca, et dans un autre scène dans le cimetière, on lit : Zake Kern et Amylu et Ezra Kern... Quelle est la signification de l'apparition de ces noms ? Un petit hommage à Richard Kern, le pornographe ?

Les Puppets ressuscitent Toulon, leur créateur, grâce à un liquide de la nécromancie égyptienne...

Une équipe d'enquêteurs paranormaux investit l'hôtel où les Puppets séjournent toujours. On revient toujours à la référence de *La Maison du diable*... L'un d'entre eux arrive dans une voiture qui ressemble à celle des frères Winchester dans la série *Supernatural*.

Apparaît un personnage inquiétant au visage bandé et aux grosses lunettes noires, référence à la *Momie* et à *l'Homme invisible*...

Mais plus subtilement, je vois une influence de *Shining* de Stanley Kubrick (adapté du roman de Stephen King) et je trouve que le scénario est quasiment pompé sur celui de *Dracula* : le monstre encore amoureux de sa dulcinée morte il y a longtemps, mais elle réapparaît sous les trais d'un sosie...

**Puppet Master 3** (1990)
Sous-titre de ce film : *la revanche de Toulon* (le créateur des Puppets, The Master...)
C'est la préquelle des deux épisodes précédents.
Elle raconte comment Toulon a créé ses créatures. Ça se passe à Berlin en 1941...
Et toujours la même idée : réanimer les soldats morts pour continuer la guerre ! Et, donc, Toulon peut peut-être donner un coup de main ?
D'après Francis Barbier (dans les suppléments), cet opus No 3 est le meilleur de la maison de production Full Moon. Je n'ai pas vu les 7 ou 8 autres, mais je veux bien le croire...
D'ailleurs finalement, je ne regrette pas d'avoir regardé ces trois films de série B. Ils tiennent la route !
Voilà la liste de la franchise :

**Puppet Master** (Puppet Master) 1989 de David Schmoeller

**Puppet Master II** (Puppet Master II) 1991 de David Allen

**Puppet Master III** : La revanche de Toulon (Puppet Master III : Toulon's Revenge) 1991 de David DeCoteau

**Puppet Master IV** 1993 de Jeff Burr

**Puppet Master V** : the final chapter 1994 de Jeff Burr
**Puppet Master VI** : Le Retour des Puppet Master (Puppet Master VI : Curse Of The Puppet Master) 1998 de David DeCoteau
**Puppet Master VII** : Retro Puppet Master (Puppet Master VII : Retro Puppet Master) 1999 de David DeCoteau
**Puppet Master VIII** : The legacy(Puppet Master VIII : The legacy) 2004 de Charles Band
**Puppet Master : Axis of Evil** 2010 de David DeCoteau
**Puppet Master X: Axis Rising** 2012 de Charles Band
Un film TV :
**Puppet Master Vs Demonic Toys** (Puppet Master Vs Demonic Toys) 2004 de Ted Nicolaou
J'espère ne pas en avoir oublié!

**La Famille Addams** de Barry Sonnenfeld (1991), humour sur tous les thèmes du cinéma fantastique. Une suite : *Les Valeurs de la famille Addams*.

**L'ambulance** de Larry Cohen (1991). Gare à l'ambulance quand elle vient vous chercher.

**Xangadix** de Rudolf Van Den Berg (1991). Un film d'horreur dont l'action se déroule en Hollande, c'est pas fréquent ! Et pas si mal que ça... Un médecin crée sept créatures qui doivent servir un démon apporté d'Amazonie et qui a la forme d'un fœtus.... Des septuplés psychopathes, les septuplés de l'horreur à la recherche d'une petite sœur qui ignore tout de l'affaire, la pauvre. Juste avant un massacre horrible, les futures victimes regardent un extrait de *Laurel et Hardy*... Une histoire de légende à la Masterton, inspirée d'une histoire de Ray Frumkes...

**Edward aux mains d'argent** de Tim Burton (1991), merveilleuse adaptation du thème de Frankenstein. La créature, inachevée est touchante de naïveté dans ce lotissement américain. Critique des manies made in USA. Avec quelle habileté et avec quel art Tim Burton a su renouveler le genre ! Ici, comme dans les films de James Whale, le héros est bien la « chose », mais le cinéaste lui donne un nom : Edward. Le savant qui l'a créé, joué par Vincent Price, meurt dès le début. Grâce à ces modifications du scénario, Burton traite d'un tout autre sujet que celui traité par les autres films de Frankenstein. Le pauvre Edward n'est pas fini, ce qui lui donne des qualités (celles de bien tailler les haies et les cheveux), mais aussi une différence qui finira par le faire persécuter par les gens normaux. Ces persécuteurs sont clairement désignés comme des Américains moyens, puisque toute l'action se déroule dans un lotissement. Il est aussi question des rêves d'adolescents qui cherchent l'absolu dans un monde bassement matérialiste.

***Les Aventures d'un homme invisible*** (1992) Le moins que l'on puisse dire c'est que Carpenter ne craint pas de (et réussit à) reprendre un thème aussi difficile à renouveler.

**Dr Rictus** de Manny Coto (1992), l'image de synthèse au service du gore. Un horrible docteur massacreur à la poursuite d'une tendre adolescente cardiaque... Très bonne musique rock !

**Leprechaun** de Mark Jones (1992)
Un père et sa (jolie) fille emménagent dans une maison inhabitée depuis dix ans. Dans la cave, le Leprechaun est resté enfermé depuis tout ce temps.
« Cette maison, tu l'as reprise au comte Dracula ? » Demande la fille écœurée.
Cette jeune fille est jouée par la comédienne Jennifer Allison. Elle porte une petite robe qui donne juste envie de la lui enlever, c'est vrai quoi... qu'est-ce qu'elle a à nous montrer qu'elle cache un si joli corps ?
Ah ! La revoilà ! Elle a changé de tenue : elle porte un débardeur moulant et un short. Il ne faut pas trop en cacher.
Donc, ils réveillent le Leprechaun, bien sûr. Le farfadet cordonnier !
Nous assistons tout au long du film à la lutte incessante, et sans vraiment d'intérêt, entre le Leprechaun et... tout le monde, car il veut récupérer son or !
Un peu lassant...

« *Le Leprechaun (...) le cordonnier du Petit Peuple* », écrit Arthur Machen dans *Le Petit Peuple* (1927).
Il y a plusieurs suites qui font une série...

**Universal Soldier** de Roland Emmerich (1992), dans un futur assez proche on saura faire revivre les morts pour en faire des soldats invincibles. Mais c'est sans compter sur l'amour... La suite : *Universal Soldier : le combat absolu* (1999) de Mic Rodgers avec Jean-Claude Vandamme et aussi *Universal Soldier 2* et *Universal Soldier 3* (1998) de Jeff Woolnought sans Jean-Claude (films télé)...

**La Créature des ténèbres** de Jean-Paul Ouelette (1992)
Le nom du réalisateur est très lovecraftien.
Un drôle de film très ringard. Les acteurs sont mauvais, le réalisateur est mauvais et le montage est nul.
Enfin, l'intérêt réside dans l'adaptation de Lovecrfat.
Ici ils annoncent une inspiration de deux œuvres : *Le Témoignage de Randolph Carter* (1919) et *L'indicible* (1925). D'ailleurs le titre en anglais de ce film est *The Unnamable Returns*, une séquelle du film *The Unanamable* de William Johns (Jean-Paul Ouelette) (1988) que je n'ai pas vu. Le titre du film reprend le titre de l'œuvre de Lovecraft qui a été traduite par *L'indicible*.
« C'est de la physique quantique, mais vous, vous devez connaître ça sous le nom de ma-

gie ». Déclare Carter à la belle Alyba Winthrop qui est issue du monstre. Bien sûr il y a le Necrornomicon et beaucoup de morts atroces, mais on reste blasé devant la nullité des effets spéciaux...

**Body Bags** de John Carpenter et Tobe Hooper (1993), dans ce film pour la télévision, en tête de générique, Carpenter brandit une tronçonneuse qui cafouille et cale... Le meilleur des trois sketches est sans conteste celui de *La Station service*, réalisé par John Carpenter, véritable petit bijou d'hommage au giallo...
John Carpenter a réalisé le premier sketch. Les deux autres l'ont été par Tobe Hooper.
Le deuxième montre une possession du corps par des horribles extraterrestres qui utilisent... les cheveux. Le dernier montre le cas de greffe d'un œil. L'œil appartenait à un dangereux criminel. Cela ne vous rappelle rien ?
John Carpenter joue à la marionnette de la série *Les contes de la Crypte* entre les différents sketches.

**Action mutante** d'Alex De La Iglesia (1993). De La Iglesia s'est fait connaître et apprécier avec son film *Le Jour de la bête*. Là, euh... il aurait quand même pu faire un effort : dialogues à la con et interminables, photo nulle même pas glauque, aucune mise en scène, aucune réflexion sur les plans et le cadrage. Il a peut-être voulu faire un vrai film de série Z. Mais un vrai..

**Body Snatchers** d'Abel Ferrara (1993). Superbe adaptation du roman homonyme de Jack Finney (1954) par un réalisateur hors norme. Il est curieux que les précédentes adaptations de ce roman ont eu pour titre en français : *L'invasion des profanateurs de sépulture* (!) (1956 de Don Siegel) et *L'invasion des profanateurs* (1978 de Philip Kauffman)...

**The Mangler** de Tobe Hooper (1994) Une horrible machine industrielle complètement démente et hantée tue les gens. Baroque, grotesque et plein d'humour noir. Tiré d'une nouvelle de Stephen King.

**Frankenstein** de Kenneth Branagh (1994), dernière et merveilleuse adaptation du roman de Mary Shelley. Branagh revient aux sources : Victor Frankenstein n'est pas ce savant démoniaque qui renaît toujours de ses cendres, image développée par les films de la Hammer, et qui est véhiculée dans l'esprit de presque tous les spectateurs d'aujourd'hui. Non ! C'est un vrai scientifique, « *Prométhée moderne* » comme l'indique le sous-titre de Mary Shelley, personnage mythique qui veut le bien de l'humanité. Comme le roman, le film commence au Pôle Nord, alors que Victor y achève sa poursuite du « *monstre* », de la « *chose sans nom* », et c'est Victor qui raconte ses aventures au capitaine du navire bloqué dans les glaces, en quelque sorte son homologue, puisqu'il est parti aussi à la découverte de connaissances nouvelles. Le film insiste sur l'humanité du savant, son humanisme même, sa fébrilité dans ses recherches, fébrilité rendue cinématographiquement par le montage des scènes de la fabrication du monstre. Il développe un thème sous-jacent dans le roman de Mary Shelley, celui du complexe d'Œdipe. Victor a créé un monstre. C'est donc son enfant. Mais, comme le souligne ce dernier à la fin du film, lui son père, ne « *lui a même pas donné de nom...* » Et, comme Victor n'a pas voulu lui donner de femme, le monstre a tué la sienne en lui arrachant le cœur ! Victor n'a pas supporté cette mort et a fait de sa femme un monstre également... Scène cruelle et horrible où elle se voit monstrueuse et se fait brûler vive ! Scène terrible de souffrance humaine quand, à la fin, le monstre se plaint de l'abandon de son père... C'est le film le plus proche du roman de Mary Shelley, bien que certaines scènes ajoutées n'existent pas dans le roman. Ce film, produit par Francis Ford Coppola, est dans la même veine que le *Dracula* de ce dernier. Il reprend les thèmes humains de l'amour et de la sexualité, seulement sous-entendus dans l'œuvre littéraire.

**Star Trek : generations** de David Carson (1994)
Le capitaine Kirk meurt, renaît et renaît...
Le lien de tout cela est un homme qui a trouvé le Nirvana en détruisant un système solaire au moment où passe un « ruban » spatiotemporel qui vous envoie dans le « Nexus ».

Bof...

**Les Maîtres du monde** de Stuart Orme (1994), des extraterrestres montent sur le dos des gens, pénètrent leur cerveau pour en faire des *Marionnettes humaines* (Titre du roman de R. A. Heinlein dont est tiré le film). Coktail de reprises d'autres films : l'œuf d'*Alien*, l'acteur (Donald Sutherland) et les zombies de *L'invasion des profanateurs de sépulture,* etc.

**Stargate, la porte des étoiles** de Roland Emmerich (1994), de la science-fiction, de l'Égypte ancienne et le monde sera sauvé grâce à... l'armée américaine et sa bombe atomique. Très bon cinéma réalisé par un formidable artisan. Ce qui est novateur dans ce film c'est l'alliance entre la fascinante mythologie égyptienne et la science fiction : cette mythologie n'est pas une invention des hommes, elle est réelle, elle a été inventée par un extraterrestre tout puissant qui vit dans un autre univers et qui, grâce à la « *porte des étoiles* », enlève des êtres humains pour le servir. Un commando de Marines parviendra à l'éliminer. Roland Emmerich a-t-il redonné ses lettres de noblesse au cinéma de science-fiction avec ce film ? Le début du film commence comme tant d'autres par des fouilles archéologiques en Égypte. « *Qui a bâti les pyramides ?* » Pas ceux que l'on croit... Il y a aussi le jeune savant de tant de films de SF, celui qui finit par avoir raison, tel le docteur Quatermass. C'est effectivement de la vraie science-fiction, avec une théorie scientifique qui sous-tend l'histoire, de vrais appareils technologiques. Il y a aussi une autre planète, des animaux bizarres (un peu copiés sur *Starwars*), un peuple à la langue bizarre et des extraterrestres. C'est une réflexion politique sur le pouvoir. Le film se termine par ces paroles : « Nous ne vivrons plus en esclaves ! » Finalement, c'est un bon film ! On a du mal à y reconnaître Kurt Russel, l'acteur fétiche de John Carpenter, sans son bandeau à l'œil et sans ses cheveux longs....

**Les Maîtres du monde** de Stuart Orme (1994), des extraterrestres montent sur le dos des gens, pénètrent leur cerveau pour en faire des *Marionnettes humaines* (Titre du roman de R. A. Heinlein dont est tiré le film). Coktail de reprises d'autres films : l'œuf d'*Alien*, l'acteur (Donald Sutherland) et les zombies de *L'invasion des profanateurs de sépulture,* etc.

**La Machine** de François Dupeyron (1994), grâce à la Machine, l'esprit d'un tueur psychopathe prend la place de celui de son psychiatre et vice versa.

**Ghost in the Shell** de Mamoru Oshii (1995). Est un film extraordinaire ! Il traite du même thème que *Blade Runner* (1981) de Ridley Scott : un cyborg a-t-il le droit d'être un humain ? L'animation est fantastique ; elle utilise des cadrages, fausses perspectives et mouvements surprenants qui créent véritablement un nouvel univers dans l'esprit du spectateur et donnent de la chair (c'est le cas de le dire...) aux personnages. Une suite en 2004 : *Ghost in the Shell Innocence* du même réalisateur.

**Castle freak** de Stuart Gordon (1995). Une vague adaptation de *L'abomination de Dunwich* de Lovecraft. Œuvre mainte fois adaptée au cinéma en lui enlevant toute l'horreur fantastique du mythe de l'écrivain. Un monstre est caché dans un château...

**Leprechaun 3 : Leprechaun à Las Vegas** de Brian Trenchard-Smith) 1995.
« *Le Leprechaun [...] est le cordonnier du Petit Peuple* » écrit Arthur Machen dans sa nouvelle *Le Petit Peuple* (1927). Ce film, comme son titre l'indique est la troisième séquelle du petit gnome cruel qui adore l'or. Celui-là se tient.

**La Mutante** de Roger Donaldson (1995), un monstre qui prend l'apparence d'une belle jeune fille. Gare aux mecs !  Avec la belle Natasha Henstridge. Suite : La *Mutante 2* de Peter Medak avec la même belle.

**Judge Dredd** de Danny Cannon (1995), en 2139, après l'apocalypse, les flics et les juges sont fondus en un seul corps d'élite à la justice expéditive. Le plus facho d'entre eux est le Juge Dredd... Pas très bonne adaptation d'une pas très bonne BD...

**Le Village des damnés** de John Carpenter (1995), voir le même titre en 1960. Excellent remake ! John Carpenter réussit à ajouter de l'horreur à l'horreur...

**Waterworld** de Kevin Reynolds (1995), semblerait inspiré du roman de Ballard, *Le Monde englouti*, mais bien loin du romantisme nostalgique de ce grand écrivain... Film au plus gros budget de l'histoire du cinéma à la date de sa sortie. Mais on a fait encore mieux depuis. Denis Hopper est toujours aussi bon en méchant. Le tout début est surprenant : soudain la caméra s'approche de la Terre que l'on voit dans le générique de l'Universal jusqu'à être filmée en gros plan alors que les continents disparaissent dans l'océan. Superbe raccourci cinématographique qui explique tout sans une parole ! Autrement, on a affaire au héros solitaire type western, différent des autres (celui-ci est un mutant), à des batailles médiévales avec des engins à moteurs sur la mer, à une cité engloutie (une station de ski avec les télésièges, c'est dire si la mer est montée haut...), un antre de pirates constitué d'un vieux pétrolier (il faut bien du carburant pour leurs engins). Tout cela est une histoire biblique avec une terre promise, un enfant qui montre le chemin, enfant qui fut trouvé bébé dans un panier à la dérive. Cela ne vous rappelle rien ?

**Castle freak** de Stuart Gordon (1995). Une vague adaptation de *L'abomination de Dunwich* de Lovecraft. Œuvre mainte fois adaptée au cinéma en lui enlevant toute l'horreur fantastique du mythe de l'écrivain. Un monstre est caché dans un château...

**Scarabée** de William Mesa (1996). Pas grand-chose ne m'avait échappé au fond dans le fait que j'ignorais la sortie de ce film : Alien + Predator, à Borneo = ennui (sauf la fille qui est très belle).

**Crash !** de David Cronenberg (1996), James G. Ballard (en hommage à Jim G. Ballard, l'écrivain auteur du roman dont s'est inspiré Cronenberg pour ce film) est entraîné, au travers de la "petite mort", vers la mort violente de l'accident de voiture. Il a du mal à y parvenir. *« Le remodelage du corps humain par l'application d'une nouvelle technologie »* ment le grand prêtre de cette nouvelle religion, en réalité *« l'accident de la route est fécondateur d'une énergie sexuelle »*, corrige-t-il plus loin dans le film. L'accident de voiture est *« une œuvre d'art »*, jusqu'à la mort. *« Ce sera pour la prochaine fois... »* dit Jim à sa femme juste après l'accident auquel, hélas, elle a survécu.

**The Arrival** de David Twohy (1996). Ils arrivent les extraterrestres. D'abord, ils veulent détruire l'espèce humaine en développant l'effet de serre. Ah ? On ne savait pas que c'était eux... Eux, ils disent qu'ils vont simplement accélérer ce que les humains de toute façon étaient en train de faire, mais plus lentement. Ne soyons pas méchants : l'idée n'est pas mauvaise et le film est excellent. Les extraterrestres de ce film sont reconnaissables à leurs... genoux. Une suite : *The Second Arrival* de Kevin S. Tenney (1998)

**Independence Day**, de Roland Emmerich (1996), les effets spéciaux sont excellents. Le film mérite d'être vu rien que pour eux. Il y a également quelques scènes clin d'œil. Notamment celle de la découverte, par le président des États-Unis, du centre de recherches sur l'extraterrestre de Roswell, ou du moins sur son engin spatial qui a été conservé et réparé. C'est lui qui servira aux deux héros pour s'introduire dans le vaisseau mère des extraterrestres. Le scientifique responsable de ce centre de recherche a plutôt l'allure d'un farfelu... mais ses recherches s'avéreront donc bien utiles. Une petite parodie de la série *Aux frontières du réel*. Cela fait toujours du bien de se faire plaisir. Le petit moment de terreur psychologique avec la scène de l'extraterrestre alterne avec l'humour des scènes de sa capture par un vaillant soldat américain. Roland Emmerich, cinéaste d'origine allemande sait très bien filmer. On en a pour son argent. Ce film est, en quelque sorte, en dehors des films parodiques, l'aboutissement de tous les films d'invasion extraterrestre. On se demande ce que le cinéma pourra inventer de nouveau dans ce domaine. Il ne faut pas se laisser gâcher son plaisir par l'idéologie américaine qui constitue le support du scénario : le président est un héros (il fallait bien revenir sur cette question après *Docteur Folamour* de Kubrick – mais Tim Burton le reprendra avec *Mars Attacks !*) et sa famille est charmante ; les Américains sont le peuple guide du monde, puisque le jour de la contre-offensive terrienne est le jour anniversaire de l'indépendance des États-Unis ; les *étrangers* sont féroces et destructeurs, d'ailleurs ils ont des tentacules ; le reste du monde n'attend que l'appel de l'Amérique pour se joindre à l'ultime bataille. Par ailleurs, bien que les effets spéciaux soient terriblement efficaces, le film évite à tout prix de choquer le spectateur : il y a évidemment des milliards de morts, mais on n'en montre pratiquement aucun.. Certaines mauvaises langues soutiennent que les producteurs ont eu vent du projet de Tim Burton avec *Mars Attacks* et ont voulu le devancer. Il paraît que c'est devenu une pratique courante dans le monde (commercial) du cinéma...

**Planète hurlante** de Christian Duguay (1996), la nouvelle espèce créée par l'homme et qu'il ne domine plus, les « *Épées mobiles autonomes* » (EMA) citent Shakespeare en tuant. « *On ne peut plus se fier aux apparences* » déclare le héros du film. Les pierres ne sont pas des pierres, mais des animaux ; les enfants ne sont pas des enfants, (rapprochement avec *Le Village des damnés* et *La Nuit des morts-vivants*) ; les soldats ne sont pas des soldats ; la fille n'est pas une fille... ce sont des modèles 3 et 2 des EMA. L'obsession de Philip K. Dick que la réalité n'est pas ce qu'elle est, obsession qui parcourt toute son œuvre et notamment la nouvelle qui a inspiré ce film (*Second Variety*) est parfaitement rendue. La guerre entre le Nouveau Bloc Économique et l'alliance a enfanté une espèce cruelle qui ne manque pas d'humour noir...

**Event Horizon, *le vaisseau de l'au-delà*** de Paul Anderson (1997). Clive Barker a fait des adeptes. C'est l'atmosphère terrifiante de l'écrivain anglais de l'horreur que l'on retrouve dans ce film : du gothique à l'état pur, avec son architecture, ses grosses ferrailles, et ses instruments de torture. Cette ambiance est mêlée à de très belles images de science-fiction : planètes, vaisseaux spatiaux qui défilent. Ils ne sont pas si modernes que cela d'ailleurs, car les images transmises restent à deux dimensions. On retrouve l'atmosphère gothique partout : l'Event Horizon est un immense vaisseau en forme de croix, les décors sont sombres *(« Cet endroit est une tombe »* déclare le capitaine). L'Event Horizon n'était pas revenu après être passé *« de l'autre côté ».* Il a réapparu quelques années plus tard. Tout l'équipage est mort. Il ne reste d'eux que des débris affreux, témoignant d'une horreur sans nom (me voilà influencé par Lovecraft, c'est l'ambiance...) Le bloc médical ressemble à une crypte. On retrouve le même thème que dans *Solaris* (1972) d'Andreï Tarkovski, car, dans le vaisseau, les êtres humains développent leurs angoisses à partir de leur psyché et des névroses qu'ils ont contractées. Mais ici on a affaire à un film d'horreur. L'entité maléfique n'est jamais connue, donc jamais nommée, jamais vue. Seul l'homme qui avait construit le vaisseau la représente par son visage aux yeux crevés et à la peau découpée. Sam Neill est toujours aussi bon dans ce genre de rôle. Il y a les classiques débats entre le rationnel et l'irrationnel. C'est toujours ce dernier qui a raison, car les faits sont têtus, et même le rationnel ne peut pas les contourner. Nous sommes donc vraiment dans une sombre histoire du gothique le plus classique, les combinaisons spatiales remplaçant les armures. Voyons ce que dit Maurice Lévy, spécialiste du Roman Gothique[7] : « *Roman médiéval et art gothique relèvent au même titre, en effet, de cette faculté tant décriée pendant l'âge classique : l'imagination.* » Et encore : « *Selon Blair* (ne pas confondre avec le Premier ministre anglais, il s'agit ici d'un critique littéraire du dix-huitième siècle NDLA) *à mesure que le monde progresse, l'entendement gagne du terrain sur l'imagination ; l'homme s'applique à mieux connaître la cause des choses, et s'en émerveille de moins en moins [...] Ce vieillissement de l'imagination explique qu'il faille se tourner vers les premiers âges des civilisations pour trouver une poésie authentique, toute poésie étant "fille de l'imagination"* ». Et enfin : « *La nuit accroît nos craintes par l'incertitude où elle nous plonge. C'est parce*

---

[7] In *Le Roman gothique anglais*.

*qu'elle est terrible en soi qu'on l'associe aux fantômes et non pas, comme le prétendait Locke, parce qu'elle est associée aux fantômes qu'elle est terrible.* »

Ces citations montrent parfaitement la démarche du film, car là où s'est rendu l'Event Horizon est « *une dimension de pur chaos* ».

**Nirvana** de Gabriele Salvatores (1997), les cinéastes italiens se sont fait une solide réputation dans la reprise des thèmes du cinéma américain, thèmes qu'ils ont parfois enrichis et développés avec beaucoup d'originalité. Ce fut le cas du western dit "spaghetti" et des films d'horreur, notamment des histoires gore et de morts-vivants. Dans le domaine de l'horreur, ils ont su, avec des cinéastes comme Dario Argento, notamment, prendre une voie originale. Cela n'a jamais été le cas pour le cinéma de science-fiction. Dans ce domaine-là, les Américains semblaient imbattables. Eh bien non ! Avec *Nirvana*, les Italiens semblent vouloir suivre la même voie que pour les films d'horreur : le dépassement du système américain de traitement cinématographique du thème. L'Italien Gabriele Salvatores s'inspire ouvertement du grand écrivain américain de science-fiction, Philip K. Dick et s'appuie sur les images et le scénario du film *Blade Runner*(1982), de Ridley Scott, adaptation de la nouvelle de Philip K. Dick *Les Androïdes rêvent-ils de moutons électriques ?* Et ce diable d'Italien invente vraiment quelque chose de nouveau ! Dick s'est toujours demandé si le monde dans lequel nous vivions était bien réel ! Et c'est de cette question que traite toute son œuvre. Mais chez lui, c'est plus une question psychiatrique que philosophique. Il exprime ainsi dans ses écrits un profond humanisme. De monde virtuel, il en est question dans *Nirvana*. Ici, ce n'est pas le Los Angeles de *Blade Runner*, mais peut-être Milan, une vaste métropole, véritable tour de Babel dans laquelle les hommes cherchent à se comprendre. Pour cela, ils essaient de se *connecter*, au sens informatique du terme. Drogues diverses (et P. K. Dick en avait essayées beaucoup...), interface entre la chair et la machine (un des personnages a vendu ses yeux pour vivre et s'est fait greffer des objectifs en noir et blanc...), entre l'électronique et le système nerveux, virtuel vivant et réel mort : les personnages ne savent plus s'ils sont réels ou inventés par le monstrueux système de domination des multinationales de l'informatique. Les gros plans alternent avec des cadrages et des perspectives qui donnent à penser à l'image virtuelle des jeux vidéo. Lorsque les personnages vivants sont ceux du jeu, les couleurs changent sans cesse : surtout le rouge à lèvres de Maria qui devient vert et sa robe moulante qui passe du jaune au violet, etc. La maladie mentale devient une partie de plaisir et la fille aux cheveux bleus veut « *Changer le monde* » ! Mais ne vous y trompez pas, il ne s'agit pas d'un changement politique ou économique. Il s'agit d'un changement *intérieur,* car le monde existe-t-il réellement en dehors de nous ? D'ailleurs cette fille a perdu tous ses souvenirs. Elle pourra assimiler ceux de Lisa, morte depuis longtemps, grâce à un système greffé à son cerveau.... *« Les morts aiment regarder les vivants les pleurer »*, déclare Solo, le personnage du jeu qui est devenu réel a cause d'un virus informatique... Ici, dans le monde réel, il neige, nous sommes en décembre, là-bas, dans *Nirvana*, il tombe des confettis....

**Star Trek premier contact** de Jonathan Frakes (1997), bon ! bon ! je l'avoue : je n'ai jamais été emballé par la série des Star Trek, ni par leurs longs métrages. Je suis allé voir celui-là par obligation professionnelle, et alors là : surprise ! J'ai été emballé ! Ce film est formidable !

**Relic** de Peter Hyams (1997), est une histoire de monstre. Qui n'adore pas les histoires de monstre, dragons et ogres des contes de fées de notre enfance ? *Relic* voudrait nous montrer un monstre moderne. Comment le scénariste et le créateur de la créature ont-il procédé ? Tel le docteur Frankenstein, ils ont mis tous les membres et organes des monstres de l'histoire du cinéma et de la littérature dans leur chaudron intellectuel et en ont créé un nouveau. Enfin, du moins le croient-ils. On pourrait s'imaginer que l'histoire est tirée de : *L'horreur dans le musée* (1933) d Hazel Heald, nouvelle révisée par Lovecraft. Mais pas du tout, rien à voir. Effets spéciaux obligent.

Alors, prenez *Alien* (1979) de Ridley Scott, ajoutez une pointe du *Retour des morts-vivants* (1984) de Dan O' Bannon, une pincée de *Gremlins* (1984) de Joe Dante, un bon kilo de *Jurassic Park* (1993) de Steven Spielberg, une petite ironie du *Blob* (1988, de Chuck Russel, un remake d'un film de série B, *The Blob* (1958) d'Irvin S. Yeaworth Jr.), une petite goutte de *La Chose d'un autre monde* (1951) de Christian Nyby, et surtout de son remake (1982), *The Thing* de John Carpenter, et, pour finir, ne pas oublier un zeste de *Planète interdite* (1956) de Fred M. Wilcox. *The Relic* est aussi un roman homonyme de Douglas Preston et Lincoln Child.
Il y a plusieurs suites.

**Le Cinquième élément** de Luc Besson (1997), aventures fantastiques du futur : une entité maléfique menace de faire disparaître le monde. Le seul moyen de l'en empêcher est de réunir cinq éléments dans un tombeau égyptien. Quatre d'entre eux avaient été apportés sur Terre par des extraterrestres en 1913. Le cinquième ? Ce sera une extraterrestre... mais quelle extraterrestre ! Les méchants sont rigolos avant d'être méchants. Les monstres sont bêtes et les héros charmants. Une pointe de sexe sans trop en montrer et beaucoup d'effets spéciaux. Ce film a beaucoup plu à la jeunesse. Quand on demande à un jeune de parler de cinéma, il répond : *Le Cinquième élément* ! Il est vrai que nous avons l'habitude des effets spéciaux. Ils ne nous impressionnent plus. L'histoire plaît beaucoup : une histoire de conquête de la liberté grâce à l'amour. Les décors ont été volontairement rendus ringards pour mieux rendre l'ambiance des bandes dessinées des années cinquante : taxis volants en forme de voiture des années soixante (ce qui était de l'anticipation dans les années cinquante), appartements exigus et aménagés comme des cabines de sous-marins, vaisseaux spatiaux en forme de navire du temps de la découverte de l'Amérique. Le film commence comme un *Indiana Jones*, mais cette ressemblance tourne court, car, immédiatement, les extraterrestres arrivent. Ils ont vraiment une gueule nouvelle ces extraterrestres. Ils sont moches, mais gentils... D'autres extraterrestres seront au service du Mal, mais plus par bêtise qu'autre chose... On ne peut s'empêcher la comparaison avec *Stargate* (1994) de Roland Emmerich, où l'action justifie l'usage de la violence, film dans lequel l'extraterrestre est foncièrement mauvais. Alors qu'ici, l'extraterrestre est ce qu'il est, car il y en a des bons et des mauvais, mais ce qui est dangereux c'est le Mal lui-même. C'est lui qu'il faut vaincre en écartant ceux (ils sont rares...) qui le servent. Il s'agit ici d'un conte de fées moderne, des aventures chevaleresques de l'avenir, de l'histoire d'un combat du bien contre le mal dans un décor futuriste, mais qui n'est pas sans rappeler celui de notre époque. La quête du Graal du XXIe siècle ! Je trouve ce film bien mieux que *La Guerre des étoiles*.

**Men in Black** de Barry Sonnenfeld (1997), est tiré d'un comic book (BD bon marché...) Marvel signé Lowel Cunningham dont Sonnenfeld a retiré le côté sombre et violent – dommage. La scène de la libellule du générique qui s'écrase sur le pare-brise de la voiture des immigrés clandestins est formidable. Le film accumule les types d'extraterrestres dont je tente ici de donner une liste : un gros monstre genre gastéropode, un autre qui grimpe aux murs (mais on ne voit que son apparence humaine, on l'appelle le céphalopoïde), un qui a la tête qui repousse quand on lui a arrachée, des espèces de sauterelles-grenouilles qui boivent du café, une espèce d'anémone de mer avec plein de doigts pour pianoter sur un tableau de commande et un œil, un calamar nouveau-né, une « bestiole » (un monstrueux cafard), un chien, un petit extraterrestre au crâne disproportionné qui pilote un faux corps humain dans la tête de ce dernier, et... Michael Jackson (« *pas très réussi* », dit l'héroïne)... Autrement, quelques références cinématographiques comme celle de la série *Les Envahisseurs* par cette phrase d'un protagoniste : « *Un jeune type qui cherchait une route et que jamais il ne trouva* », et littéraire *Le Père truqué* de Philip K. Dick (encore lui !) ou, si vous préférez, *La Couleur tombée du ciel* de Lovecraft, toujours imitée... Évidemment, seule une élite peut « *savoir* », il faut laisser croire aux gens qu'ils ont de « *l'emprise sur les choses* » puisque le service des Men in Black a le devoir de « *mentir au peuple si on veut qu'il vive heureux...* » C'est pas un peu fasciste ça ? D'ailleurs notre univers ne vaut pas une chique ! Oh ! Pardon, pas une bille ! ... Le chanteur de rap Will Smith (que nous avons déjà vu dans *Independence Day*) est assez mauvais acteur, je le préfère chanteur dans son clip sur le film... Il ya eu plusieurs suites que je ne reprends pas ici.

**Alien la résurrection** de Jean-Pierre Jeunet (1997), dans une station spatiale, un médecin fait renaître Ripley et son monstre grâce aux manipulations génétiques (encore !). Contrairement à ce que dit J.P. Jeunet dans ses nombreuses interviews, je trouve que l'influence d'Hollywood est manifeste. Une fois de plus la Terre est menacée par les monstres. L'ambiguïté de la nature de Ripley (monstre ou être humain ?) n'est pas très bien rendue : il est dommage que la dernière scène qui suggère un accouplement avec le monstre ait été édulcorée, ne signifiant pratiquement plus rien ... Quant aux yeux du nouveau-né, il faut avoir lu un article sur le film pour voir que ce sont ceux de Ripley... Il y a quand même un peu de Jeunet dans ce film grâce aux acteurs et au directeur de la photo. Humour noir : le soldat attaqué par-derrière par un monstre sourit niaisement et ramène de derrière sa tête avec ses doigts un morceau de sa cervelle. Le pirate de l'espace descend un alien et sursaute devant une petite araignée... « *Tu es* *programmée pour être une conne ? »* Questionne Ripley en s'adressant à Call la jolie robot. C'est dans ce film que l'alien est le plus lovecraftien, dès les images du générique qui montrent en gros plan les parties des corps des sept autres mutants ratés avant Ripley. Un scénario faible, beaucoup d'action et la bête a perdu tout son mystère, car on en voit les moindres détails...

**Un Cri dans l'océan** de Stephen Sommers (1997). *« Qu'est-ce qu'il y a encore ? »* Telles sont les dernières paroles du film alors que le spectateur croit les héros tirés d'affaire sur une île et que l'on entend des grognements terrifiants. La caméra qui s'élève dans le ciel montre un volcan en éruption et des arbres démolis par une énorme créature que l'on ne voit pas, mais dont on aperçoit les effets. Ils ne sont pas sortis de l'auberge comme dirait l'autre. Le cinéaste est bon, les effets spéciaux excellents. Que demander de plus pour un tel film d'horreur ? Les premières sombres images des profondeurs avec leurs épaves sont saisissantes. Ici, la mer n'est pas accueillante : elle est noire, il pleut tout le temps et la vedette qui transporte les héros vers leurs destins est toute rouillée... Quant au paquebot *« L'argonautica »,* les passagers devaient pouvoir y réaliser tous leurs rêves, mais ils découvriront l'horreur des profondeurs. Le scénario ressemble beaucoup à celui d'*Alien la résurrection* (1997) de Jean-Pierre Jeunet, avec un peu de *Titanic* (1997) de James Cameron, mais c'est dû à "l'air du temps des scénaristes" car Sommers ne peut pas avoir vu ces films avant de réaliser le sien ! Par contre on se demande si Stephen Sommers a lu Lovecraft. Car son monstre semble directement inspiré des œuvres de cet écrivain qui a beaucoup écrit sur la terreur provenant des profondeurs maritimes, car, selon lui, dans ces abîmes, dorment des monstres. Le monstre de *Un Cri dans l'océan* semble tout droit sorti des descriptions du grand Cthulhu de Lovecraft...

**Mimic** de Guillermo del Toro (1997), une manipulation génétique (croisement de termite et de mante) détruit les cafards, mais produit une nouvelle espèce géante qui a la particularité de mimétisme avec les humains. Diabolique non ? Toute l'action se passe dans les *« tripes de la ville »*. C'est ainsi que le technicien de la station d'épuration désigne les égouts. Mais surtout dans le métro, et non plus dans un vaisseau spatial ou une station polaire. Magnifique scène de l'enlèvement de la belle par la bête. Le bruit des rames de métro ressemble à celui des insectes. Il y a de superbes scènes d'horreur.
Une séquelle : **Mimic 2** de Jean De Segonsac (2003) et même un **Mimic 3** !

**L'île du docteur Moreau,** de John Frankenheimer (1997), après trois autres versions de la fameuse histoire de H. G. Wells – l'écrivain anglais de science-fiction – John Frankenheimer s'est attaqué audacieusement à une nouvelle adaptation de cette œuvre. Il fallait certainement le faire avec les moyens modernes de maquillages et effets spéciaux qui sont, effectivement, très bien utilisés. Ici, le film est en deux parties : une première avec un Marlon Brando très kitsch, véritable autodérision de l'acteur – particulièrement pour son rôle dans *Apocalypse Now* (1979), de F.F. Coppola – et une deuxième, après la mort du docteur Moreau, personnage qu'il interprète, quand les bêtes *humanisées* deviennent les personnages principaux. Bien sûr, ce n'est pas un chef-d'œuvre et Frankenheimer n'est pas un très grand maître. Mais pourquoi renâcler devant un film bien fait qui ose l'autodérision et qui adapte correctement une œuvre littéraire aux dernières découvertes scientifiques ? « *Le diable est un ramassis de gènes. Je l'ai coincé dans mon microscope* », déclare le docteur Moreau.

**Un Cri dans l'océan** de Stephen Sommers (1997). « *Qu'est-ce qu'il y a encore ?* » Telles sont les dernières paroles du film alors que le spectateur croit les héros tirés d'affaire sur une île et que l'on entend des grognements terrifiants. La caméra qui s'élève dans le ciel montre un volcan en éruption et des arbres démolis par une énorme créature que l'on ne voit pas, mais dont on aperçoit les effets. Ils ne sont pas sortis de l'auberge comme dirait l'autre. Le cinéaste est bon, les effets spéciaux excellents. Que demander de plus pour un tel film d'horreur ? Les premières sombres images des profondeurs avec leurs épaves sont saisissantes. Ici, la mer n'est pas accueillante : elle est noire, il pleut tout le temps et la vedette qui transporte les héros vers leurs destins est toute rouillée... Quant au paquebot « L'argonautica », les passagers devaient pouvoir y réaliser tous leurs rêves, mais il découvriront l'horreur des profondeurs. Le scénario ressemble beaucoup à celui d'*Alien la résurrection* (1997) de Jean-Pierre Jeunet, avec un peu de *Titanic* (1997) de James Cameron, mais c'est dû à "l'air du temps des scénaristes" car Sommers ne peut pas avoir vu ces films avant de réaliser le sien ! Par contre on se demande si Stephen Sommers a lu Lovecraft. Car son monstre semble directement inspiré des œuvres de cet écrivain qui a beaucoup écrit sur la terreur provenant des profondeurs maritimes, car, selon lui, dans ces abîmes, dorment des monstres. Le monstre de *Un Cri dans l'océan* semble tout droit sorti des descriptions du grand Cthulu de Lovecraft...

**Wishmaster** de Robert Kurtzman (1997). Robert Kurtzman a fondé l'atelier KNB avec Greg Nicoreto et Howard Berger. Il a réalisé les effets spéciaux de *Evil Dead 2* (1987) de Sam Raimi et *Les Griffes de la nuit (Freddy 3)* (1987) de Chuck Russel, puis KNB sera dans le coup de *L'antre de la folie* (1994) de John Carpenter, *L'armée des ténèbres* (1993) de Sam Raimi, *Une Nuit en enfer* (1996) de Robert Rodriguez et *Vampires* (1997) de John Carpenter.

Il n'est donc pas étonnant que ce film (*Wishmaster*) soit truffé d'effets spéciaux de très grande qualité qui en font une œuvre intéressante. Un tel film est toujours vu par nombre de critiques avec des yeux de pisse-vinaigre. C'est dommage. Ainsi, par exemple, lors de sa sortie en 1968, *La Nuit des morts-vivants* (George Romero) était classé dans le fin fond des séries B. Aujourd'hui, personne n'ose nier que c'est un chef-d'œuvre. Autre exemple. Voici ce qu'écrivait Aurélien Ferenczi dans Télérama à propos de *L'antre de la folie* (1994) de John Carpenter : « *... le scénario se prend vite les pieds dans des complications inutiles... Une fois de plus Carpenter ne tient pas ses promesses.* » Le film n'a même pas droit à un seul T de cotation ! En juin 1998, une autre chaîne de télé diffuse le même film. Entre temps, la cinémathèque a rendu hommage à John Carpenter (voir ci-dessus la critique du film *Vampires*), alors... Télérama a bien pris la précaution de ne pas reprendre la même critique comme elle le fait souvent. C'est donc Jacques Morice qui écrit : « *On ne dira jamais assez combien Carpenter sait faire rimer fantastique et poésie visuelle.* » Et le film est coté avec deux T ! Je pourrais répéter à l'infini ce type de citation avec la manière dont les critiques traitent, autre exemple, un cinéaste comme Dario Argento...

Alors, fort de cette petite leçon de modestie pour les critiques, ne faites pas confiance à ceux qui critiquent un film fantastique, car souvent, ce film les dérange. Allez le voir pour juger vous-même ! *Wishmaster* est intéressant à plus d'un titre, en mettant de côté les quelques maladresses de mise en scène et de montage. D'abord, le thème traité : celui du djinn. Les incarnations du mal prennent différentes formes dans le folklore des peuples. Cette forme, ils la leur donnent en fonction de leur histoire, de leur religion, de leurs peurs intimes. Le djinn est un esprit de l'air inventé par les Arabes. Il est parfois malfaisant, mais aussi parfois bienfaisant. Souvent (et c'est le cas dans ce film) on confond les djinns avec les shayâtîn qui sont les démons de l'islam. Comme eux, les djinns ont été créés à partir du feu par Allah. Ils ont le don d'être partout, d'« *écouter aux portes du ciel* » (Coran XV, 18). Voilà donc un diable original chez nous et que bien peu d'auteurs ou de cinéastes ont mis en scène en occident, contrairement aux pays arabes, tels l'Égypte. « *Les contes anciens sont bien plus noirs* », déclare le djinn qui a pris l'apparence de l'héroïne du film.

Un grand écrivain anglais (et non pas américain comme beaucoup le croient, car il met toujours en scène ses histoires aux États-Unis...) l'a fait : Graham Masterton avec *Le Djinn* (19977). Cet auteur génial écrit des histoires inspirées des mythes et légendes. Et, justement, je trouve que le film *Wishmaster* emprunte beaucoup à son œuvre. En m'excusant de me citer, voici ce que j'écrivais dans le numéro 38 de la revue Phénix : « *Les romans de Masterton sont tous construits de la même manière, basés sur un thème émi-*

*nemment fantastique, celui de l'apparition de créatures, d'entités, de démons venus d'ailleurs [...] Ainsi, un objet [...] devient le siège d'un démon qui peut ouvrir les portes de l'au-delà. »* Ici, c'est bien le thème central du film *Wishmaster*. Et ce n'est pas tout. Chez Masterton, devant les manifestations inexplicables du démon, le héros rencontre un érudit qui lui donne des pistes et une bibliographie pour comprendre. C'est le cas aussi dans le film. Le scénariste Peter Atkins avait-il lu les œuvres complètes de Masterton ?

Wes Craven, qui avait su apprécier les dons d'artiste maquilleur de Kurtzman a produit son film. Ce dernier, en hommage aux films fantastiques a embauché une série d'acteurs ayant joué le rôle principal dans un film mythique : Robert Englund d'abord, le comédien qui a joué *Freddy*, Tony Todd dans *Candyman* (1992) de Bernard Rose, Reggie Banister pour *Phantasm* (1979) de Don Coscarelli et Kane Hodder pour *Vendredi 13* (1980) de Sean S. Cunningham.

Comme dans les romans de Masterton, le film commence sur les chapeaux de roues avec une scène terrifiante en Perse au douzième siècle. Il y a un laboratoire ce qui mêle dans l'esprit du spectateur science et occultisme et le djinn est délivré par un laser utilisé pour tenter d'analyser l'objet qui le tient prisonnier (une énorme pierre précieuse...) Le djinn est une créature qui se nourrit des vœux des humains. Il les satisfait à sa manière qui est très cruelle. Le débat entre la rationalité et

l'irrationalité, classique dans ce genre d'histoire, est vite clos aux dépens de la première, car, de nos jours, « *Il n'y a plus de charmes, plus d'espoirs, plus de magie...* » Le djinn, lui, représente le désespoir. Et alors, les statues se mettent en marche et Jack l'éventreur sort de son tableau. Gare !
La suite : *Wishmaster 2* de Jack Sholder (1998) est encore mieux ! Ce qui n'est pas la cas de *Wishmaster 3* de Chris Angel (2001) qui se laisse néanmoins regarder... Et il y a aussi un *Wishmaster 4* de Chris Angel également ! Ces séquelles sont un peu plus portées sur le sexe...

**Mars Attacks !** de Tim Burton (1997), voilà un film délicieusement subversif ! Burton rend ici hommage à tous les films de série Z et de série B traitant de ce sujet. Mais son film à lui est un chef-d'œuvre !
Il s'attaque à la plus importante mythologie de notre siècle, celle de l'invasion par des extraterrestres. Cette mythologie a été mise en place par le grand écrivain anglais H. G. Wells dans son roman *La Guerre des mondes* (1898). Wells aurait été très étonné (il est mort en 1946) de voir comment le cinéma américain des années cinquante utilisa son roman et développa cette mythologie. Nous étions alors en pleine guerre froide et les films d'invasion étaient montrés pour rendre le monde du communisme terrifiant en faisant faire au spectateur le parallèle entre les extraterrestres et cette idéologie venue d'ailleurs.

C'est d'abord ce thème que Burton démolit dans son film, car il ironise fortement sur l'invasion et sur les extraterrestres eux-mêmes. Il choisit bien de montrer les Martiens, des petits hommes verts au gros cerveau, car, tout le monde sait aujourd'hui que Mars n'est pas habitée, ce qui n'était pas le cas dans les années cinquante, le choix de Burton est donc clair. Deux films de cette époque sont devenus des archétypes de la science-fiction anticommuniste : *La Chose d'un autre monde* (1951) de Christian Nyby, film supervisé par Howard Hawks et dans lequel on reconnaît le thème de l'enfermement cher au réalisateur de *Rio Bravo* (1959) et *L'invasion des profanateurs de sépulture* (1956) de Don Siegel, tiré d'un roman de Jack Finney (*Body Snatchers* – 1954). Dans le premier, un monstre végétal sème la terreur dans une station polaire en tuant les êtres humains et en buvant leur sang. Dans le deuxième, des graines venues de l'espace poussent et prennent notre apparence et notre place pendant notre sommeil. Pensez donc, ils ressemblent aux Américains, comme les communistes ressemblent à tout un chacun ! D'ailleurs en ce qui concerne ce dernier film, Don Siegel n'a pas caché ses objectifs idéologiques en déclarant que son film parlait en fait « *de la menace rouge* » (cité par Stephen King dans *Pages noires*). Ce petit détour politico-culturel étant fait, j'en reviens à Tim Burton qui a fait son film pour une dérision explicite de cette idéologie au travers d'une satire de ces deux films et de bien d'autres aussi. Ainsi, les illusions du scientifique qui croit dur comme fer aux sentiments pacifiques des Martiens qui sont terrifiés par une colombe ce qui les amène à exterminer les humains. La confiance aveugle en la technologie amène à croire sur parole un appareil traducteur du langage des Martiens. La stupéfiante créature féminine créée par les Martiens pour s'introduire chez le Président est la transcription parfaite au cinéma des femmes des comics books américains des années cinquante. Contrairement aux films de Roland Emmerich – *Stargate* (1994) et *Independence Day* (1996) – la bombe atomique est inefficace, et sert juste aux Martiens à fumer un joint ; le discours humaniste et politicien non plus, puisque la main tendue de l'ambassadeur martien devient mortelle pour le président (référence à *La Bête aux cinq doigts* (1947) de Robert Florey). D'ailleurs, les références à d'autres œuvres cinématographiques fantastiques fourmillent dans ce film ; ainsi, par exemple, le directeur du casino s'appelle Bava, du nom du fameux réalisateur italien du *Masque du démon* (1960). Il n'y a rien à faire, les Martiens sont donc sans pitié, insensibles aux douleurs humaines, les humains sont cons, sauf le petit peuple blanc, les Noirs et les Indiens. C'est la grand-mère de l'un d'eux qui sauve le monde, et lors de sa décoration officielle sur les ruines du Capitole, c'est un orchestre mexicain qui joue la musique... Tim Burton démolit aussi un film pacifiste comme

*Le Jour où la Terre s'arrêta* (1951) de Robert Wise, puisque les Martiens sont irrémédiablement guerriers. Le cinéaste va aussi au bout de l'horreur, mais cette horreur il sait la rendre comique. Il en est ainsi des affreuses expériences réalisées par les Martiens sur les humains... C'est une nouvelle étape du cinéma fantastique que Burton n'a pas inaugurée, mais qui avait été commencée avec les films gore (c'est-à-dire des films très sanglants...) des années soixante jusqu'à nos jours, mais qui n'avaient pas toujours réussi à montrer le second degré de leur dérision... Il fallait bien le grand art de Burton pour réussir à rendre un film gore visible par tout public... Enfin, ce film nous montre le jeu d'un acteur, Jack Nicholson, que je tiens pour l'un des plus grands de notre siècle et qui y joue deux rôles.

**Star Trek insurrection** de Jonathan Frakes (1998). Data a pété un plomb ! Bon, il va retrouver toute sa raison. À part cela, on a affaire à une presque niaiserie hippie, ou écolo-thibétaine, comme on veut. Une planète qui fait rajeunir et des gens qui ne veulent pas quitter leur village... Ne parlons pas du charabia scientifique comme du « *gaz très volatil* » dans l'espace ! Excusez-moi, les fans...

**Soldier** de Paul W. S. Anderson (1998)
Un soldat d'élite est jeté à la poubelle sur une planète qui sert de décharge. Il y retrouve un peuple qui survit dans cette décharge comme on le voit couramment sur notre propre pla-

nète. Le soldat saura se venger et rassembler les damnés de cette planète !
Pas désagréable ce film. Du pur Anderson.
Faut aimer ce genre d'histoire. Un petit film de série B regardable avec Kurt Russel.

**Blade** de Stephen Norrington (1998). De la techno et du sang... Le scénariste, David S. Goyer, déclare avoir découvert le personnage de Blade dans un comics : *Tomb of Dracula...* À partir de là un nouveau personnage est né.
Les chasseurs de vampires plaisent aux producteurs. Dans ce film, fort bien réalisé, avec des effets spéciaux au service de l'histoire, on donne des explications "scientifiques" au phénomène du vampirisme. Il y a beaucoup de bagarres (il faut donc aimer cela au cinéma...) et le scénario ressemble un peu à celui du *Cinquième élément* de Luc Besson... À part cela, on passe un bon moment sans s'ennuyer, et on retrouve bien notre plaisir d'adolescent en train de lire une bonne vieille BD ! Si on a vieilli trop vite, tant pis !

**La Fiancée de Chucky** de Ronny Yu (1998).Tous les objets des films d'horreur sont présents dans cet entrepôt des objets criminels. Un policier va voler les restes de Chucky... L'idée de départ n'est pas mauvaise. On se rappelle qu'à la fin de *Chucky 3* l'horrible poupée possédée par l'esprit maléfique de l'étrangleur a été déchiquetée par des pales de ventilateur. Elle sera recousue et on lui trouvera une fiancée... Ce film pour adolescent est vraiment bien, contrairement à ses trois épisodes précédents, car il cultive les références aux autres thèmes des films d'horreur (*La Fiancée de Frankenstein* (1935) de James Whale dont on voit des extraits...) et aussi à la sexualité... Le poste de télévision montrant l'image de la fiancée de Frankenstein hurlant de terreur tombe dans la baignoire et électrocute ainsi la pauvre fille (bien grassouillette avec de gros seins...) qui a réanimé Chucky. La poupée qui prend sa place s'exclame après maquillage : « *Barbie, elle peut se rhabiller !* » Les dernières scènes dans le cimetière sont superbes et la dernière image suggère le film *Le Monstre est vivant* (1973) de Larry Cohen. Du coup, je me dois de vous citer les trois premiers *Chucky* : *Jeu d'enfant* (1988) de Tom Holland – *Chucky la poupée de sang 2* (1990) de John Lafia – *Chucky 3* (1991) de Jack Bender...

**Starship Troopers** de Paul Verhœven (1998), si seulement Robert Heinlein avait vu cela : une adaptation de son livre qui porte le même titre en anglais (*Étoiles, garde-à-vous !* en français) publié en 1959. Le film prend exactement le contre-pied du roman ouvertement fasciste. Les insectes géants contre qui les humains – de véritables petits nazis – font la guerre sont presque plus sympas. Dans la littérature SF, il y a d'autres histoires de guerre contre des insectes, comme *La Stratégie Ender* (1977) d'Orson Scott Card qui avait sûrement lu le roman d'Heinlein, ce vieux réactionnaire qui avait soutenu l'intervention américaine au Vietnam. Le cinéma ne possédait pas les moyens techniques pour traiter un sujet aussi difficile. Même la série de télévision *Space 2063* (1995) ne montrait qu'occasionnellement l'ennemi. Cette fois, Paul Verhœven a franchi le pas et a fait d'un roman réactionnaire un film de guerre contre la guerre. On retrouve des scènes de films de guerre fabuleux, notamment les films de guerre contre les Japonais, mais aussi les westerns (non ! je ne compare pas les Japonais et les Indiens avec des insectes...) Mais ici la guerre est montrée dans toute son horreur, et l'idéologie qui mène à la boucherie cette chair à canon constituée par l'infanterie est clairement désignée par les uniformes identiques à ceux de la Gestapo. C'est vrai qu'il n'est pas facile de décrypter cela. Mais le traitement infligé à la fin du film à la reine des insectes montre sans ambiguïté que la barbarie est aussi du côté des humains. Contrairement à Heinlein, Verhœven ne défend pas l'idéologie américaine. Il la critique violemment au travers, notamment, des démonstrations du « Net » (cette vaste *toile* d'information) d'une manière qui renvoie à CNN pendant la guerre du Golfe, mais aussi dans l'utilisation d'acteurs qui jouent volontairement mal et du style de la mise en scène parodiée des sitcom Le réalisateur a aussi choisi des comédiens aux traits réguliers pour reprendre, dit-il, le style des bandes dessinées. Lors de leur première attaque de la planète des « *arachnides* »,

l'armée humaine subit des pertes énormes : cent mille morts ! Ce film est de la même veine que les grands films de guerre pacifistes comme *Les Sentiers de la gloire* (1957) et *Full metal jacket* (1987) de Stanley Kubrick, ou *Les Hommes contre* (1970) de Francesco Rosi. Ces films montrent comment l'infanterie sert de masse de manœuvres pour les ambitions personnelles des généraux. Et les insectes ? Un ennemi tout trouvé en ces temps où plus rien n'est clair et où l'Amérique ne se sent plus d'adversaire à sa taille... Les effets spéciaux sont superbes ; ils sont, ici, contrairement à d'autres films au service de l'histoire et du vrai artiste qu'est Paul Verhœven. *Starship Troopers* est un grand film politique !
Une séquelle : **Starship Troopers 2** de Phil Tippett (2003) et d'autres aussi.

**The long time dead** de Robert Rodriguez (1998). Robert Rodriguez m'avait franchement plus dans *Une Nuit en enfer* (1995). Là aussi il me plaît en tant que cinéaste non complexé de ne pas faire de chef-d'œuvre. Ce qui me déplaît franchement c'est le scénario. Là, je trouve que Kevin Williamson se fiche du spectateur. Il a tellement honte, qu'il fait dire à une "spécialiste" de science-fiction (une étudiante qui en lit) que ce qui se passe c'est comme dans *Body Snatchers*, ou, si vous préférez, *L'invasion des profanateurs de sépulture*. Mais là il ne montre pas vraiment sa culture dans ce domaine quand il fait dire à ce même personnage que Jack Finney, l'auteur du livre *Body Snatchers* a copié sur *Les Maîtres du monde* de Robert Heinlein. D'abord, ce dernier titre est le titre du film adapté, le titre français du livre est *Marionnettes humaines*. D'autre part, il ne sait même pas que Jack Finney a plutôt copié Philip K. Dick avec sa nouvelle *Le Père truqué*. Tout est pompé et pillé. Je ne vous ferais pas la liste des pillages cinématographiques, mais cela va jusqu'à la plus célèbre scène de *Blue Velvet* de David Lynch. Le procédé de *Scream*, qui consiste à bourrer le film de références ne fonctionne pas ici, car la culture de Kevin est ici nulle !

**Small Soldiers** de Joe Dante (1998). Certains critiques ont fait grand cas de l'imperfection des effets spéciaux de représentation des jouets en affirmant que Dante (le réalisateur des *Gremlins*) critique ainsi ces effets tout en les utilisant. Ne pourrait-on pas penser au contraire qu'ils les a voulus si parfaits qu'ils montrent l'inévitable imperfection de tels jouets s'ils étaient soudain animés d'une vie artificielle ? On avait vu des batailles rangées de jouets dans *Toys* (1992) de Barry Levinson, mais sans l'apport artistique essentiel de ces effets spéciaux. *Small soldiers* est bourré de citations cinématographiques. Surtout des films de guerre. J'en ai noté quelques-uns. Il y a bien sûr le film de Tod Browning *Les Poupées du diable*, celui de Stuart Gordon *Les Poupées*, et puis, *2001 L'odyssée de l'espace*, *E.T.*, *X-Files*, *Frankenstein*, *Terminator* ainsi que bien d'autres films avec Schwarzenegger,

*La Nuit des morts-vivants*, *La Poursuite infernale*, *Alamo*, tous les films d'extraterrestres qui ne peuvent être détruits que par la bombe atomique, *Apocalypse Now*, (« J'adore l'odeur du polyuréthane dans le matin »), *À l'ouest rien de nouveau*, *Les Sept samouraïs* (ou *Les Sept mercenaires*), et, enfin, la dernière phrase prononcée par un Gorgonite : « J'espère qu'on percutera pas un iceberg »... Ça ne vous dit rien ?

**Virus** de John Bruno (1998). Les cyborgs sont de retour ! Un merveilleux film d'horreur de science-fiction. Le must du fantastique. Un film où on ne s'ennuie pas une minute, à base de problèmes scientifiques, dans un lieu clos, ici, un bateau abandonné... Avec le grand Donald Sutherland qui n'a jamais craint de jouer les méchants. Un spectacle bien filmé, bien monté, avec d'excelents effets spéciaux, d'excellents acteurs. Les images de tempête dans l'océan sont magnifiques et parfois plus terrifiantes que les monstres. Ces derniers sont également magnifiques dans leur horreur. L'équipe traditionnelle d'aventuriers est au complet : le trouillard, celui qui ne croit pas aux petits hommes verts, le traître, celui qui devient fou... Cette équipe à la recherche d'un trésor dans un milieu ultra hostile (le navire abandonné) me fait songer au magnifique western *Le Jardin du diable* (1954) d'Henry Hathaway. Là le milieu hostile était la montagne et le danger les Indiens... Tout le monde sait qu'aujourd'hui, ce sont les extraterrestres qui ont remplacé les Indiens dans le cinéma moderne américain. La station spatiale Mir est investie par une entité extraterrestre énergétique et transmet son signal au navire russe qui est un relais spatial sur l'océan. Quelques citations : « *On est des pièces pour lui.* » – « *La chose venue de Mir a besoin de courant...* » Les deux composantes de la terreur prométhéenne des écologistes sont la source de l'horreur présente sur le navire : l'énergie électrique et l'informatique... Ainsi, l'atelier de montage des cyborgs est proprement stupéfiant, car il renvoie, dans l'esprit du spectateur aux lignes de montage robotisées de l'industrie automobile... Le film finit par un cauchemar, mais les dernières paroles sont : « *On s'en est sorti !* »

**The X-Files** de Rob Bowman (1998). Dans ce film, on n'a rien inventé dans le domaine de la mythologie du fantastique. C'est même du pillage – ouvertement avoué d'ailleurs – de films comme *La Chose d'un autre monde* et *The Thing*, *Alien* et *L'Invasion des profanateurs de sépulture*.

On y retrouve donc bien ses petits. Tout est fait pour réunir devant l'écran des millions d'initiés à la série télé. Le plaisir vient de là : on peut avoir l'impression d'une certaine communion devant toutes les références à l'ensemble de la série depuis le premier épisode... Cette complicité ironique passe par exemple par la scène où Mulder urine contre une affiche d'*Independence Day*... celle où

Scully autopsie, celle où ils devaient s'embrasser, mais une abeille mutante a interrompu l'action en piquant la jeune femme, celle où le garçon ne croit pas que Fox soit du FBI, car il a « *un look de voyageur de commerce* », celle où Mulder parle du complot et où, quand son interlocuteur (joué par le magnifique Martin Landau) lui demande ce qu'il a vu, il répond : « *On a vu des abeilles et des champs de maïs* », celle de la fausse mort de Mulder... Cette complicité passe aussi par les affaires de famille de Mulder (et Scully ? Pour le prochain film peut-être...). Autrement, il y a de très beaux effets spéciaux, et, comme la mode le veut, le vaisseau spatial est très... gothique.

**Moi zombie, chronique de la douleur** de Andrew Parkinson (1998). Un film bricolé peut-être, mais j'adore ce genre de bricolage. À partir d'un incident relativement bénin, le héros de cette histoire s'enfonce inéluctablement dans l'horreur. Alors que sa famille continue à vivre dans le monde normal et se demande où il est passé. La vision de l'intérieur d'une transformation atroce. Et comprendre l'affreuse solitude de la monstruosité.

**Godzilla** de Roland Emmerich (1998). Fallait-il le faire ? Telle est la question que je me posai avant d'aller voir le film. En effet, je n'ai jamais été vraiment attiré par les monstres du cinéma japonais. Après le *Godzilla* de Honda qui est un bon film, on a assisté à une floraison de monstres qui détruisaient Tokyo à chaque film. Comment toute cette aventure a-t-elle commencé ? Honda voulait faire un film contre les bombardements atomiques de Nagasaki et Hiroshima. Mais la censure américaine veillant, il ne pouvait se permettre de traiter le sujet de manière réaliste. Alors il inventa le monstre né des explosions nucléaires américaines, sans que cela soit dit (mais cela se comprend très bien dans le film). Devant son succès phénoménal, Hollywood ne put se résoudre à laisser échapper une telle manne. Alors le film fut distribué aux États-Unis, mais... modifié ! En effet, la guerre contre le Japon étant encore très récente, il était difficile de montrer un film où il n'y avait que des Japonais... Alors on ajouta des scènes avec un journaliste américain joué par Raymond Burr. Incroyable ! La version originale japonaise est disponible en vidéo.

Bien, revenons au film de Roland Emmerich. Je disais qu'il avait fallu le faire. Effectivement, ce film a donné une vraie nouvelle vie au monstre grâce aux stupéfiants effets spéciaux. N'en déplaise aux ringards, les effets spéciaux avec les images de synthèse sont une nouvelle étape dans l'histoire du cinéma, après le son et la couleur... Et il faut bien admettre qu'ils apportent une capacité inouïe de donner vie à l'imagination au travers de l'image. Ni le « réalisme socialiste », ni le « néoréalisme », ni la « nouvelle vague » n'y peuvent changer quelque chose !

Le film commence par la Marseillaise et des images d'explosions nucléaires dans le pacifique, explosions dans l'atmosphère qui n'ont pas eu lieu en réalité depuis de nombreuses années, les derniers essais ayant eu lieu en souterrain. Puis, le début respecte le scénario du film de Honda : un cargo de pêche japonais est coulé mystérieusement... Il y a aussi un survivant recueilli par les Français et qui répond à la question posée par l'agent secret :
— *Dis-moi ce que tu as vu grand-père ?*
— *Godzilla ! Godzilla !*
Des chalutiers américains seront coulés en étant aspirés vers le fond. La bête est passée du Pacifique à l'atlantique en traversant Panama... Pour rester dans le nucléaire (à croire que les Américains n'ont pas d'armement nucléaire), on va chercher un scientifique qui étudie la mutation des vers de terre à Tchernobyl. Méthode classique d'un scénario : les différents personnages sont filmés dans les différents coins du monde où ils ont leur activité.
Une magnifique transition : la caméra en hélicoptère filme une voiture qui roule sur une route au Panama, avec, de chaque côté de la voie, les traces géantes de la bestiole. Au plan suivant, la caméra filme de la même manière une rue de Manhattan, « La ville qui ne dort jamais ».
Ici, contrairement à *Independence Day*, du même réalisateur, l'armée américaine manque d'efficacité. Elle accumule même les maladresses. Il faudra la compétence et

l'acharnement de l'agent secret français (joué par Jean Reno, toujours aussi superbe) pour permettre aux militaires US de régler le problème. D'ailleurs les maladresses militaires démolissent beaucoup plus New York (dont la population a été évacuée) que la grosse bête. Une très grosse bestiole très dure à tuer. Le film critique aussi les politiciens (le maire...), la télévision... C'est donc l'anti *Independence Day* . Pourquoi Hollywood a-t-elle fait ce choix, disons... idéologique ? Eh bien, Hollywood se fout de l'idéologie, sauf quand elle intéresse le marché, les dollars, sonnants et trébuchants. Si l'idéologie d'*Independence Day* a agacé plus d'un spectateur, il était simple de les contenter cette fois avec un aussi gros budget. Et ça marche ! À part ça, on ne s'ennuie pas une minute. Le monstre est magnifique. L'humour est grinçant et la musique formidable. C'est filmé par un grand professionnel. À la fin il reste un œuf de Godzilla. À bientôt donc pour *Godzilla 2*...
Une petite erreur dans le film : les reptiles n'ont pas d'odorat. Mais, Godzilla est-il un reptile ? Il faut enfin noter qu'Emmerich rend hommage au film *King Kong* dans plusieurs scènes et, notamment, celle de la fin avec les battements de cœur du monstre...

**La Mutante 2** de Peter Medack (1998). Cette suite ne vaut même pas le premier... Pourtant, l'histoire qui ressemble à celle de Dracula (il part en voyage et revient infesté – il y a même un fou qui sait tout dans l'asile...) aurait pu avoir un certain attrait. Mais les effets spéciaux ne tiennent pas leur promesse (sauf l'autopsie et la reconstitution de la tête) et l'érotisme non plus. La fin nous promet une Mutante 3 ! On verra la très belle Natasha dans le *Ghosts of Mars* de Carpenter.

**Sleepy Hollow** de Tim Burton (1999). Je me suis précipité pour voir ce film de Tim Burton qui adapte la légende tirée d'une nouvelle de Washinton Irving *La Légende de Sleepy Hollow*. Pensez donc, il y a le sublime Johnny Depp, mais aussi les grands du fantastique : Martin Landau (très vite décapité), Christopher Lee (en juge arrogant), Christopher Walken aux dents très pointues ! L'hommage aux films dans lesquels ils ont joué est très clair. Les images et les décors expressionnistes ont ravivé mes souvenirs de cinéphile : *Le Loup-garou* (1941) de George Waggner – *L'homme invisible* (1933) de James Whale – la forêt des films de Dracula de la Hammer, etc. Le voyage vers l'horreur du début renvoie à *Dracula* et ses diverses versions. Johnny Depp, un acteur qui ne cherche pas à soigner son image, mais seulement à faire correctement son travail, campe magistralement un détective de l'étrange qui représente le rationnel dans une histoire qui ne l'est pas du tout ! Il est d'ailleurs ridicule avec ses instruments d'investigation scientifique. S'il finit par avoir raison, c'est aussi l'irrationnel qui l'emportera à la fin. Mais son problème, c'est le jeune garçon qui le définit en lui disant : « *Vous êtes* *possédé par la raison.* » « *Les apparences sont trompeuses* », dit-il en faisant tourner son image qui crée l'illusion d'optique d'un oiseau en cage. Et, puis, reviennent ses rêves terrifiants, plutôt des souvenirs de l'horrible assassinat de sa mère par son père, avec une "vierge de Nüremberg". La terreur qui monte de notre inconscient est-elle si irrationnelle que cela ? Il y a aussi une sorcière excellente, la sœur de la marâtre, inévitable belle-mère des contes de fées, un arbre qui saigne, « *passage, porte entre deux mondes* ». Un seul défaut : l'explication laborieuse enlève tout le mystère bien avant la fin, qui devient tout simplement et brutalement une affaire d'enquête policière.

**Mission to Mars** de Brian de Palma (1999). Le manque de communication est mortel ! Qu'est-ce qui fait que ce film a tant déplu à certains ? Moi, il m'a bien plu. Je l'ai pris comme un sacré hommage aux fans de science-fiction ! C'est vrai que le scénario n'apporte rien de nouveau. Et alors ? Le film est excellent... Ça commence par la fête du départ. Mais dans la fête il y a une tristesse. Les filles sont d'une beauté... Les débats techniques sont intéressants et la scène de danse en apesanteur aussi. Parfois, en voyant ce film, j'ai pensé à *Solaris* (1972) de Takovski... que d'aucuns trouvèrent également « chiant », mais pas moi... « *L'univers, c'est pas le chaos, c'est un réseau* » a déclaré Maggy, l'épouse défunte du cosmonaute. Toutes les scènes de l'accident avec la pluie de micrométéorites sont superbes. Rien que pour cela, le film vaut le coup d'œil ! Et pour voir certaines scènes (au cinéma bien sûr, ce ne sera pas pareil à la télé) il ne faut pas avoir le vertige.

**Faust** de Brian Yuzna (1999). Il fallait Brian Yuzna pour oser adapter ce « *comic obscène et gore* » – « *J'ai essayé de rester fidèle à l'œuvre de David Quinn et Tim Vigil dans ce qu'elle a de plus radical.* » Répond Brian Yuzna[8]... Le réalisateur a dû aller en Espagne pour créer sa maison de production et tourner son film... On y retrouve bien le grand guignol comme seul Yuzna est capable de le traiter.

**La Momie** de Stephen Sommers (1999). Que ne nous a-t-on pas annoncé ce film. Comédie burlesque et film fantastique d'horreur, c'est le style de Sommers. Avec hommage à Indiana Jones...

**Matrix (La Matrice)** de Larry & Andy Wachowski (1999). Ce film est une anthologie des trucages cinématographiques. Superbe ! Une photo magnifique également (Bill Pope). Il y a aussi des plans gothiques, notamment sur la hauteur et la vétusté des immeubles, l'obscurité. C'est grâce à l'informatique, aux pirates informatiques, que certains vont découvrir la nature exacte de notre civilisation...

---

[8] Mad Movies N° 124

Qu'est-ce que la Matrice ? Si tu veux le savoir suit le lapin blanc comme Alice qui l'a suivi et a trouvé le pays des merveilles... Rêve, cauchemar, réalité ? Qu'est-ce que le réel, quelle est la définition du réel ? Ainsi, le spectateur peut voir le monde sur l'écran d'un vétuste poste de télévision Radiola ! En réalité nous ne sommes plus que des légumes pour nourrir les Machines ! Les êtres humains sort des piles ! et la Matrice crée l'illusion de notre monde. Stefan Wul avait déjà inventé cela dans *Oms en série* dont on a d'ailleurs fait un dessin animé. Ensuite, il y a quelques leçons de maîtrise de soi : « *On n'est pas le meilleur quand on le croit, mais quand on le sait.* » C'est très bon aussi la scène avec la prédiction : « *L'auriez-vous fait si je ne vous en avais pas parlé ?* » dit le médium au héros après l'avoir averti qu'il allait casser un vase... Ce médium est un oracle sous la forme d'une charmante vieille dame séduisante au possible. Une vision technologique de l'Ancien Testament déjà vue avec *Terminator* : les humains sont la peste et les Machines sont l'antidote. Les combats forment de magnifiques chorégraphies. Le contrechamp avec les douilles qui tombent est vraiment novateur. Le feu au ralenti, comment ils évitent les balles... John Woo n'a qu'à bien se tenir ! *Mission impossible* est mille fois battu ! Et puis il y a les chansons de Rob Zombie et Marilyn Manson ! (Voir plus loin les suites de la trilogie)

**Star Wars Episode 1 : la menace fantôme** de George Lucas (1999). Ah quel plaisir, quel spectacle ! Ne boudons pas s'il vous plaît ! La course de modules : haletant ! (La plupart de ceux qui sont allés voir le film n'ont pas vu *Ben Hur*...) la bataille spatiale : aussi passionnante ! Ah ces effets spéciaux, cette qualité de la mise en images de l'imaginaire... Bravo ! Bien mieux que les trois épisodes précédents sur ce plan. Voilà une autre génération de Star Wars qui commence. Que la force soit avec toi !

**Peur Bleue** de Renny Harlin (1999)
Ce film n'est pas un film de série B encore moins de série Z. C'est un film réalisé avec de gros moyens, des effets spéciaux inventifs et une belle réalisation.
Il a néanmoins sa place dans cette étude, qui ne comprend pas seulement des nanars.
Il s'agit d'un thème « scientifique » : le requin contre Alzheimer ! D'où son lien de parenté avec le film ci-dessous *SharkMan*.
Bien sûr, il y a bien d'autres films de requins-tueurs, les descendants du film de Spielberg *Les Dents de la mer*. Mais ils n'entrent pas dans le concept qui réunit les films de ce livre. Par contre, nous y avons mis des films comme *Piranhas* de Joe Dante et autres suites... par exemple.
La chercheuse Susan combine des ADN de requins, alors elle crée... des monstres.
Carter, le plongeur qui n'a jamais été à l'école, est un dur de dur. Aucun requin ne lui résiste.

Le prologue de film est saisissant sur ce point et le scénariste excellent.

Aucun requin ?

Il en endort un en vue de son opération. Suspense. Extraction du liquide cervical. Un complexe de protéines pour rendre sains des neurones humains malades : ça marche !

Mais le requin se réveille et sectionne le bras du scientifique présent à ses côtés. Carter veut tuer l'animal, mais Carter/Frankenstein le sauve !

Ils sont en pleine tempête dans leur vaste centre de recherche situé en pleine mer.

L'hélicoptère de secours appelé a du mal à atterrir sur la plateforme, donc ils halent le blessé. Le câble est coincé. Et le blessé tombe vers le bassin du requin qui saute hors de l'eau pour le happer et tire ainsi sur l'hélicoptère qui s'écrase ainsi sur le bâtiment principal en explosant. L'explosion s'étend aux cuves de carburant de la station marine. Je ne vous explique pas la catastrophe.

Le requin se jette sur la vitre de a salle de contrôle qui est brisée !

CA-TA-STRO-PHE !

Quel suspense.

Le requin continue son offensive, les humains tentent de s'en sortir.

« Qu'est-ce que vous avez fait à ce requin ? » Demande le patron à Susan/Frankenstein...

« Leur cerveau n'était pas assez grand pour qu'on ait des complexes protéinés en quantité suffisante, alors nous avons violé le code de Harvard ».

Ils ont augmenté le volume de leur cerveau, donc ils sont devenus plus intelligents ?
« Elle a voulu baiser les requins et maintenant les requins veulent nous baiser », ironise le technicien. Et il ne faudrait pas que ces requins s'échappent dans l'océan ? « Ça craint rien les clôtures sont en Titane. » Mais, du coup, s'il le dit on a un doute quand on connaît les intrigues de films d'horreur.
Scènes de survie du cuistot et de son perroquet.
Ils comptaient sur le sous-marin pour se tirer, mais il est hors d'usage.
« Le cuistot meurt dans son propre four ? » Où il s'est réfugié... « Mais j'ai d'autres projets se répond-il à lui-même... Et il réussit à tuer un requin avec son... briquet ! Le patron s'est fait bouffer par un requin, donc c'est Carter qui commande.
Ça y est, la caméra subjective nous montre ce que voit le requin. Les poteaux en béton de la station marine commencent à céder.
Une autre victime : mise à mort stupéfiante.
Encore une autre : idem.
Bien la mise à mort d'un requin par Susan.
Il y a trois survivants : Susan, Carter et le cuistot qui est très sympa.
Il reste encore un requin !
Superbe bagarre entre le cuistot et le requin.
Dernière bataille contre le requin qu'il faut tuer avant qu'il ne prenne le large.
Deux survivants...
Excellent film !

« Tu es sûr qu'il n'y avait que trois requins ? »
Demande le cuistot...
*Ne pas confondre ce film de requins avec le film homonyme qui est une adaptation du roman de Stephen King sur les loups-garous.*
**Peur bleue** de D. Attis (1985)

**Planète rouge** de Anthony Hoffman (2000). Les Américains sont spécialistes du doublon en SF : il y a eu *Independence Day* et *Mars Attacks !*, il y a eu *Deep Impact* et *Armageddon*, maintenant il y a ce film après *Mission to Mars* de Brian de Palma... Pas mal du tout contrairement aux critiques qui, décidément, n'aiment pas les films martiens ! Le commandant est une (belle) fille nommée... Bowman (comme le dernier survivant du film *2001 L'odyssée de l'espace*). Techniquement les effets sont parfaits et les images superbes. Une petite nouveauté : une histoire de Terraformation c'est-à-dire le fait de rendre une planète (en l'occurrence, ici, Mars) habitable par l'homme. Deux citations : « *Le jour maudit où l'algèbre pourrait nous sauver la vie* » – « *Si peu de temps à  vivre et si longtemps à patienter...* » Une belle histoire de pionnier moderne et d'aventure, pourquoi pas ?

**Dune** Film TV de John Harrisson (2000). Je ne suis pas très objectif, car je n'ai jamais aimé Dune (pardon !). L'épice est le pétrole du cent unième siècle. Une espèce de bestiole genre chauve-souris s'en sert pour les déplacements intergalactiques. Encore et toujours de l'exotisme et une hypertechnicité dans une société médiévale. Peu d'auteurs de SF ont eu une véritable vision politique de l'avenir. L'épice vient de Dune, planète-désert, comme celui dans lequel Jésus Christ (et d'autres...) s'est retiré. Une épice chrétienne, ou musulmane... Et le film alors ? Comme le livre : on s'ennuie.

**Éclosion** de Ellory Elkayem (2000). Une histoire assez efficace de cafards qui pondent dans le corps des humains après les avoir paralysés. « *L'invasion est imminente* ».Prix du public 2001 à Gérardmer.

**Pitch Black** de David Twohy (2000). N'avez-vous jamais eu peur dans le noir ? Cette peur qui vous prend à cause de votre imagination, parce que vous imaginez être agressé et sans défense. Voilà le thème central du film qui présente un superbe système solaire avec trois soleils, donc il fait toujours jour... Mais, la nuit survient tous les vingt-deux ans, car il se produit alors une éclipse des trois soleils... Ce qui a produit une niche écologique particulière qui a fini par détruire toute vie sur la planète ! Les naufragés qui y atterrissent par accident (très bien filmé l'accident !) vont vite s'en rendre compte... Le scénario ressemble aussi à *Cube* : il faut aux personnages beaucoup d'intelligence pour comprendre, et l'évolution de l'intrigue montre la vraie nature des personnages qui n'était pas évidente au vu de leur attitude et de leur situation au début du film. *« Je vous l'avais dit : ce n'est pas de moi qu'il faut avoir peur »,* déclare ainsi le personnage principal... Il y a donc un peu de Dick aussi, car, il ne faut pas se fier aux apparences... On a droit à un magnifique spectacle : celui de l'éclipse. Voir plus loin la suite.

**Wing Commander** de Chris Roberts (1999). Pour ceux qui aiment le jeu et les autres aussi, du moins ceux qui aiment les guerres spatiales... Les extraterrestres sont féins...

**eXistenZ** de David Cronenberg (1999). La chair, le sang, les organes, et, surtout, les orifices du corps, les appendices ; tout cela obsède Cronenberg. Il annonce la couleur avec un générique fait de planches anatomiques. Un nouveau jeu a été inventé. La console est un être vivant artificiel que l'on se branche sur le corps grâce à un cordon ombilical. La "prise" sur le corps s'appelle un *« bioport »,* une interface informatique – organique ; le cordon un *« ombilicâble »*... On assiste d'ailleurs à la pose d'un bioport dans un centre clandestin constitué par un vieux garage. Le "chirurgien" qui fait cela est un mécano plein de cambouis. C'est vraiment trop irréel pour être vrai, non ? Au spectateur de décider. Le bioport se trouve dans le dos, à la hauteur des reins. C'est pas pratique pour le branchement... Ce dernier se vit comme une pénétration. *« Les bioports neufs sont souvent étroits »,* déclare Allegre Geller. Ah ! Au fait, la console vivante s'appelle un *« gamepode »* et il est né d'un œuf amphibien. Cronenberg utilise les procédés cinématographiques de manière ostensible pour montrer les différentes formes de transition d'un monde à l'autre du "jeu" : montage, fondu enchaîné, etc. Certaines scènes montrent la "chaîne de montage" des jeux, atelier plein des organes des amphibiens mutants utilisés pour fabriquer des « *Pode* ». Quant à l'arme, réalisée avec les os des animaux mangés par le héros, elle crache des dents à la place des balles... Alors, où se trouve le jeu et où se trouve la réalité ? Cher spectateur, le sauras-tu à la fin ?

**L'île des morts** de Tim Southam (2000). Excellent film pour la télévision ! Ambiance macabre très bien donnée, avec très peu d'effets spéciaux une grande efficacité. On veut voir une influence de Dario Argento à cause de la petite comptine enfantine d'horreur et... les asticots...

**Hollow Man** de Paul Verhœven (2000). Ah qu'il est bon ce Paul Verhœven ! Le thème de fond de l'histoire de l'homme invisible traité par l'ouvrage de H.G. Wells est le même que celui du *Cas étrange du docteur Jekyll et Mister Hyde* de Stevenson : la nature humaine est intrinsèquement mauvaise. Regardez (jeu de mots trop simple ?) : il suffit qu'un homme soit invisible pour qu'il essaie d'assouvir tous ses fantasmes et devienne ainsi.... un monstre ! D'où l'hommage appuyé du cinéaste au(x) film(s) *Alien* en deuxième partie de *The*

*Hollow Man*... et les effets spéciaux formidables qui reprennent des hommages à d'autres monstres du cinéma : monstres aquatiques, monstres écorchés, monstres de sang.... Ce film est donc extraordinairement exaltant pour un cinéphile amoureux du cinéma fantastique. Une œuvre cinématographique qui rend vraiment hommage à l'œuvre littéraire de Wells et développe à fond les intentions de l'écrivain...

Autres films sur *L'homme invisible* (1898) de H.G. Wells :

*L'homme invisible* de James Whale (1933) – *La Revanche de l'homme invisible* (jamais diffusé en France) – *Le Retour de l'homme invisible* de Joe May (1940) – *The invisible boy* (*Le cerveau infernal*) de Hermar Hoffman (1957) avec Robby, le robot de "Planète interdite"... – *Les Aventures d'un homme invisible* de John Carpenter (1992) – La série télévisée *L'homme invisible* (des années cinquante) a complètement transformé le mythe et a fait de l'homme invisible un brave agent secret qui utilise ainsi sa qualité à des fins utiles et nobles...

**Intrusion** de Rand Ravich (2000). On avait connu terrifiant avec le thème du voyageur de l'espace qui revient "habité" par un monstre extraterrestre. C'était avec le film de La Hammer *Le Monstre* (Val Guest 1955). Ici c'est le même thème, mais la peur n'est pas au rendez-vous...

**Mimic 2** de Jean de Segonsac (2000)
Le deuxième opus de la franchise de Guillermo del Toro (1997)
Pas terrible. Amusant.
La fille est intéressante : elle n'a jamais pu s'attacher à un homme, mais son destin était de devenir reine des insectes.

**Long Time Dead** de Marcus Adams (2001). Une histoire de djinn. Ce démon arabe dont on sait peu de choses a été peu utilisé dans la mythologie du cinéma fantastique. On connaît la série des *Wishmaster* (Du 1 au 4) dans lesquels le djinn est un démon qui satisfait vos souhaits, mais pas comme vous l'entendiez, mais comme il l'entend, lui...
Ici ce démon a été appelé lors d'une séance de spiritisme et tue à tour de bras les pauvres participants. Il y a du suspens basé le mécanisme classique des films d'horreur avec tueur en série. Cela fonctionne très bien. Un excellent film.
En ce qui concerne le djinn j'ai lu deux romans qui s'en inspirent et qui valent la lecture : *Le Djinn* de Graham Masterton (1977) et *Les Puissances de l'invisible* de Tim Powers (2001).

**Cubbyhouse** de Murray Fahay (2001). Un hommage à *Evil Dead* de Sam Raimi avec la cabane dans le jardin, la tronçonneuse et l'entité qui rase les herbes folles... Et aussi à *Poltergeist* avec le lotissement... Comment les démons rendent les enfants méchants. Et seulement eux...

**X-Men** de Bryan Singer (2000). Saisissant prologue dans le camp de concentration nazi d'Auschwitz en Pologne en 1944... Ce film est excitant ! Ça doit être dû au fait que j'ai gardé mes yeux émerveillés d'enfant. D'autre part, j'aime les marginaux (sauf quand ils me volent mon autoradio...). La controverse de Valladolid (Espagne) avait eu comme objet le fait de savoir si les Indiens d'Amérique étaient bien des êtres humains... De justesse, l'Église a décrété que oui tout en espérant de ne pas arriver à la même conclusion avec les Noirs d'Afrique... Ici, les Indiens sont des mutants. Mais le problème reste le même et la question posée identique... Ce film est donc (comme la BD) éminemment politique : il traite de pouvoir, de révolution, de réformisme, de Mac Carthysme (vous savez ce sénateur qui chassait les communistes...). En quelque sorte un nouveau western pour les Amériques ! « *Fous-moi le camp, sale monstre !* », menace l'aubergiste à notre héros mutant... Dans une scène digne d'un western de Sergio Leone... Il y a même une paria parmi les parias, et elle s'appelle Malicia ! Politique disais-je, illustré notamment par le dialogue suivant :
— *T'as choisi le bon camp, t'es sûre ?*
— *J'en ai au moins choisi un !*
Excellent ! Ce film reproduit parfaitement la complexité du réel et ses luttes à travers une fable : la différence fait peur, chacun a une

qualité qu'il peut faire fructifier et la jalousie règne... La chorégraphie des combats est superbe et la fin un très bel hommage (involontaire ? ça m'étonnerait) à Hitchcock avec la scène de combat sur la statue de la Liberté. Une seule ombre au tableau : ce sont les révolutionnaires qui sont les méchants...
La suite : **X-Men 2** de Bryan Singer (2003). Rien à rajouter : aussi bien !

**Donjons et dragons** de Courtney Solomon (2000). Le jeu de rôle au cinéma

**Belphégor** de Jean-Paul Salomé (2000). Le casting de ce film est très mauvais : Sophie Marceau ne parvient pas à quitter son air prétentieux et le faux cynisme de Michel Serrault est vraiment plaqué. L'actrice ne réussit pas à m'émouvoir et les effets spéciaux sont minimes. Pas de quoi fouetter un chat : on a vu nettement mieux comme histoire de momie...

**Unknown Beyond** d'Ivan Zuccon (2001)
*Maelstrom : il Figlio Dell'Altrove*,
La suite de *L'Altrove* (2000) du même réalisateur. Un film post apocalyptique. Le monde est dominé par les Anciens. Quelques êtres humains tentent de résister. Certains d'entre eux partent à la recherche du Necronomicon qui doit leur donner la solution pour se débarrasser des Anciens. Ivan Zuccon se donne toujours beaucoup de mal pour tourner ses films. Il ne se laisse pas arrêter par le manque de moyens. Il y va ! Et ses films ne sont jamais

nuls. Il a même réalisé de très bons comme *Colour from the Dark* ou *The Shunned House*.
Ici on est vraiment dans l'ambiance lovecraftienne. Avec les noms de personnages des récits de Lovecraft comme Carter ou Pickman, et le personnage de la sorcière Keziah.
L'hommage à Sergio Leone à la fin, au moment du duel au pistolet entre le Bien et le Mal, est mis en avant par quelques notes de la musique d'Ennio Morricone du film *Le Bon, la Brute et le Truand*…
On l'aime bien cet Yvan Zuccon !

**Le Retour de la momie** de Stephen Sommers (2001). Bon ! Un Indiana Jones de plus ? Finalement c'est bien, faut s'habituer au style du réalisateur : il ne prend rien au sérieux.

**La Planète des singes** de Tim Burton (2001). Comme tous les fans de Tim Burton je me suis précipité, bien que je n'aie jamais été fasciné par les films précédents inspirés du roman de Pierre Boulle. Le générique est très hollywoodien (ce n'est pas une critique…) et… le reste aussi. Il manque cet humour macabre dont Tim Burton s'était fait la spécialité. À noter : des maquillages superbes, ici les hommes parlent, et on insiste sur la supériorité physique des singes. Certains critiques, déçus, massacrent le film. N'exagérons rien. C'est un très bon film.

**Resident evil** de Paul Anderson (2001). Superbe ! Une mise en scène superbement haletante. Des morts-vivants pas décevants (Pas étonnant avec du Romero sous-jacent...) Un suspens insupportable. Et puis la belle des belles... « *Jamais rien ne changera* » déclare un personnage. Un gore gothique dans un décor high tech ! Fallait le faire... Contrairement à d'autres, j'avais déjà aimé *Event Horizon* d'Anderson. Le réalisateur se confirme donc dans ma cote personnelle.

**Évolution** d'Ivan Reitman (2001). Ah quelle rigolade ! Une adaptation d'une quantité phénoménale de thèmes des films d'invasion de monstres dans l'histoire du cinéma. Voir en fin de ce livre la liste des films à thèmes *extraterrestres* : ils y sont quasiment tous, avec en prime, Godzilla, les dragons et la connerie des militaires (qui ne le sont pas tant que ça, mais enfin ça fait rire...)

**Ghosts of Mars** de John Carpenter (2001). Ce sacré John a fini par réaliser le western dont il rêvait. Y compris les Indiens et le "cheval de fer" s'il vous plaît ! Avec quelques nuances (méprisantes ?) pour le genre : ici la virilité est incarnée par une superbe blonde et la société est matriarcale. On ne s'ennuie pas une seconde. Je suis sorti de la salle épuisé, vanné. Une démonstration politique du colonialisme avec une fin étonnante. Comme d'habitude chez Carpenter ! Cela vous étonne ?

**Dagon** de Stuart Gordon (2002). Après le *Faust* de Brian Yuzna voici le film de Stuart Gordon de la maison de production que Yuzna a fondée en Espagne. Une adaptation du *Cauchemar d'Innsmouth* de Lovecraft pas spécialement géniale. Dommage ! Les événements se déroulent dans un petit port d'Espagne dénommé « *Innsboca* » un espagnolisme pour « *Innsmouth* »... Les incantations se résument à la seule partie prononçable de celles écrites par Lovecraft : Ïa !Ïa !... Mais on n'entend pas le tréma...
Cette adaptation reprend plutôt les événements relatés par Auguste Derleth dans une des histoires du recueil *La trace de Cthulhu* qui rassemble cinq nouvelles constituant la suite de celle de Lovecraft citée plus haut. Celle qui inspire particulièrement ce film a pour titre *La Vigie céleste* (*The Watcher from the Sky – 1945*)

**Wishmaster 4 La Prophétie** de Chris Angel (2002)
Eh bien ça commence par une scène de sexe. Diable oblige... Puis c'est une laborieuse histoire de mal vivre dans un couple, car l'homme est paralysé des jambes suite à un accident et le Wishmaster interfère avec ses vœux, ou du moins les vœux de ses victimes qu'il doit exaucer.
La fille n'est pas très jolie, les hommes sont bellâtres. Comme dans tous les films de série B.

Et à la fin le Wishmaster ne peut pas exaucer le troisième vœu qui ouvrirait les portes de l'entre-deux mondes où se trouvent les Djinns...
On finit pas s'ennuyer, le sang coule trop fort, les trucages sont mauvais, et voilà.... Un Wishmaster de trop?
Pour les trois précédents voir mon livre « Un siècle de cinéma fantastique et de SF » éditions Le Manuscrit 2004...

**Dreamcatcher (L'attrape rêves)** de Lawrence Kasdan (2002)
C'est un film adapté du roman de Stephen King (voir ma critique ci-dessous).
Si certains l'ont qualifié de "nul" c'est injuste. Ce n'est pas un chef-d'œuvre, mais le film tente de reprendre toute la complexité du livre de Stephen King.
Les scénaristes ont choisi de conserver toute la complexité des quatre personnages impliqués dans une guerre contre des extraterrestres envahisseurs, mais de simplifier la deuxième partie, celle qui raconte ce combat.
D'où un malaise dans la vision de ce film. Mais il n'est pas nul du tout, loin de là... Il ne cherche pas à être honoré par la palme d'or, mais à raconter une bonne histoire comme les bons vieux films de série B que Steve King aime tant...
Le livre :
C'est un roman de Stephen King, donc un pavé. Mais on ne s'en lasse pas. Ce type est sadique : il écrit tellement bien que même

quand on s'ennuie dans les longs passages on s'y tient, car une fois entré dans l'histoire on y est entraîné jusqu'au bout...

Les quatre personnages sont en quelque sorte un peu chacun du Stephen King. Le plus kingien me semble être Henry le psychiatre suicidaire. Mais on peut aussi opter pour Jonesy avec sa possession par l'extraterrestre, comme King est possédé par la fiction...

Il y a de toutes les œuvres de King dans ce roman : ça – Shinning – Dead zone – la tempête du siècle, Tomnyknockers, etc...

Il faut dire que ce roman a été écrit juste après le très grave accident de voiture de Stephen King (il a été renversé par un 4x4 alors qu'il se promenait à pied.), juste après avoir frôlé la mort, comme Jonesy dans le livre qui, lui, a connu la mort après un même accident, mais il en est revenu...

Ce que j'aime aussi dans ce livre ce sont toutes les références cinématographiques... Notamment le film *Apocalypse Now*. Les terribles soldats du livre ont pour chef un officier du nom de Kurtz (comme dans le film ou le livre *Au cœur des ténèbres* de Conrad dont il est tiré). Les hélicoptères attaquent à la musique de *Sympathy for the Devil* des Rolling Stones (au lieu de Wagner dans Apocalypse Now...) D'ailleurs, Stephen King fait se poser la question à un de ses personnages, savoir si Kurtz est le vrai nom de cet officier violent et impitoyable, ou s'il l'a emprunté au film... King rappelle aussi les paroles du Kurtz

d'Apocalypse Now (interprété par Marlo Brando) : « L'horreur, l'horreur... »
Ce livre est très attachant.
On en a tiré un film que beaucoup ont trouvé "nul", à tort, car bien que ce ne soit pas un chef-d'œuvre il tente de reprendre tous les thèmes du vaste livre de King... Le DVD comporte une très intéressante interview de Stephen King.

**Jeepers Creepers le chant du diable** de Victor Salva (2002). Excellent ! Cela commence comme dans *La Nuit des morts-vivants* ou *Evil dead* par un voyage en voiture avec des jeunes gens à l'intérieur (et aussi dans *Promenons-nous dans les bois*) ça continue comme dans *Duel*. Autrement dit : il est aujourd'hui TRÈS dangereux de vivre dans les lieux publics comme les routes par exemple. Le monstre me semble inspiré de Clive Barker, de même que la "chapelle Sixtine" avec des cadavres à la place des peintures de Leonardo... Victor Salva expose son homosexualité comme un manifeste. La lutte des jeunes adolescents contre le monstre est, bien sûr, une lutte inégale. Et ces jeunes ont vraiment peur. Ils sont même paralysés par la peur. Un film très pessimiste : mais au fond, la vie est très pessimiste, car la Mort nous attend au bout. Et la Mort est invincible comme dans Jeepers Creepers... On avait vu Victor Salva avec un film à l'eau de rose (*Powder*), mais ici, vous êtes prévenus : ce n'est pas à l'eau de rose. Pas du tout !

**Blade 2** de Guillermo del Toro (2002). La suite (voir ci-dessus). Les bagarres sont d'une précision et d'une vitesse inouïes, dignes de bagarres de vrais vampires. Le cinéaste mexicain nous ravit toujours avec son tournage très personnel, mais pas autant que d'habitude because faut faire des entrées... Ils ont quand même inventé un nouveau monstre, une nouvelle espèce de vampire, mélange des morts-vivants de Romero, de Nosferatu et du monstre de Predator. Vraiment terrifiants, mais c'est comme tout : on finit aussi par s'habituer.

**Arachnid** de Jack Sholder (2002). Toujours aussi bon ce Jack ! Un très bon film de monstre : une gigantesque araignée ! Ce bon vieux Jack qui, paraît-il n'aime pas le fantastique nous a régalés avec *Hidden, Freddy 2, Wishmaster 2*...On ne s'ennuie pas une minute avec ce film d'araignée géante ! Produit par la toute nouvelle (et prometteuse) maison de production Fantastic Factory de Brian Yuzna.

**Minority report** de Steven Spielberg (2002). Quelle déception ! Ce film est une véritable trahison du monde de Dick. Et ce ne sont pas les allusions éphémères qui le rétabliront comme l'aveugle qui fournit la dope à John Anderton... Le prologue est profondément ennuyeux, les décors d'un pseudo modernisme niais et on se meurt d'ennui avec leurs explications utilisant des termes pseudo scienti-

fiques. Les gants à rayons lumineux qui remplacent la souris de l'ordinateur ne sont pas mieux inspirés. Les trois précognitifs (précogs) dans la nouvelle de Dick sont « *des créatures bafouillantes et gauches (...) véritables légumes ils se contentaient de bredouiller, de sommeiller (...) avec leur tête aux proportions anormales et leur corps au contraire tout ratatiné...* » Rien à voir avec les beaux corps des précogs du film dont l'un d'entre eux devient un véritable personnage ! Pire même, pour rendre ce film acceptable à tous les publics le réalisateur a tout rendu plus acceptable et donc on est loin du sombre monde désespéré de Dick. Ainsi la scène du chirurgien qui se veut la plus dickienne du film est bien téléphonée. Les flics avec des réacteurs au cul sont ridicules. J'ai même noté une erreur de plan : lorsque John discute avec son chef, le plan qui le présente de face est à contre-jour (donc l'éclairage est derrière lui et devrait éclairer son interlocuteur) alors que le plan présentant son chef est dans l'obscurité ! Spielberg a appelé au secours Kubrick et Hitchcock pour ce film. Non, décidément ces deux-là ne méritaient pas ça !
Autres films (bien meilleurs) inspirés de l'œuvre de Philip Kindred Dick : *Blade Runner* de Ridley Scott (Dick a collaboré avec Ridley Scott pour ce chef-d'œuvre) (1981) – *Total Recall* de Paul Verhœven (1990) (Excellent !) – *Planète hurlante* de Christophe Gans (1995) (Très injustement méconnu !!!) – Et un film français tiré d'un roman *mainstream* de Dick :

*Confessions d'un Barjo* de Jérôme Boivin (1991) – *Impostor* de Gary Fleder (2001) – *Paycheck* de John Woo (2003) – Et enfin une série télé qui ne casse pas trois pattes à un canard : *Total Recall 2070* (plutôt inspirée de Blade Runner...) (1998 je crois)

**Undead** de Michael et Peter Spierig (2002). Les morts-vivants envahissent de nouveau notre écran : avant ce petit film excellent venu d'Australie, nous avions eu *28 jours plus tard*, et ensuite *L'armée des morts. .* (Voir liste de films à thèmes : « Morts-vivants ») Ce film est très bien avec un scénario bien ficelé et les thèmes classiques des morts-vivants et des extraterrestres tout à fait ironiques. Un hommage grinçant à tous les clichés du genre : ce sont toujours les beaufs qui sont les plus terrifiants ! Un petit régal... Un petit film australien qui reprend (volontairement) tous les clichés du genre pour à la fois s'en moquer gentiment et leur rendre hommage. Et à chaque fois également le cliché en question ne donne pas du tout ce qu'il donnait dans les films à qui celui-ci rend hommage... En ce qui concerne les extraterrestres, je ne vous dirai pas ce qu'ils viennent faire ici pour ne pas déflorer le sujet...

**Blade 2** de Guillermo del Toro (2002). La suite (voir ci-dessus). Les bagarres sont d'une précision et d'une vitesse inouïes, dignes de bagarres de vrais vampires. Le cinéaste mexicain nous ravit toujours avec son tournage très personnel, mais pas autant que d'habitude because faut faire des entrées... Ils ont quand même inventé un nouveau monstre, une nouvelle espèce de vampire, mélange des morts-vivants de Romero, de Nosferatu et du monstre de Predator. Vraiment terrifiants, mais c'est comme tout : on finit aussi par s'habituer.

**Arac Attack !** d'Ellory Elkayem (2002). Ah ! ces sales araignées. Pas mal foutues et bien reproduites. On reconnaît même les différentes espèces... Faut dire que Roland Emmerich et Dean Devlin, producteurs ont mis le paquet sur les effets spéciaux. Un film en hommage aux *Them !* et autres *Tarantula*... Attention ce n'est pas de l'ironie !

**Bloody Mallory** de Julien Magnat (2002). Un VRAI film de série Z. Oui, tourné comme tel. Pas mal du tout. Une anthologie des histoires fantastiques : le Necronomicon, l'exorciste, le village des damnés. On aperçoit les portraits de quelques grands écrivains de fantastiques dont les grands Lovecraft et Poe. Avec des tas d'hommages à Carpenter : *Vampires*, *Le Village des damnés* et surtout *L'antre de la folie*... Le transexuel me rappelle quelque chose, mais je ne sais plus quoi. Je parierais pour *Dobermann*...

**Men in Black 2** de Barry Sonnenfeld (2002). Sera-t-il aussi hilarant que le « un »? (Question posée le 22 juillet 2002 avant la sortie en

France…) Eh bien après l'avoir vu je peux dire : non ! On n'est plus surpris comme dans le premier, alors on s'amuse moins. Sonnenfeld a joué la sécurité.

**Jason X** de James Isaac (2002). Le masque à trous n'est pas mort, il revient dans l'espace où l'on n'entend pas crier… Un p'tit coup d'Alien pour réanimer un Jason vieillissant donne un résultat pas mauvais. Il fait désormais comme le cénobite plein d'aiguilles[9] : il sévit dans l'espace… Toujours aussi indestructible et tueur de "cons" !

**Dog soldiers** de Neil Marshall (2002). Excellent film de loups-garous ! Hommage à plein d'autres films de monstres : *La Nuit des morts-vivants,* mais surtout *Le Retour des morts-vivants, 1 et 3* !, formidablement bien tourné, plans serrés qui nous font toujours nous demander ce qu'il y a hors champ, montage très précis par le réalisateur lui-même. Très peu d'effets spéciaux, mais un effet gore et monstre efficace… Une scène de recollage des chairs avec de la colle Uhu assez unique ! Les militaires n'ont toujours pas la cote… Un vrai plaisir ce film !

**Le Règne du feu** de Rob Bowman (2002). Enfin un film sur les dragons qui n'est pas niais ! Ces dragons y sont ce qu'ils sont.

---

[9] Dans Hellraiser IV Bloodline…

Des monstres sans pitié pour l'espèce humaine. Enfin ! Une petite scène qui se moque de Star Wars et des effets spéciaux à couper le souffle. Pas mal ! Comme dit Ornella Mutti à propos de pâtes dans une pub... La salle de cinéma était pleine d'enfants, pourtant c'est un film très violent... Voilà le malentendu sur les dragons...

**Spider-man** de Sam Raimi (2002). Très agréable ce film. Les effets spéciaux sont superbes et évoquent volontairement la BD des « Comics » américains. Avec le romantisme qu'il faut, une belle nana et un amour impossible. Raimi filme toujours aussi bien et avec originalité et chante les louanges de la revanche du humble sur le méchant exploiteur. Un régal quoi. Jamais un film de Sam Raimi ne m'a déçu, mais presque toujours il m'a surpris.

**28 jours plus tard** de Danny Boyle (2003). Un petit remake du *Jour des morts-vivants* de Romero avec une fin plus optimiste... Survivre est le thème central du film. Pour survivre, il faut tuer. Le rythme est très lent, les plans sont très recherchés, fouillés, les couleurs à dominante rouge excitent le spectateur sans qu'il puisse résister. Film assez éprouvant, mais pas autant que la série des *Morts-vivants* de Romero.

**Terminator 3 : le soulèvement des machines** de Jonathan Mostow (2003). Cameron n'ayant pas voulu récidiver c'est Mostow qui a pris les manettes de ce Terminator 3. Ce film est surtout une transition pour T4 qui va nous montrer la guerre des machines... C'est bien joué, bien filmé, impressionnant et violent, mais sans plus. De nombreux enfants étaient dans la salle où je suis allé le voir... Les effets spéciaux sont excellents, Schwarzy toujours aussi ironique et les scènes excellemment filmées.

**Matrix Reloaded** de Larry et Andy Wachowski (2003). Une transition entre *Matrix* et *Revolutions* avec beaucoup de remplissage. Mais la photo de Bill Pope est toujours aussi sublime ! Mr Anderson (Neo) opte pour la soutane et se prend pour Superman. La fête de Sion est chiante, la conversation entre Neo et le conseiller ennuie, les combats n'étonnent plus, la conversation avec l'Oracle est pitoyable, la conversation avec Smith's n'en parlons pas (!), la conversation avec le Français est creuse... Et puis... il y a la course poursuite époustouflante, je répète époustouflante ! Mais même la conversation avec l'architecte est relativement inepte. Et pour finir, l'Élu fait un miracle, il ressuscite... Trinity (avec un nom pareil, ça ne m'étonne pas !).

**Matrix Revolutions** de Larry et Andy Wachowski (2003). Le scénario et particulièrement les dialogues de cette trilogie ***Matrix*** sont écrits comme un manuel d'alchimie. Les dialogues comprennent le verbe « savoir » conjugué à tous les temps et un nombre incalculable de fois. « Le Grand Œuvre est un moyen pour comprendre le monde » écrit Léon Gineste dans *L'alchimie expliquée par son langage.* Le langage est hermétique, exclusivement pour initiés, et le tour de force des frères Wachowski est d'avoir initié un nombre incalculable de spectateurs qui se sentent tous complices de ce Grand Œuvre... (Voir ma critique du premier volet plus haut en 1999...) Cette troisième partie nous offre une longue scène de guerre qui est un hommage aux films de guerre américains des années cinquante (guerre contre le Japon et guerre de Corée particulièrement).

**Daredevil** de Mark Steven Johnson (2003). Un autre super héros de comics, mais dans un film pas très réussi. Même en étant aveugle on peut faire régner la justice !

**Mimic 3 Sentinel** de J.T. Petty (2003)
Le $3^e$ épisode depuis le film originel de Guillermo del Toro (1997)
Un hommage à Hitchcock avec son film *Fenêtre sur cour* (1954).
Le jeune photographe reclus photographie ce qu'il se passe dans la rue et il voit un jeune dealer se faire tuer... Un « Judas » est dans le coin. « Judas » c'est comme ça qu'ils appellent les cafards géants... Mais ce qu'il a vu avec sa petite sœur, c'est plutôt ombre et lumière...

Un petit junkie, un flic con, une mère à côté de la plaque et une jolie voisine : un film très très noir.
« Cette ville est un véritable abattoir ! »
Lance Herriksen joue un rôle important bien qu'on ne le voie pas longtemps. À lui tout seul, il fait monter la valeur du film.
Superbe film tourné à Budapest.

**Hulk** de Ang Lee (2003) est un chef-d'œuvre shakespearien, une vraie histoire de science-fiction et d'horreur, magistralement filmée et jouée. Le metteur en scène présente une mise en page BD sans en abuser, avec plusieurs vignettes à l'écran permettant de voir plusieurs événements à la fois ou plusieurs angles de vue, des changements de cadre et même un plan fixe sur les yeux du père de Bruce. Une dramaturgie oedipienne à la Romeo et Juliette se mêle au mythe de la Belle et la Bête. Superbe !
Ce film est tiré d'une BD de chez Marvel. La télévision a déjà utilisé le personnage dans une série et plusieurs films.

**Spider-man 2** de Sam Raimi (2004), Toujours les thèmes de la solitude du héros, de la culpabilité qui engendre l'héroîsme et l'amour impossible. Et ça marche très bien dans le plus fabuleux décor gothique du monde : Manhattan ! Bravo Sam Raimi !

**Mysterious Skin** de Gregg Araki (2004)

Ce film traite de la pédophilie et de l'homosexualité avec un art de la caméra dite "subjective", et un art du cinéaste qui a su montrer l'horreur sans aucunement porter un jugement moral et sans utiliser le sexe comme moyen d'attirer le regard.

Il y est question d'extraterrestres, car un jeune homme pense avoir été enlevé par des extraterrestres ce qui expliquerait ses malaises qu'il a commencé à prendre alors qu'à l'âge de huit ans il a été retrouvé dans sa cave inconscient et saignant du nez.

Ses rêves associent un autre jeune garçon, Neil, qu'il tente de retrouver et qu'il retrouvera et alors il saura de quelle horreur connue dans son enfance viennent ses malaises et ses problèmes sexuels... Il s'agit bien là d'un film d'horreur, mais à l'esthétique puissante et dont les scènes de sexe sont plus rebutantes qu'attirantes. Une vision très noire du plaisir de la chair.

C'est un film proprement stupéfiant et qu'on n'oublie pas de sitôt...

Araki utilise ici la métaphore de l'extraterrestre pour indiquer quelque chose d'étranger à soi, mais qui nous "visite" régulièrement. L'extraterrestre représente la partie honteuse de nous-mêmes, de notre enfance et de notre adolescence. Araki avait fait le même usage de l'ET dans son film **Nowhere** (1997)... L'absolu contraire du bêtifiant ET de Spielberg.

**La Guerre des mondes** de Steven Spielberg (2004) n'a aucun intérêt. On s'y ennuie ferme. Spielberg enfourche son combat habituel : travail (son héros est docker) famille (grâce aux extraterrestres il redevient le père de ses enfants) et patrie (les USA sont quand même les meilleurs...) Ce film n'apporte rien de nouveau. Les tripodes sont assez réussis. Le train en feu qui défile devant un passage à niveau est un clin d'œil à Mars Attacks !
Mais cela valait-il vraiment l'investissement réalisé ? Spielberg avait-il besoin d'argent ?

**Alien Vs Predator** de Paul Anderson (2004), superbe! On ne s'ennuie pas une minute. Des décors fantastiques, des acteurs à la hauteur servent un scénario très habile qui mêle de la nouveauté et un respect de la "tradition" des deux créatures allant jusqu'à reprendre quelques idées des opus précédents. Un petit hommage au début au "Frankenstein" de James Wahle dont on voit une scène sur l'écran de la télé que regarde un technicien dans une scène du début. Et puis la première scène est stupéfiante (tant pis pour les spectateurs qui discutent au début sans regarder le film), car elle montre un certain angle de vue d'un objet dans l'espace qui représente la reine des aliens et quand l'objet passe devant la caméra il ne s'agit que d'un satellite. Cette illusion due à la magie du cinéma a toute son importance pour la suite... Le film est trop court...

**Van Helsing** de Stephen Sommers (2004). Excellent film de divertissement. Stephen Sommers a réussi un tour de force avec ce scénario : il reprend tous les grands personnages fondateurs du fantastique moderne et les rassemble dans une seule et même aventure. Une fois fait cela semble aller de soi, mais là je vous assure que c'est très difficile. Le Dr Jekyll (au début seulement... avec donc un hommage à la *Ligue des gentlemen extraordinaires*), Frankenstein, Dracula, le loup-garou.! Il y a aussi de nombreux hommages à d'autres personnages de films plus récents : évidemment Indiana Jones avec l'incroyable scène de la diligence et d'autres choses encore, le Dracula de Coppola avec la rivière au fond du gouffre, et puis même une réplique d'Anna à la fin qui est un hommage flamboyant au film de Sergio Leone *Le Bon, la Brute et le Truand*, les scènes de chevauchées dans la forêt tirées des films de La Hammer et *Aliens* (la scène avec Anna et le loup-garou dans le château et les "œufs" de vampires). Il y a aussi James Bond (la scène dans le labo avec les gadgets) et *Vampires* de Carpenter avec le rôle de l'Église dans l'intrigue. Le prologue en noir et blanc qui rend hommage au *Frankenstein* de James Whale est superbe. Quelques petites scènes qui renvoient au "Nosferatu" de Murnau (tâchez de les découvrir...), au *Bal des vampires* de Polanski (d'ailleurs Dracula ressemble étrangement à Polanski...), et puis sans savoir exactement quoi, bien des choses me font penser au

*Masque du démon* de Mario Bava. Enfin bref, je n'ai jamais vu un film qui rassemble autant de références cinématographiques, bien plus que celles de l'Universal... Alors ce film est une pépite pour le grand public et aussi pour le cinéphile. Le générique de fin à lui seul est un chef-d'œuvre...

Les effets spéciaux sont superbes et les trois fiancées de Dracula aussi ! D'ailleurs voici ce qu'en dit Stephen Sommers interviewé par Marc Sessego dans Sfmag N° 43 : « *Le problème est qu'il y a très peu de jeunes femmes à la plastique superbe sachant jouer. On (*avec Coppola NDLR*) a vraiment cherché partout, et je suis tombé sur cette cassette d'Elena Anaya et j'ai été tellement impressionné que je me suis dit : c'est elle qu'il me faut.* » Les décors sont somptueux, très suggestifs et très vraisemblables ; la photo est également très belle.

*Il y a eu une série de films sur le thème des mutants, sortis en DVD au début des années 2000 : **MorphMan** de Tim Cox (la nourriture des bovins crée une mutation chez leur parasite : la douve du foie !) – **SharkMan** de Michael Oblowitz avec l'incroyable Jeffrey Combs dans ce qu'il sait le mieux faire : le savant fou impitoyable... - **PredatorMan**, de Tim Cox, une petite resucée d'Aliens 2 – **SkeletonMan** de Johnny Martin – **SnakeMan**... ne sont pas vraiment terribles ! Et ce **MosquitoMan** que j'ai chroniqué au moment de sa sortie et qui a été publié dans mon livre Cinéma fantastique*

*et de SF – Essais et données pour une histoire du cinéma fantastique 1895-2015.*
*Ces films ont tous été tournés en Bulgarie. Ils sont produits par NU IMAGE*
*Voici la chronique de ces films qui vont de la série Z à la série B.*

*Voici donc, d'abord, ma chronique datant de 2006.*
**MosquitoMan** de Tibor Takacs (2004)
Ah ! Voilà ce bon vieux Tibor Takacs de retour. Celui de *The Gate (La Fissure) 1 et 2*, qui a fait ses armes dans la série *Au-delà du réel*… Il est parti en Bulgarie pour la post production de ce film et pour recruter quelques acteurs. Le film est passé au festival de Gérardmer. Ce film n'est pas sorti en salles.
Une maladie virale sème la mort dans le monde. Elle est transmise par les moustiques. Un labo réalise une mutation chez les moustiques pour remplacer les moustiques infestés par les moustiques mutants non infestés (eux !)
Un prisonnier condamné à mort sur lequel on devait faire quelques expériences s'échappe c'est la fusillade et dans le feu de l'action il subit des radiations et une substance chimique le macule. Vous l'avez deviné : il va se transformer en moustique. (Et la belle chercheuse l'a cherché, car cela lui pend au nez aussi…) Ne dites pas que c'est bête on nous l'avait déjà fait en deux remakes avec *La Mouche* !
Les flics savent pas tirer (il y en a même un qui se tire une balle dans le pied…) La pre-

mière victime du moustique géant est vraiment bête elle est paralysée par la terreur et ne s'enfuit même pas...
Bon ! vous allez dire que je descends ce film ? Si c'est le cas, je m'arrête, parce que j'adore ce film ! J'ai toujours aimé ce que fait mon ami Tibor même si ce ne sont pas des chefs-d'œuvre. À regarder celui-là, on passe un bon moment avec la belle et la bête ! Pas prétentieux pour un sou le Tibor : un vrai divertissement...
*Et voici ma chronique de ce même film rédigée en 2018 après l'avoir revu.*

**MosquitoMan** de Tibor Takacs (2004)
Les moustiques transportent un virus mortel.
Des milliers de gens meurent. Il faut trouver la parade. Ils font une recherche pour fabriquer un moustique mutant non porteur...
Ah ! Ces manipulations génétiques ! Ils utilisent l'irradiation. Les chercheuses sont de superbes filles. La police amène un dangereux criminel comme cobaye. Suspense : il tripote secrètement un bout de fil de fer pour ouvrir ses menottes.
Bon... il s'évade dans le labo... Les flics sont très mauvais tireurs (comment est-ce possible ?) et le prisonnier en tenue orange prend en otage une des deux jolies filles.
Les policiers toujours aussi balourds démolissent le labo avec leurs tirs à tort et à travers et cela occasionne des effluves radioactifs auxquelles sont soumis le fuyard et la jolie scientifique. Il s'enfuit par les égouts

Trop fort : il mute immédiatement (ne perdons pas de temps) en moustique géant. La transformation commence par le bras comme dans *Le Monstre de Val Gues--t (1955)*. Il se réfugie chez sa copine où il finit de se transformer. Il tue la jeune fille et s'en repaît.

Le moustique géant suit le policier et sa copine qui est la belle scientifique survivante du labo. Cette dernière, en se regardant dans la glace dans sa salle de bain, s'inquiète de certaines choses en se regardant dans la glace.

Le moustique géant suit la fille qui se transforme aussi. Il déguste le très désagréable directeur du centre de recherches. Il est sympa ce moustique gant il tue les gens méchants, inintéressants, cupides... C'est un peu le principe de base des films d'horreur.

Les policiers ignorant l'existence du monstre sont surpris par la manière dont sont mortes ses victimes. Quel massacre !

« Se nourrir et s'accoupler : c'est pour ça qu'il me cherche », déclare la jolie fille qui se transforme...

Pas mal ce film de série B.

**Making Of**

« C'est de l'humour noir », déclare Tibor Kakacs.

« Tourné à Sofia de manière à ce qu'on croie que c'est une ville américaine », explique la monteuse.

J'aime bien ces making of de films de séries B qui ne se prennent pas au sérieux, ils dévoilent tous leurs trucages souvent de bric et de broc.

« Les personnages sont proches de la caricature. On rend ainsi hommage aux vieux films d'horreur. Avec un film comme ça on a fait un clin d'œil au public. Mais on lui donne aussi les frissons qu'il attend d'un film d'horreur. » Déclare Tibor Takacs.
« J'aime les éclairages. C'est l'un de mes films qui a la plus belle image ».
C'est vrai !

**PredatorMan** de Tim Cox (2003)
Il y a très longtemps, une météorite est tombée sur la Terre. Elle abrite une pierre dans ses entrailles : l'étoile du matin. C'était l'arme suprême. Mais la pierre disparut.
Des archéologues l'ont retrouvée ! Ah ! Ces archéologues qui exhument des horreurs oubliées !
Il s'agit de l'Arche des ténèbres : à l'intérieur la pierre !
Nous, les humains sommes au sommet de la chaîne alimentaire depuis 40 000 ans. Désormais c'est terminé !
Cette créature est féroce, vorace et potentiellement invulnérable.
C'est d'ailleurs une imitation de Predator.
Donc des gens intéressés veulent l'utiliser comme une arme. Mais...
Le monstre s'échappe dans la base où il est étudié et produit.
L'histoire est donc un mélange d'Alien et de Predator, et aussi de The Thing : avec tous les ingrédients, le monstre terrifiant, l'endroit clos duquel on ne peut pas s'échapper (ce qui est

valable aussi pour Predator, car les personnages sont coincés dans la jungle...)
Un commando est envoyé pour « nettoyer » le centre de recherches. Plus rien ne doit rester.
Le commando est commandé par une femme.
Le film est assez long à démarrer. Les dialogues sont très convenus. Il y a deux survivants quand le commando arrive. Il y a évidemment le savant fou (joué par John Savage) et les contradictions internes au commando qui vont s'avérer mortelles.
La bête a fait des milliers de petits.
Bataille finale entre la Belle et la Bête !

**SkeletonMan** de Johnny Martin (2004)
J'ai regardé la version anglaise.
Un squelette, à cheval, vêtu d'un vaste manteau noir à capuche sème la terreur parmi un commando chargé de l'éliminer. Un film complètement mal foutu. Mal monté. On se demande parfois ce que certains plans viennent faire dans l'histoire. Les lieux changent soudain brutalement, etc. Il y a de quoi rire ! Vu la carrière du réalisateur, j'imagine que le tournage et le financement de ce film ont dû rencontrer beaucoup de problèmes.
En prologue le SkeletonMan est apparu dans le laboratoire d'un archéologue qu'il a sauvagement exécuté. Soudain SkeletonMan sévit aussi dans une base militaire.
Il y a du monde au départ dans le commando. Un bon gisement de futures victimes. Avec des très jolies filles qui n'ont pas froid aux yeux.

Les mises à mort sont faciles. Parfois assez éprouvantes.
On passe brutalement sur une autre scène : dans un camp indien, un sorcier tue beaucoup de monde et endosse la cape noire à capuche avant d'être lui-même tué.
La boussole s'affole et le commando a repéré SkeletonMan et s'apprête à l'assaut. Mais ça va encore durer longtemps.
La forêt est épaisse. Lors d'une scène, on voit flotter des « cotons » de peupliers ce qui suggère une forêt fluviale. Ce ne sera plus le cas ensuite. Donc les tournages ont dû avoir lieu dans des endroits différents. En sachant que tous les films de cette série ont été tournés en Bulgarie.
L'intrigue tourne en rond. Parfois la caméra est subjective : le ,spectateur voit ce que SkeletonMan voit.
Soudain, un des soldats se trouve en milieu plus urbain, vole un camion-citerne (pour quoi faire ?) et SkeletonMan crée un accident. Je n'ai pas compté les morts, mais à 45 minutes de film, il y en a beaucoup.
C'est sans doute pourquoi ils ont ajouté deux autres personnages vite exécutés : des braconniers.
Ah voilà un hélicoptère civil. Mais SkeletonMan a un arc et tue les chasseurs présents dans l'hélicoptère et échappe à ses assaillants. Et... d'un coup de flèche il abat l'hélicoptère ! Nooon ? Siii ! Un blessé grave est soigné. Souvenirs de guerre.

Skeleton chevauche et les soldats tirent sur lui des milliers de balles sans aucun effet.

C'est dur la progression dans cette nature hostile... Le chef du commando découvre le cadavre d'un de ses hommes. Je crois comprendre que c'est le voleur de camion.

Mitraillage, mitraillage, chevauchée de SkeletonMan. On s'ennuie.

Ils ne sont plus que deux : le chef et la blonde. Le paysage et le climat ont changé ! La végétation aussi. Duel entre SkeletonMan et la blonde guerrière. Ils insèrent un plan qui montre un aigle en gros plan qui plane... Ils ont posé des mines qui explosent, mais SkeletonMan est invulnérable.

Un établissement industriel. SkeletonMan y pénètre. Il tue un pauvre ouvrier et continue de massacrer. SkeletonMan fait sauter des parties de l'usine. Le chef du commando récupère la blonde blessée. Il ne reste plus que lui !

La police arrive en force. Mais le chef dit que c'est l'affaire de l'armée des États-Unis d'Amérique ! C'est donc son affaire ! Il demande une arme et pénètre seul dans l'usine dont le sol est jonché de cadavres. SkeletonMan a toujours le dessus, mais le militaire US lui prépare un gros piège avec explosion gigantesque qui aura raison de lui.

**MorphMan** de Tim Cox (2004)
Deux jeunes ados parient qu'ils vont faire tomber un bœuf en échange d'un striptease de leurs deux copines. Mais le bovin semble

« habité » par de mystérieux bruits écœurants. Il en sort une bestiole dégoûtante.

Puis on nous montre un jeune vétérinaire qui s'installe. Il rend visite à un éleveur dont les bêtes sont malades. La plupart des fermiers élèvent leurs bêtes avec de la nourriture fournie par l'entreprise qui leur achète les animaux. Eli Rudkus, le véto fait un prélèvement d'excrément de la vache et constate la présence de parasites. Alors qu'il est retourné chez lui, il étudie les bestioles en question, casse un verre et se coupe légèrement. Une goutte de sang tombe sur la table... Une des bestioles s'approche en se tortillant et absorbe la goutte se sang.

Il appelle le service hygiène et leur dit : « Ça ressemble à une douve du foie sans se comporter pareil. J'avais jamais rien vu de semblable. »

On avait vu une vieille dame avec son chien. On la revoit appelant son chien pour le nourrir. Mais il ne vient pas... Il est mort, dévoré de l'intérieur. Soudain, un froissement d'ailes et un animal volant attaque la dame. C'est la nuit.

Il y a un gigantesque barbecue et le réalisateur insiste avec des gros plans de gens qui mangent de la viande. Et filme une bestiole qui se balade sur les steaks hachés.

Un nouveau personnage apparaît : l'avocate de l'entreprise qui fournit la nourriture pour les vaches. Une belle blonde arrogante. Mais ce personnage est juste présent pour le décor.

Autre scène : un type tombe à l'eau et se noie. Au bord de l'eau, il y a un cadavre d'animal duquel sortent des bestioles. Eli l'a vu et craint que la personne qui a failli se noyer soit infectée.
À l'hôpital un homme infecté se présente. Le film montre comment ça se passe à l'intérieur du corps du malade.
Eli, le véto, prend conscience que les parasites proviennent de la nourriture fournie par l'entreprise. Le service vétérinaire 'appelle Eli pour lui dire que l'échantillon de la bestiole qu'il a envoyé était inconnu : cette espèce n'est pas référencée !
Eli organise une réunion d'éleveurs pour leur demander de mettre leurs animaux en quarantaine. Et de ne plus utiliser la nourriture fournie par l'entreprise. Évidemment cela n'est pas accepté par les éleveurs. Le vétérinaire a trouvé un allié en la personne d'un éleveur qui l'appelle pour qu'il consulte une bête malade. Il la trouve éventrée avec un monstre qui lui sort du ventre... Ce « machin » a de grandes ailes de chauve-souris, c'est un vertébré qui dévore tout le monde.
À l'hôpital c'est un malade qui subit le même sort : un monstre lui sort du ventre ! De nombreux cas se multiplient.
Le patron de l'entreprise HTM qui fournit la nourriture aux animaux met Eli en accusation et demande au shérif de l'arrêter.
Le trio véto, éleveur et l'avocate qui a fini par prendre parti pour les éleveurs s'organise dans la guerre aux MorphMen... Il y a beau-

coup de victimes, la terreur se répand. Le petit garçon du patron est dévoré par un monstre et le patron voit les choses autrement. Mais trop tard. Un policier « accouche » d'un monstre au poste de police et le shérif prend conscience du problème. Il rejoint le trio.
Les quatre mousquetaires auront raison de l'épidémie de monstres...
**Making Of**
Histoire inspirée de la maladie de la vache folle.
La mutation génétique mute les parasites de la vache, mais pas la vache.
C'est un hommage aux films des années 70.
Quelques vues du story-board. Utilisation des effets spéciaux numériques.
Tim Cox : « C'est un hommage et pas une parodie. (...) Il ne faut pas être trop sérieux, mais rester sincère... »

**SnakeMan** d'Allan A. goldstein (2004)
Sous-titre : le prédateur.
Prologue : lors d'une expédition dans la jungle, il est découvert des sculptures. Apparition d'une monstruosité, pas visible, manifestée par le son et une caméra subjective. Vu les dégâts causés aux victimes, cette entité doit être très grande.
Des gens extraient une « espèce de sarcophage » de la rivière. Un « docteur « appelé dit en regardant : « je n'ai jamais rien vu de pareil. » Un Indien grimé, caché, regarde la scène. IIIl a le regard inquiet.

Le docteur demande aux gens d'ouvrir le sarcophage. Les Indiens cachés qui observent la scène bandent leur arc.
Le sarcophage contient un corps en décomposition. Un cri profond et bestial retentit dans la jungle.
New York : un conférencier présente la découverte faite par une importante firme pharmaceutique.Il présente le sarcophage et son contenu : « l'homme de l'Amazonie ».
Voici le docteur Rick Gordon et la doctoresse Susan Anters.
Après analyses, ils ont découvert que l'homme de l'Amazonie avait plus de 300 ans au moment de sa mort !
Il existerait une tribu qui descend de cet homme. Elle vit dans la jungle du Brésil. Une équipe est constituée pour aller chercher cette tribu et étudier son ADN.
Nous voici donc dans la jungle (c'est tourné en Bulgarie, rappelons-le...) : un homme est blessé par une flèche et étouffé par un serpent géant. L'hélicoptère est frappé par un éclair et tombe dans la jungle sous une pluie battante. Une autre équipe est attaquée par un serpent géant. Les membres de l'équipe de l'hélicoptère sont menacés par les Indiens. Mais le pilote calme le jeu et les Indiens vont montrer le chemin.
Une scène avec une énorme araignée et un intermède avec un serpent géant qui croque un singe.
Différentes attaques du serpent géant à plusieurs têtes. Susan est enlevée par les Indiens

et emmenée à leur village. Les survivants rencontrent un homme qu'ils croyaient mort, mais qui semble s'être adapté aux us et coutumes des gens du coin.

Susan promet au chef de tribu de faire revenir Covab (l'homme de l'Amazonie sorti de la rivière) elle joint son patron à New York par radio. Il lui promet de l'envoyer.

Après bien des pérégrinations, il est dit que le « don » de longévité ne doit pas quitter la tribu.

Mais, au lieu de Covab, le patron envoie un commando armé jusqu'aux dents.

Les deux autres survivants s'évadent, mais l'un est dévoré par le serpent, l'autre s'enfuit. Le chef de tribu emmène Susan dans la caverne de Nagra et l'eau de longue vie. Le serpent apparaît avec plusieurs têtes. Susan doit offrir l'eau de longue vie à Nagra.

Le commando arrive en hélicoptère et doit affronter le serpent géant à plusieurs têtes. Ils seront tous tués.

Le méchant se fera écarteler par quatre des têtes du serpent. Le secret de longue vie sera bien gardé.

**SharkMan** de Michael O Blowitz (2004) Avec Jeffrey Combs dans le rôle du docteur de l'horreur. On ne peut pas faire mieux.
(Voir également ci-dessus la chronique du film *Peur Bleue,* sur un requin mutant)
Un jeune couple plonge d'un bateau et se fait dévorer par un requin...
Un requin ???

Le docteur King joué par Jeffrey Combs porte une belle moustache.
Il dirige un laboratoire terrifiant qui soumet des êtres humains à de terribles expériences.
Ailleurs, il est beaucoup question d'argent dans de vastes bureaux avec une jolie biologiste.
Le docteur King a mis au point de drôles de manipulations génétiques dans son île paradisiaque. Cela ne manque pas de me faire penser à *l'île du docteur Moreau* (voir les films en annexe).
Il a créé un métis de requin marteau et d'être humain. Nous saurons plus tard que l'humain était son propre fils condamné par le cancer. On sait (moi je ne le savais pas) que les requins n'ont jamais le cancer. D'où le choix du requin marteau, avec en plus selon King, la vue, la férocité et le phénoménal pouvoir de guérison.
King/Frankenstein tient son journal.
Tous les cobayes humains sont des femmes, car King veut créer la possibilité de procréer les requins/hommes par gestation dans le ventre des femmes... Il est très cruel avec ses cobayes : il ne se préoccupe pas de dépenser de l'anesthésiant et opère une césarienne à vif sur l'une d'elles alors que le bébé n'est pas viable. Ce qui me fait inévitablement penser au film *Le Monstre est vivant* et son remake et ses suites...
Le docteur King a invité ses financeurs à visiter ses installations.

Or il est très dangereux de se baigner dans ces eaux paradisiaques.
SharkMan est amphibie, il sévit aussi sur Terre.
Jeffrey Combs n'est pas très convaincant. Alors c'est peu dire du reste...
On apprend que l'azote serait la solution contre le monstre. Ne me demandez pas pourquoi, moi qui suis chimiste, car je ne sais pas.
« Personne ne contrôle cette chose », se plaint un des sbires de King. On note que, comme toujours dans ces films de série B ou Z, les sbires sont de très mauvais tireurs...
Les massacres se poursuivent et des militaires débarquent d'un hélicoptère. Mais ils sont aussi incapables que les autres. Il y a beaucoup d'action. Le héros est un peu trop grassouillet et à trois ils ont raison d'une armée entière avec les armes volées à l'ennemi. Le scénariste ne se foule pas trop.
Dr King est évidemment indestructible.
Le grassouillet s'en est sorti : va-t-il sauver la fille, la belle brune biologiste dont Paul, le fils de King fut amoureux ?
King déclare : « Maintenant je vais faire évoluer l'espèce humaine ! »
Parce qu'il a l'idée de féconder la fille dont SharkMan est toujours amoureux !
La créature se révolte contre son créateur (Voir *Frankenstein*), bien sûr...
**Making Of**

« Mon nom est Michael O Blowitz et d'ici la fin du tournage on m'appellera *Ed Wood Junior* ! » (Voir annexes)
Le film a été tourné en Bulgarie alors que la température extérieure était de 5 °C et que l'intrigue se déroule en milieu tropical !
Une interview de Jeffrey Combs...
Superbe making of !

*Voici d'autres films de requins que j'ai rassemblés ici en ne respectant pas la chronologie. Je cite pour mémoire la série de films sur les requins : les* **Sharkanado**.

J'en ai vu un, le voici !
**Sharknado 3** d'Anthony C. Ferrante (2015)
C'est le troisième opus. Je n'ai pas vu les deux autres.
Encore un film SyFy amusant puisqu'on y assiste à des attaques aériennes de requins apportés par une torrade géante ! Difficile de leur échapper.
Un vrai délire. Désopilant. Trop bien grotesque !
Washington est pratiquement détruit ! Tout est démoli : Maison-Blanche, Capitole, etc.
Et les chasseurs de tornades de requins chassent. L'un utilise la tronçonneuse. C'est très gore.
Enfin c'est vraiment le grand guignol avec un chasseur bombardier et la navette spatiale.
Ils n'ont peur de rien les scénaristes ! Tant mieux...

*Et aussi :*
**Sharktopus Vs Pteracuda** de Kevin O'Neil (2014)
La musique du générique nous fait déjà sourire : elle est ironiquement dramatique.
Le démarrage du film est superbe : la pêche au gros avec une belle jeune fille comme appât au bout de l'élastique. En fait ce n'est pas de la pêche puisqu'elle fait du saut à l'élastique et se fait gober par un monstrueux "poisson" quand elle arrive au-dessus de l'eau.
C'est que des monstres sont lâchés dans la nature suite au dysfonctionnement d'un labo clandestin. Un hybride de requin et de pieuvre et un hybride de requin et de ptérodactyle. Sont forts, hein ?
Le sel des océans est fait des larmes des morts : pieuvres, requins y sévissent.
Mais le spectateur est rassuré, ce ne sont que les beaufs et les cons qui se font bouffer. Enfin pas tous.
On finit par s'ennuyer avec des scènes répétitives. Pourquoi n'ont-ils pas appelé l'armée ?

*Il y a aussi un requin dans le prologue du film,*
**L'enfer des zombies** de Lucio Fulci (1979). Sorti la même année que le *Zombie* de George Romero, ce film avec son titre original de *Zombi 2* veut se présenter comme sa suite... D'ailleurs, Fulci – le maître italien de l'horreur – réalisera *Zombi III* ... Le prologue du film est le même que celui de *Zombie* : quelqu'un tire une balle dans la tête d'un cadavre ficelé

dans son drap mortuaire et qui semble reprendre vie. Puis, on voit plusieurs plans qui rappellent ceux du *Nosferatu* de Murnau : un voilier sans équipage s'approche d'un port. Ici, c'est New York. D'ailleurs, le scénario ressemble à celui de *Nosferatu* : avec ce voilier arrive une terrible épidémie... Le plaisir de la chair est poussé à son comble par la consommation des êtres vivants par les morts. Le monstre (qu'on ne voit pas, mais le cinéaste nous fait entrevoir au loin des silhouettes titubantes...) est derrière la porte. Et il y a même un mort-vivant sous-marin qui mange un requin vivant ! Une scène unique dans les films de ce genre... La dernière scène (les morts-vivants sur le pont de Brooklyn) annonce le film de Romero, et surtout, le dernier de la trilogie du réalisateur américain : *Le Jour des morts-vivants* (1985 – voir ci-dessous) et surtout *Zombi 3* de Fulci. *L'Enfer des zombies* passé à la télé a été amputé de quelques scènes certainement jugées trop gores (si mes souvenirs sont bons...) Les maquillages sont loin de valoir ceux de Tom Savini... mais le film est excellent ! Contrairement aux films de Romero qui suscitent une réflexion métaphysique sur l'avenir de l'espèce humaine, ceux de Fulci traitent notre chère humanité en dérision avec le style du Grand-Guignol...

**Blade Trinity** de David Goyer (2004), le réalisateur fut scénariste des deux premiers *Blade* et il faut bien le dire ce type a beaucoup d'imagination. Dans ce troisième opus bien réussi, on jubile devant ces combats filmés avec une musique qui vous donne envie de participer au ballet. Les acteurs sont excellents particulièrement les vampires très bien interprétés surtout par la jolie brune qui porte très bien la dentition vampire et compose une démarche plus que féline.

**Resident evil : apocalypse** d'Alexander Witt (2004), deux très belles filles, une blonde et une brune (Milla Jovovich, Sienna Guillory) sacrément efficaces contre les morts-vivants et divers monstres, une action bien menée et des effets spéciaux superbes. Que demander de mieux ? Et un respect absolu du jeu vidéo dans le scénario. Quel plaisir ! Ce film est produit par Paul Anderson, le réalisateur du premier opus.

**Godsend, expérience interdite** de Nick Hamm (2004). Le thème de l'enfant mort qu'on veut ressusciter à tout prix a été traité par Stephen King dans son roman *Simetierre* et les deux films homonymes qui lui ont été consacrés. Ici, le scénariste utilise ce thème en l'adaptant au mythe de Frankenstein : comment créer du vivant avec du mort. D'ailleurs le choix de Robert De Niro pour jouer le rôle de l'équivalent du docteur Frankenstein fait évidemment penser au film *Frankenstein* de Kenneth Branagh puisque l'acteur y jouait le rôle du monstre!
Enfin, si le thème combiné ainsi est prometteur, ce n'est pas le cas du film qui est un peu

ennuyeux et dont la fin est bâclée, si ce n'est qu'on peut aussi lui reprocher d'avoir modéré l'horreur que l'histoire aurait pu développer... Ce mélange de *Frankenstein* et de *Halloween* a un peu raté son objectif.

**Le Fils de Chucky** de Don Mancini (2004). Bof ! Voilà encore un film qui compile les scènes d'autres films sans trop les référencer. Si on ne repère pas ce procédé, il est évident que ce film produit chez le spectateur amateur une jubilation gore. Il commence par Halloween, se poursuit par Psychose et Elephant Man... Il y a d'ailleurs plusieurs scènes de films de David Lynch : Lost Highway et Mullholland Drive. Mais on retrouve aussi Du Sang pour Dracula (le démembrement de Chucky) et Chair pour Frankenstein (la recherche d'un corps), sans compter la scène dans le studio avec les bidons de faux sang, les statues des monstres et la vraie décapitation... Enfin, comment ne pas penser à Shining avec la hache qui casse la porte ? Et puis il y a aussi Scream, Le Père Noël est une ordure, La Main qui tue... Je n'ai pas tout repéré, car souvent je me suis ennuyé...
Les épisodes précédents : Chucky : Jeu d'enfant (1988) de Tom Holland – Chucky la poupée de sang 2 (1990) de John Lafia – Chucky 3 (1991) de Jack Bender – La Fiancée de Chucky de Ronny Yu (1998)....
Seul le film de Ronny Yu mérite vraiment le déplacement.

**Godzilla - Final wars** de Ryunei Kitamura (2004), avec la mite géante Mothra, notre monstre cracheur de flammes est appelé à la rescousse pour lutter contre des envahisseurs. Pour les nostalgiques seulement.

**Alone in the Dark** d'Uwe Boll (2004)
Uwe Boll avait déjà réalisé un autre film adapté d'un jeu : *House of the Dead*, qui n'était pas non plus un si mauvais film que cela...
Vous avez deviné qu'on peut dire la même chose d'*Alone in the Dark...* Ce film a bien sûr de gros défauts : les acteurs ne sont pas très bons, les dialogues sont niais, mais les scènes de combats contre les monstres et les monstres eux-mêmes sont excellents. L'ambiance lovecraftienne est très bien rendue, à partir de la nouvelle *L'horreur dans le musée*, écrite par Hazel Heald et révisée par Lovecraft en 1933. Il faut dire qu'avec un très faible budget les effets spéciaux sont excellents. Ce film traite d'un tas de sujets lovecraftiens : le monde d'ailleurs qui est plein de monstres (il ne faut pas ouvrir la porte...), les hybrides monstres-humains, les expériences sur les enfants pour créer ici les monstres de là-bas, etc.
Les bonus du DVD sont stupéfiants. On nous explique les effets spéciaux réalisés avec les moyens du bord et surtout on nous offre six vidéo-clips de Heavy Metal, avec le sublime *Wish i Had an Angel*, soit 23 minutes de cette musique si violente, mais si belle.

**Boogeyman la porte des cauchemars** de Stephen T. Kay (2004)
Il n'est pas mal ce film. Une histoire de terreur nocturne, mais centrée sur le "boogeyman", en français le croquemitaine : le monstre qui se cache sous votre lit ou celui des enfants.
Ce n'est pas un film d'horreur, mais un film de terreur qui joue sur le son (beaucoup) et aussi sur les plans et les scènes et surtout sur la superbe photographie. Bravo le directeur de la photo.
Les scénaristes ont rendu un hommage appuyé à Stephen King, le spécialiste de tous les croquemitaines, et celui qui explique bien dans son livre *Anatomie de l'horreur*, que la terreur vient de ce qu'on craint ce qui est derrière la porte et qu'il faut l'ouvrir cette porte pour VOIR LE MONSTRE....
Ce film est le deuxième de la maison de production de Sam Raimi : Ghost House Pictures après *The Grudge*.

**Creep** de Christopher Smith (2004). Oui, les Britanniques sont en train de sauver le film d'horreur ! Ce film est terrifiant. Il semble vaguement inspiré de la nouvelle de Clive Barker "Le Train". Un monstre sanguinaire qui sévit dans le métro londonien traque une belle jeune fille.
Ces films d'horreurs trouvées dans les profondeurs, et particulièrement celui-ci, sont une allégorie assez claire : plus vous allez au fond de l'âme humaine et plus vous y trouverez de l'horreur.

Le générique est plein de couleurs jaune et rouge sang !

Le film commence d'ailleurs par une scène saisissante dans les tripes de la ville: les égouts. Puis on passe sans transition à une réception chic de l'élite londonienne. Et là les yeux du spectateur sont irrémédiablement attirés par une belle blonde habillée d'une jolie robe jaune... Le « giallo » des films d'horreur italiens...

Les plans rapprochés alternent avec des plans éloignés et des scènes d'action (en général de fuite dans les couloirs), les travellings avant pèsent lourd de signification. Les escaliers roulants qui permettent d'atteindre les profondeurs des entrailles de la ville sont somptueusement filmés. La scène de l'ongle cassé est très suggestive : elle permet au spectateur d'atteindre la conscience de la douleur des victimes.

Quelques images et une scène montrant le monstre regardant des fœtus dans un bocal permettent d'envisager une explication rationnelle, mais laquelle ?

La fin est à contre-courant de toutes les fins de films d'horreur...

Un petit chef-d'œuvre. Peut-être même un grand ?

**Spider-man 2** de Sam Raimi (2004), Toujours les thèmes de la solitude du héros, de la culpabilité qui engendre l'héroîsme et l'amour impossible. Et ça marche très bien dans le plus fabuleux décor gothique du monde : Manhattan ! Bravo Sam Raimi !

**Hellboy** de Guillermo del Toro (2004). Je me suis précipité pour aller voir ce film et j'en suis sorti un peu ennuyé. Guillermo del Toro est un grand réalisateur, ce film est très bon, mais l'histoire n'apporte rien de neuf. C'est un mélange de X-men et Men in Black à la sauce Lovecraft... Dommage.

**Batman Begins** de Christopher Nolan (2004), c'est Christian Bale qui a finalement décroché le rôle de l'homme chauve-souris. Un film superbe avec une photo magnifique. L'histoire est très ben montée ce qui suscite immédiatement l'intérêt sans aucune lassitude pour un film de plus de deux heures. Les acteurs sont excellents, particulièrement Christian Bale qui interprète un Batman dur et désabusé, persévérant et indomptable. Katie Holmes détonne un peu dans cet ensemble sombre et mélancolique, qui effleure la désespérance. Gotham City est créée sur le modèle de la ville de Blade Runner.
Tout le film est construit sur la peur, la manière de la dompter et aussi comment elle peut motiver pour l'action à condition de « *faire peur à ceux qui font peur* »... La morale n'est pas du tout manichéenne. Et comme l'a déclaré Rachel : « *Qui que tu sois au fond de toi-même, tu seras jugé par tes actes !* »

**Les 4 fantastiques** de Tim Story (2004), cette adaptation de plus d'un comic book Marvel, est réalisée par un habitué des clips. Ce film m'a ennuyé, avec des longueurs, des maladresses de scénario. Il y avait beaucoup d'enfants dans la salle. Mais enfin le sourire de Jessica Alba vaut le détour…

**Aeon Flux** de Karyn Kusama (2004) est une adaptation du dessin animé de Peter Chung. Ce film n'a pas plu à la critique et aux téléspectateurs en général. J'ignore pourquoi, les arguments que j'ai lus ne m'ont pas convaincu. Ce film m'a plu, cette vision du futur héritée des films d'animation est très bien rendue. Le béton est splendide. Quant au corps sculptural de Charlize Theron il vaut le déplacement à lui seul. J'adore ces films avec des super héros féminins. Le public et la critique seraient-ils misogynes ?
Marton Csokas (qui joue le rôle principal masculin) qui a été interviewé pour Sfmag a déclaré à propos de l'actrice : « Superbe à regarder ! (…) Elle vient du monde de la danse, elle se pousse à fond dans la gymnastique (…) »
Je vous le dis le film mérite d'être vu rien que pour la prestation de la fille !
Parlons du bruit des armes à feu. Un régal. On entend le claquement métallique de la culasse juste avant le coup de feu… Du pur réalisme.

**Beyond the Wal of Sleep** de Barrett Klausmann et Thom Maurer (2004)

Il s'agit de l'adaptation fidèle de la nouvelle de Lovecraft « Par-delà le mur du sommeil » qui a inspiré de nombreux films avec son asile psychiatrique dont le fameux *Aux Portes de l'au-delà* (1985) de Stuart Gordon, alors que les adaptations de Lovecraft étaient rares au cinéma. Tom Savini joue le shérif dans ce film !

Un homme enfermé dans un asile d'aliénés subit d'étranges expériences. Il fait partie d'une peuplade maléfique. Les rêves que nous faisons nous mettent en contact avec d'autres mondes.

Un mixage de plans alternés en noir et blanc et en couleurs.

Un psychiatre expérimente des décharges électriques sur une patiente. On se demande qui sont les fous : les malades ou les médecins, comme dans la nouvelle de Poe *Le Système du Docteur Goudron et du professeur Plume* (1845) où les « fous » prennent le pouvoir dans l'asile et remplacent avantageusement les médecins...

La nouvelle de Lovecraft a été publiée dans Pine Copes en 1919 et dans Weird Tales en 1938. Traduction Jacques Papy et Simone Lamblin. Il y en a peut-être d'autres maintenant, car c'est la mode depuis que les œuvres de Lovecraft sont tombées dans le droit public...

**Donjons & dragons, la puissance suprême** de Gerry Lively (2004) Encore une adaptation du fameux jeu de rôles.

**Les Chroniques de Riddick** de David Twohy (2004). Certains ont osé qualifier ce film de « *sous Star Wars* » ! Moi je le qualifierais plutôt de « *super Star Wars* »", bien supérieur... La conception visuelle est exceptionnelle, les inventions du scénario incroyables (notamment la planète Crematoria). L'ambiance est sombre et macabre. Les effets spéciaux exceptionnels. Un petit chef-d'œuvre de dark fantasy comme je l'aime... Bravo David Twohy !

**Catwoman** de Pitof (2004). Bravo Pitof ! N'écoutez pas tous ces critiques qui dénigrent votre film...
Un très bon film. Des mouvements de caméra très sophistiqués, des gros plans à grosse signification. Une photo différente quand on filme les scènes avec Patience et quand on filme les scènes avec Catwoman. Cette dernière est vraiment *chatte*, sensuelle et lucide et non pas tortueuse et dingue comme celle de Tim Burton. Un hymne à la liberté. Deux actrices formidables qui jouent comme on leur demande : comme des personnages de BD.

**Atomik Circus – Le Retour de James Bataille** de Didier et Thierry Poiraud (2004). Ce film n'a pas fait l'unanimité loin de là. C'est vrai qu'il présente quelques défauts. Et alors ? Pour une fois que des Français se lancent dans l'adaptation de la mythologie lovecraftienne, même si c'est parodique...

**May** de Lucky McKee (2004). Excellent film d'horreur : le thème de Frankenstein au goût du jour. Ou comment une pauvre fille introvertie reconstitue le corps de son amant idéal constitué par les parties corporelles d'un garçon et d'une fille. Terrifiant et tellement humain !

**Star Wars la revanche des Sith** de George Lucas (2004), m'a extrêmement déçu. Je dois avouer que je n'ai jamais été emballé par cette série, mais je comprends la passion des afficcionados.
Sur cet épisode j'ai été meurtri par des invraisemblances scientifiques énormes (il y a des limites à ne pas dépasser) et par une très pauvre dramaturgie.
Invraisemblances scientifiques : il y a toujours le bruit des vaisseaux qu'on entend dans l'espace... Je trouve cela vraiment dément qu'on fasse croire ceci aux jeunes spectateurs. Je ne m'étendrai pas là-dessus. Quand le vaisseau tombe vers la planète tout le monde glisse vers le bas !!!! D'abord à une telle distance de la planète un vaisseau se met en orbite et tourne avant de tomber. Ensuite il n'y a pas de gravité à cette altitude et nous ne sommes pas dans un bateau sur la mer ! D'ailleurs le film utilise le faux cliché des batailles navales : les deux vaisseaux rangés l'un à côté de l'autre et qui se mitraillent à coups de canon ! Vous croyez que c'est une bonne tactique guerrière avec des vaisseaux capables de filer à des vitesses inouïes ?

Les droïdes posés sur l'aile du vaisseau d'Obiwan partent en arrière lorsqu'ils ont été détruits. Or un objet à vitesse constante ne produit aucune gravité et le droïde devrait rester sur l'aile, car il n'y a pas d'air dans l'espace pour l'entraîner. Les deux Jedi (le rouge et le bleu) se battent en flottant sur une mer de métal en fusion ! Ce qui suppose que la température de l'air est d'environ 800 °C ce qui devrait les volatiliser. Vous allez me dire c'est de la SF ! Peut-être, mais pourquoi alors Anakin s'enflamme lui ensuite ? D'ailleurs pour vivre sur une telle planète il faudrait des combinaisons sacrément isolantes!
Faut pas exagérer, il y en a trop !
Pauvreté dramaturgique. Enfin on devait savoir comment Skywalker allait passer du côté obscur. Voilà qui est très excitant sur le plan dramaturgique. Mais quelle déception ! Comment un Jedi peut-il se laisser embobiner par des arguments aussi pauvres ? Se laisser aller à tuer un maître sans se maîtriser ? Quelle solution de facilité de mettre de l'eau au fond du puits pour amortir la chute d'Obiwan ! Et être monté sur une énorme créature bruyante ne garantit pas vraiment une discrétion dans une mission qui en demande tant... Désolé...

**Le Labyrinthe de Pan** de Guillermo del Toro (2005)
Del Toro a une double carrière : celle des films à grands spectacles comme *Mimic, Blade 2 et Hellboy*, et celle des films plus profonds et

tout aussi fantastiques comme *Cronos, L'échine du diable* et ce *Labyrinthe de Pan*.

Dans ce dernier film, on retrouve les deux ingrédients du premier – *Cronos* - : le sang et l'horloge, l'obsession de l'éternité ; mort ou vif, l'essentiel est de ne pas être oublié... C'est ici l'obsession du père (qui est aussi *beau-père* de l'héroïne, une petite fille qui doit devenir la princesse du monde des fées...) qui bichonne la montre de son propre père, montre que ce dernier avait cassée juste avant le combat où il allait mourir pour fixer l'heure de sa mort dans l'éternité.

Le sang, c'est aussi celui de la guérison grâce à la mandragore placée sous le lit de la mère enceinte et mourante. C'est aussi le sang qui fera reculer la petite princesse...

Le film commence par un court prologue sur la princesse du monde des fées. Il annonce déjà la terrible fin par une image à rebours. Il plante le décor, celui de la forêt où la petite jeune fille redonne un œil à une statue étrange et rencontre une fée sous forme d'un gros et long insecte volant. Del Toro reprend ici le son de ses insectes dans *Mimic*... Cet insecte – une fée je le rappelle..- fera le lien tout au long du film entre le monde réel et le monde des fées (imaginaire : donc, il existe en tant que fruit de l'imagination !).

Le livre que reçoit l'enfant des mains du faune est appelé "Le Livre de la croisée des chemins" et la petite jeune fille devra passer trois épreuves pour être reconnue comme la reine des fées.

En attendant, son beau-père traque les derniers combattants républicains de la guerre civile espagnole (nous sommes en 1944).
Retrouver le monde des fées pour la toute petite jeune fille, c'est alors échapper à ce monde terrifiant et cruel, le vrai monde de l'horreur ! Y parviendra-t-elle ?
Car, comme le dit le beau-père à sa femme, mère de la petite future ex-reine des fées : "Vois où mènent les lectures de ta fille !"
La traduction française du titre (*Le Labyrinthe du faune* en espagnol) reprend le grand dieu Pan de mon cher Arthur Machen. Pan dont le petit peuple enlevait les enfants des humains... Un petit clin d'œil à Machen et son "successeur" Lovecraft", dont le fantastique de Guillermo del Toro est imprégné par son fantôme ?

**Natural City** de Min Beyond-cheon (2005)
Un film sur un futur apocalyptique, avec un paysage urbain, la ville de Blade Runner, et le thème dérivé de ce film : comment un être humain chasseur de cyborgs lutte pour donner la vie à son cyborg féminin. Les mages sont sombres et expressionnistes. Les comédiens sont pas terribles. Le récit manque de fluidité et les filles sont superbes. Les humains se révèlent moins humains que les cyborgs, ces derniers ont des capacités physiques stupéfiantes et font des bonds comme dans Matrix. Les dialogues sont si épurés que la plupart du temps ils sont inutiles à la compréhension du film. Les sentiments sont montrés par l'image

et les mimiques des acteurs (ce qui donne cette impression de jeu bizarre des comédiens). Le son et les images créent l'atmosphère, et il faut se creuser un peu la tête pour comprendre.

Un film étonnant, qui sort de nos habitudes, un film extraordinaire à voir et revoir tellement il est inépuisable... Le DVD propose des bonus excellents avec le réalisateur et comment il a utilisé des décors urbains naturels traités par ordinateur...

Avec le DVD il y a un livret sur la SF asiatique.

**Silent Hill** de Christophe Gans (2005)
Un mauvais rêve, un labyrinthe avec des monstres à chaque coin, des monstres étonnants. Parfois une sirène incendie hurle et le noir total règne : c'est le temps des ténèbres et des monstres qui s'en échappent. Cette sirène est située sur le clocher d'une église perchée sur son glacis. Il y a aussi une chambre cachée.

Je ne connais pas le jeu vidéo, mais le film est angoissant. C'est un film d'épouvante plus qu'un film d'horreur.

Ce que vit l'héroïne c'est comme une dépression : on se perd, on est envahi par l'obscurité, on croit s'en sortir et on plonge encore mieux l'instant d'après. On recherche une issue en évitant la folie, mais c'est dur !

D'autant plus que constamment l'enfer rougeoie sous nos pas, là-bas, tout au fond.

Un petit chef-d'œuvre de fantastique comme on n'en a pas vu depuis très longtemps !

J'attendais Christophe Gans depuis longtemps et je ne suis pas déçu. Bravo !
Les effets spéciaux ont été réalisés par notre ami Tatopoulos qui nous a fait l'honneur de nous accorder deux interviews dans Sfmag. Un petit génie créatif : ses monstres sont de véritables œuvres d'art.
Les actrices sont sublimes, particulièrement la deuxième petite fille...
Les femmes sont encore au centre de toute cette histoire, et elles jouent le rôle principal à cinq, les hommes ne sont que des figurants.
J'adore !
Je rappelle que Christophe Gans est un admirateur de John Carpenter, dont il connaît l'œuvre par cœur et qu'il sait analyser en grand cinéphile. Christophe Gans se fait trop rare au cinéma.

**The Descent** de Neil Marshall (2005). L'horreur revient avec ce cinéaste anglais qui a réalisé le très bon *Dog soldiers*. Ici les monstres sont sous terre et attendent de pied ferme de jolies spéléologues. Attention ça fout la frousse. Bravo!

**Les Ailes du chaos** de David Jackson (2005)
Des criquets rendus indestructibles par manipulation génétique.
Bon... Avec une difficulté de scénario comme ça c'est difficile de s'en sortir : la fin sera donc tirée par les cheveux et complétement invraisemblable... Ah ! ces recherches scientifiques, voyez à quoi elles mènent !

Le « méchant » du début va s'avérer indispensable pour gérer la crise de l'invasion des criquets mutants, mais comme il est méchant ils n'en veulent pas.
C'est une catastrophe mondiale, car les insectes détruisent le grenier à céréales du monde : les USA !
La belle va trouver une solution. Je ne sais pas si elle est vraiment efficace. Enfin, c'est un peu n'importe quoi...

**Horribilis (Slither)** de James Gunn (2005)
Un petit film très agréable pour les amateurs d'horreur. On ne s'ennuie pas même si le film consiste à accumuler les références aux films de zombies et à toute une série de films avec des bestioles dégueulasses comme les limaces tueuses ou autres - y compris au film de David Cronenberg *Frissons* (1975) -, et, il faut le dire, avec une certaine audace humoristique, mais d'un humour noir et sanglant.
Le réalisateur rend même hommage à son ancienne boîte, « Troma », la légendaire société de production de films Z tellement nuls qu'ils en deviennent des chefs-d'œuvre. Dans *Horribilis* on voit donc à la télé un extrait de *Toxic Avenger*...James Gunn a aussi fait ses lettres de noblesse en écrivant le fameux *Armée des morts*... Il sait donc de quoi il parle...
Et surtout, restez bien jusqu'à la fin du générique où une surprise vous attend !

**Alien Apocalypse** de Josh Becker (2005)

C'est la fin du règne de l'homme depuis que les Termites ont envahi la Terre !
Un pastiche de *La Planète des singes* de Franklin J. Shaffner (1968)
Avec le prodigieux Bruce Campbel (*Evil Dead*...).
Quatre astronautes reviennent sur Terre après 40 ans d'absence en hibernation. La terre est dominée par les Termites, les hommes emprisonnés et bâillonnés.
Ces Termites consomment la cellulose du bois, les télévisions et les doigts humains. Elles me font penser au film *Les Premiers hommes dans la Lune* de Nathan Juran (1964).
Les dialogues sont délirants de stupidité. Le scénario mélange les histoires de plusieurs films post apocalyptiques. Notamment *Independence Day* (1996) à rebours.
Josh Becker est réalisateur dans la série Xena la guerrière.

**Altered** d'Eduardo Sanchez (2006)
Mal joué, mal filmé, ça ne tient pas vraiment debout.
Mais on s'y fait et on tient le fil du film.
Une bande de cons chassent un E.T. dans la forêt et le capturent.
Mais ses copains rôdent dans le coin. Gare !
Les chasseurs font allusion à des événements passés. Ils amènent l'E.T. chez un ami qui semble être au courant de beaucoup de choses...
Le monstre n'est pas trop mal.
Vous voyez le genre du film ?

**Transformers** Michael Bay (2006)
Ah ! enfin, le voilà ce film tant attendu !
Wohawh ! Superbe ! Jubilatoire !
Une première partie parfaite avec des robots extraordinaires, un récit haletant, la guerre moderne, la haute technologie, et le bruit du métal.
Ah ! les effets spéciaux sont stupéfiants.
On retrouve tout ce qu'il y avait de bien dans *Independence Day* et *Mars Attacks* avec une tonne de références cinématographiques et de BD. Il m'était difficile de croire en ces « transformers » dans la bande dessinée, mais là vraiment j'y crois !
J'ai lu quelque part que quelqu'un trouvait le scénario invraisemblable. Quoi ? Cela ne veut rien dire « invraisemblable » pour ce genre de film. Au contraire, le scénario est excellent et la première heure est si bien construite qu'on s'impatiente en regardant les passages sur la vie quotidienne des ados...
Pour ceux qui aiment la SF, les grosses bagnoles, la guerre technologique et le métal qui hurle : ce film est pour vous !
Un seul regret : ils ont pris Besancenot pour jouer le rôle principal... (rires)

**Isolation** de Billy O'Brien (2006)
« Dans la campagne on ne vous entend pas crier. »
Ce film SF d'horreur a obtenu le grand prix du festival Fantastic'arts de Gérardmer en 2006. Et il le mérite bien.

Figure-vous que Billy O'Brien réussit à vous faire peur dans une ferme irlandaise pleine de vaches... Il faut le faire ! Une mutation due à des manipulations génétiques engendrant un monstre.
Les références à *Alien le 8e passager* sont nombreuses et sérieuses. La ferme, lieu clos, mais complexe est claustrophobique et le monstre circule dans les canalisations à purin. Mais ne riez pas et achetez le DVD ou regardez-le quand il passe à la télé : c'est un vrai chef-d'œuvre...
C'est filmé avec grand art, de manière efficace, chaque plan est surprenant et la gestion du silence et de l'attente est formidable pour créer la peur... Ce genre de film est très difficile à faire. En général, pour contourner la difficulté, le réalisateur utilise le comique et le grand guignol, ce qui est assez facile. Mais ici, Billy O'Brien n'a pas choisi la facilité et il a parfaitement réussi.

**The Host** de Bong Joon-Ho (2006)
Ce film coréen est un bijou. Il traite une histoire de monstre de manière originale. Ici, une espèce d'énorme poisson-chat terriblement vorace et dangereux.
Ce monstre est le fruit d'une mutation due au déversement dans le fleuve d'une grande quantité de formol ; déversement exigé par un médecin légiste américain au début du film. Ce film est antiaméricain, mais cet antiaméricanisme est traité disons, par-dessus la jambe. C'est une forme d'ironie envers

l'antiaméricanisme des films de monstres japonais. De même, ici le monstre vient du fleuve et non de la mer. Les USA sont à l'origine du monstre donc, mais aussi, ce sont eux qui perturbent complètement la lutte contre cette abomination par leur obsession de l'épidémie virale.

Il est l'occasion de célébrer l'individualisme et l'initiative personnelle face à la bureaucratie de l'État. C'est un peu traité comme un western, mais sans que les héros ne soient des surhommes, au contraire, ils sont parfois bien pitoyables.

Mais attention, en ce qui concerne l'horreur, ce film reste sans concession : rien ne sera épargné à nos héros attendrissants...

**A Sound of Thunder** de Peter Hyams (2006)
Cette histoire de voyage dans le temps est à dormir debout. Elle est tirée d'une des niaises nouvelles de Ray Bardbury.

Elle est pleine d'invraisemblances et on en a un peu soupé des voyages dans le temps qui changent notre présent... Parce que ce genre d'histoire est aujourd'hui complètement ringarde au regard des développements de la cosmologie et de la physique quantique.

Ceci étant dit, on ne s'ennuie pas trop et on a vite deviné quelle sera l'issue. Les monstres sont pas mal...

**eragon** de Stefen Fangmeier (2006)
Des épées, des cavaliers, un dragon et un dragonnier.

Cela vous tente ?

**X-Men l'affrontement final** de Brett Ratner (2006)
Un très bon film d'action avec de bons effets spéciaux et de très bons acteurs. Que demander de plus ?
J'ai toujours été assez agacé par ceux qui sont crispés sur un "livre" quel qu'il soit et même si c'est un comic Marvel...
Ce film noir prend ses distances alors tant mieux non ?
Rester jusqu'à la fin du générique où vous attend une surprise...

**Spiderman 3** de Sam Raimi (2007)
Troisième opus de l'homme-araignée.
Cette fois il y a quatre méchants, rien de moins que ça... dont l'un d'eux est Spiderman lui-même.
Avec Sam Raimi aux manettes on ne boude pas son plaisir bien que "deux ça va, trois, bonjour les dégâts"...
« D'où ils sortent ? Ça ne s'arrêtera jamais ! » Déclare Spiderman lui-même dans le film...

**La légende de Beowulf** (Beowulf) de Robert Zemeckis (2007)
Le grand Zemeckis s'est mis aux légendes nordiques. Il n'a pas bâclé son film : quel boulot !
Un traitement des images donne une « saveur » particulière à ce film étonnant.

Pour ceux qui aiment les guerriers nordiques musclés, les dragons, et les monstres sous les traits d'une très belle femme (Angelina Jolie...) il ne faut pas rater ce film.
On appelle cela de l'Heroic fantasy...
Les acteurs en image de synthèse sont un peu dérangeants. Beowulf se propose pour tuer Grendel, le monstre. Pénible ce Grendel, chiant même, à tuer tout le monde en toute impunité. Mais curieusement Beowulf va n'en faire qu'une bouchée et c'est la maman du monstre qui n'est pas contente. Mais pas contente du tout !

**Les 4 fantastiques et le surfer d'argent** de Tim Story (2007)
Le premier était passable sans plus, celui-ci ne vaut pas mieux... Cette adaptation d'un comics américain ne vaut que par le sourire de Jessica Alba. Ce qui n'est pas rien me direz-vous et vous aurez raison...

**Planète terreur (un film Grindhouse)** de Robert Rodriguez (2007)
Après *Boulevard de la mort* réalisé par Quentin Tarentino (2007), la saga *Grindhouse* continue avec ce film plus fantastique comme Rodriguez aime les faire (Tarentino a réalisé, lui, un film d'épouvante, mais pas fantastique, du moins à mon avis...). Une histoire de zombies et de fin du monde...
La belle brune en soutien-gorge rouge lève la jambe pour tirer : évidemment puisqu'elle a

une mitraillette greffée sur son moignon de jambe amputée... Quel massacre !

Ces hommages au cinéma Bis sans en être vraiment, ces films qui se veulent intellectualiser le cinéma Bis peuvent être fatigants... Avec même les fausses rayures sur la pellicule. Et aussi un cramage de pellicule (comme dans le temps) aux deux tiers du film, et la pellicule qui saute... la bonne vieille pellicule ! (ça me rappelle quand j'étais projectionniste, fallait couper et recoller...)

Ça commence par une danse lascive et un coupage de couilles dans une base militaire et une zombification... une bimbo en panne de voiture... un couple qui se réveille à huit heures... la jeune femme déjeune avec son petit garçon...

Y a-t-il un lien entre tout ça ? Sûrement !

Enfin, ensuite ça tourne au cradingue purulent... Vous savez le pus qui gicle sur la gueule du toubib.

La bimbo se fait bouffer par les zombies... et Palomita (celle de la danse lascive) se fait arracher une jambe par des zombies (mais personne encore dans le film a dit que c'était des zombies). Tous ces gens plus ou moins bouffés par des zombies se retrouvent à l'hôpital avec le médecin qu'on a vu se lever à huit heures (celui qui a reçu le pus sur ses lunettes)...

Bon j'arrête : allez voir le film ! Si vous en avez encore envie. Et si vous y allez, surtout restez jusqu'à la fin du générique : une surprise vous y attend. Évidemment !

**28 semaines plus tard** de Juan Carlos Fresnadillo (2007)
Par le réalisateur de l'excellent *Intacto*. La suite de *28 jours plus tard* de Danny Boyle.
Une accumulation de scènes zombiesques violentes qui se succèdent. Les soldats de l'oncle Sam présentés sous un très mauvais jour... alors qu'ils font ce qu'ils peuvent pour la survie de l'espèce humaine...
Le prologue du film est si violent et réaliste que le spectateur retient son souffle. Il ne fait que rappeler ce qui s'était passé 28 semaines auparavant...

**Resident Evil : Extinction** de Russell Mulcahy (2007)
Alice au pays des zombies qui sont de plus en plus nombreux et l'espèce humaine menace de s'éteindre. Le troisième volet des films adaptés du jeu vidéo. Mila Jovovich est toujours aussi pimpante ! Et les zombies toujours aussi dégoûtants...
Ce film rend hommage à bien d'autres : tous les films de Romero d'abord avec un pillage appuyé de son dernier *Land of the Dead*, mais aussi *Les Oiseaux* d'Hitchcock, *Mad Max*...
Le méchant docteur Isaacs est encore plus méchant (comment est-ce possible ?) et la scène de la dernière cigarette au milieu des morts-vivants va devenir une scène d'anthologie du cinéma.
Un film excellent à condition d'aimer les morts-vivants et le gore. On ne peut pas re-

procher à ce film de les montrer, car c'est le sujet du film !

**Invasion** d'Oliver Hirschbiegel (2007)
Ce film est une nouvelle adaptation du livre "Body Snatchers" de Jack Finney (1954). Trois films ont adapté ce roman :
**L'invasion des Profanateurs de sépulture** de Don Siegel (1956)
**L'invasion des profanateurs** de Philip Kaufman (1978)
**Body Snatchers** d'Abel Ferrara (1993)
Don Siegel avait plus ou moins détourné les propos de l'écrivain Jack Finney en faisant de l'histoire une allégorie anticommuniste...
"Invasion" est un peu raté. Mais il mérite d'être vu.
Un peu raté, parce que bâclé. On sent que quelque chose n'a pas fonctionné dans la fabrication du film.
La première demi-heure est ennuyeuse. Au lieu de montrer des images pour faire monter la tension et apporter des explications au spectateur, le cinéaste montre des dialogues assez conventionnels, on croirait une explication de textes... Et au milieu de tout cela, on nous montre des scènes de la vie quotidienne qui donnent envie de quitter la salle de cinéma comme par deux fois des gros plans sur le feu allumé d'une cuisinière à gaz...
Cette partie du film rend hommage à une nouvelle de Philip K. Dick *"Le Père truqué",* le même genre d'histoire que "Body Snatchers" de Jack Finney, et je me suis toujours deman-

dé si ce dernier ne s'est pas inspiré de Dick pour écrire son livre, car la nouvelle a été publiée avant le roman...

Nicole Kidman, toujours aussi bonne actrice, est beaucoup trop lisse, beaucoup trop couche moyenne ayant beaucoup à perdre pour rendre crédibles son courage et son obstination.

Contrairement à l'histoire originale, ici (X-files et le complot est passé par là ! quand on sait que Joe Silver a produit ce film...) le gouvernement prend une lourde responsabilité de cacher cette invasion par un virus intelligent extraterrestre. On surfe sur la vague de la grippe aviaire et pour ceux qui n'auraient pas compris on insiste lourdement via des images d'infos à la télé sur l'Institut National de Veille Sanitaire (INVS) dont on parle beaucoup depuis quelque temps dans notre monde réel. Mais en fin de compte, contrairement à ce que dit le producteur, ici aussi nous avons affaire à une allégorie anticommuniste puisque Ben lorsqu'il a été contaminé déclare : « Notre monde est un monde meilleur »... Autrement dit, ce virus c'est comme une idéologie... Il y a aussi une critique implicite des traitements psychiatriques (Le personnage joué par Kidman est psychiatre) et un des contaminés ne se prive pas de faire remarquer à la psychiatre que ce qu'ils sont devenus n'est pas autre chose que ses malades traités par des anti psychotiques...

Ici, comme dans les précédents films, nos héros ne doivent pas s'endormir quand ils ont été infectés, mais les "infectés" vous dégueulent dessus pour vous contaminer. C'est pas très élégant.

La manière de filmer est assez décalée puisque souvent (mais selon un rythme inexistant...) on nous montre des scènes anticipées. Cette répétition est déstabilisante.

**Next** de Lee Tamahori (2007)
Tiré d'une nouvelle de Philip Kindred Dick : "***L'homme doré*** ".

" ***L'Homme doré*** " ("The Golden Man", le titre du manuscrit de Dick étant "The God Who Runs" daté du 24 juin 1953) a été publié en 1954 in "If"... et en France par **J'ai Lu** en 1982 dans l'anthologie homonyme.

Voici ce qu'en dit Dick lui-même :

 « *En écrivant **L'Homme doré**, je tenais pour ma part à montrer que 1) le mutant n'est pas forcément bon, du moins pour le reste de l'humanité, nous autres les "ordinaires" ; et 2) qu'il ne se comporte pas forcément en individu responsable, mais peut au contraire nous canarder comme un bandit, plus proche de la bête sauvage, susceptible de nous faire plus de mal que de bien.* »

Le film, lui ne casse pas des barres sauf si on aime Nicolas Cage, ce qui n'est pas mon cas.

« *C'est ça l'avenir. Chaque fois qu'on le regarde, il change. Parce qu'on l'a regardé. Et ça... Ça change tout le reste.* » Ce sont les quasi dernières paroles du film. Elles ressemblent au paradoxe du chat de Schrödinger en

mécanique quantique... Philip K. Dick connaissait-il cette expérience de pensée ?
On s'ennuie beaucoup au début avec cette histoire d'amour nunuche. Cris Johnson, alias Frank Cadillac, voit son avenir dans un délai de deux minutes seulement. Le FBI le traque, car il veut utiliser son pouvoir pour déjouer l'action de terroristes qui veulent faire sauter Los Angeles avec une bombe A. Du coup ces terroristes le recherchent aussi. Mais l'amour sera le plus fort...

**Dead Silence** de James Wan (2007)
Le réalisateur de « Saw » (le premier, pas les suivants...) continue de tracer son sillon dans l'horreur...
Cette fois, il choisit le gothique pour nous faire peur.
Le film démarre fort après un générique explicatif. Livraison d'une marionnette de ventriloque inattendue et une mort atroce de la jeune fille. Une poupée maléfique ? Le jeune fiancé est soupçonné du meurtre. Le meurtrier a coupé la langue de la victime.
Très macabre. Le jeune homme va retrouver son père, désormais sur une chaise roulante. L'entente n'a jamais régné entre le père et le fils. L'ambiance est très lourde, de plus, le film déroule la préparation des funérailles de la jeune femme assassinée. Le village s'appelle Ravens Fair. Une ville maudite par la vengeance de la ventriloque autrefois assassinée.
Le cinéaste utilise la technique des images légèrement saccadées, si légèrement, presque

au niveau subliminal, et cela accentue l'ambiance déjà très macabre. La voiture rouge de Jamie, le jeune homme, tranche sur le décor tout en bleus, comme le blues. Comme les fauteuils rouges dans le théâtre en ruines. La femme du vieux croque-mort joue avec une corneille empaillée, elle semble entendre des voix... et elle rappelle au jeune homme cette comptine enfantine qui parle de Mary Shaw qui n'avait que des marionnettes. Elle le met en garde contre cette femme qui tue tout le monde, affirme-t-elle.
Non, ce n'est pas le film sur une marionnette de ventriloque comme on en a déjà vu. C'est un film terrifiant. Pas de cette terreur grossière et écœurante. Non ! une terreur délicieuse.

**Eden Log** de Franck Vestiel (2007)
Tout est dans l'image et la lenteur.
La faiblesse de ce film est dans le scénario assez nul.
Au début l'image clignote. C'est pas bon de faire souffrir ainsi le spectateur...
Un film en noir et blanc ? On ne sait pas, mais on ne voit pas de couleurs. C'est très expressionniste.
Un type se réveille à demi nu dans la boue. Il découvre qu'il se trouve dans un réseau de galeries souterraines. Une image projetée contre un mur lui souhaite bienvenue à Eden Log.
Mais ce type sait-il parler ? Il grogne... Pas content c'est sûr !

Si ! Il parle quand il rencontre un pauvre barbu crucifié sur une paroi au milieu de racines.
Il est donc bien sous terre.
C'est bien un film en couleurs : on en voit à la 25e minute.
Petit à petit notre pauvre naufragé en apprend un peu plus sur l'endroit où il déambule. Mais ce qu'il apprend ne lui apprend pas grand-chose. Il aperçoit des gardes qui semblent le traquer. Mais est-ce bien lui le gibier ? Il y a des monstres et des cris inhumains. Des "mutants" très hideux, méchants et agressifs. Un botaniste lui fait un discours sur la "plante" et les merveilleuses propriétés de sa sève.
Très énigmatique... Bordage (écrivain français de science fiction qui a écrit le scénario adapté par le réalisateur) ne s'est pas foulé : de l'énigmatique trop facile.
La psychologie des personnages ? Il n'y en a pas. C'en est au point de se demander si ce sont vraiment des personnages, des êtres humains.
Quant au message politique : très lourd !
Le fait que le scénario pourrit le film est dommage, car Franck Vestiel filme très bien. Excellent ! Parfois il me fait penser à Tarkovski. Mais ce dernier avait su s'inspirer de chefs-d'œuvre littéraires de science fiction !
Les bonus du dvd : présentation du film par Jan Kounen (très lourd, visiblement il ne sait pas quoi dire. Il se contente d'affirmer : « Eden Log est un OVNI »)
Making of – Interviews de Clovis Cornillac (acteur principal et quasiment le seul, Vimala

Pons, Cédric Jimenez (producteur) – Teasers – Photos – dessins – filmographies – partie Rom.

**The Mist (Brume)** (2007) de Frank Darabont
Ce film est une adaptation d'une "nouvelle" de Stephen King, *Brume,* qu'il a écrite en 1976. du moins c'est la date donnée par l'auteur dans les notes du recueil de nouvelles dont elle fait partie, recueil qui s'appelle justement *Brume*. Cette nouvelle fait 193 pages (!) dans l'édition de poche de ma bibliothèque. Stephen King aurait aimé s'appeler La Bruyère et avoir écrit *Les Caractères*. Pour lui, l'horreur n'est qu'un révélateur des hommes et des femmes, leurs qualités et leurs défauts s'exacerbent face à elle. C'est tout à fait l'objectif de cette histoire : un groupe d'hommes et de femmes comme vous et moi enfermés dans un lieu clos (un centre commercial) doivent faire face à l'horreur. Le film maintenant.
Au début on aperçoit le personnage principal (un homme) qui peint des illustrations des livres de Stephen King, *La Tour sombre*. Puis une tempête survient, très violente. Des éclairs, la lumière s'éteint, un arbre s'effondre dans la salle à manger. Une petite famille (l'homme, sa femme et un petit garçon) regarde par la fenêtre. À la fin de la tempête, ils font l'inspection des dégâts ; les illustrations sont détruites. Ils aperçoivent une brume épaisse qui s'est constituée de l'autre côté du lac. Le personnage principal ne semble pas s'entendre avec son voisin. Dans le film ils

ont choisi de prendre un acteur Noir. Ils vont aux courses, le père et l'enfant et le voisin. Ils croisent des convois de pompiers, policiers et militaires. Ils font leurs courses au FastHouse alors que dehors on entend encore les sirènes de police et des pompiers. Pendant qu'ils font la queue à la caisse, un homme arrive en hurlant le visage ensanglanté. C'est le signal de l'horreur. La BRUME englobe le magasin. Puis un tremblement de Terre a lieu. N'est-ce pas le signe de l'arrivée du grand Cthulhu ? D'ailleurs les premières manifestations des monstres sembleraient l'indiquer.

Ce film respecte la démarche de Stephen King pour le récit d'horreur, démarche emblématique dans sa nouvelle *Brume* qui se décompose en plusieurs phases : Le signal de l'horreur (Comme, matériellement, dans *Le Signaleur* de Dickens par exemple) - l'incrédulité des autres – la preuve de l'horreur – l'affrontement avec l'horreur.

Dans tout ce déroulement, les êtres humains se montrent tels qu'ils sont. Il y a la prêcheuse qui voit dans tout ce qui arrive la punition de Dieu (King n'aime pas le fondamentalisme religieux, il en a même fait le premier livre qui a été adapté au cinéma : *Carrie*), le trouillard, le courageux, le téméraire, etc. *Les Caractères* de La Bruyère vous dis-je ! Scènes de panique – personne piétinée – suicides : tout arrive dans cette petite communauté qui essaie de se défendre contre l'agression extérieure alors que le plus grand danger vient de l'intérieur même du groupe. Du grand Stephen King.

Le pire de l'horreur est pour la fin. Une horreur non pas visuelle, comme dans le courant du film, mais une horreur de situation. C'est là que le film diverge avec la nouvelle. Le dernier mot de cette dernière était "espoir". La fin ici ressemble plutôt au désespoir pour notre héros, mais pas pour l'espèce humaine.

Frank Darabont avait déjà réalisé une adaptation de Stephen King avec *La Ligne verte* (2000), qui fut au départ un feuilleton de Stephen King.

Le réalisateur prépare une adaptation de Ray Bradbury : *Fahrenheit 451*, autrefois (1966) adapté de sa manière mollassonne habituelle par François Truffaut. Darabont produit également une autre adaptation de Ray Bradbury : *The Illustred Man* réalisé par le grand Zack Snyder.

Il y a deux films qui semblent reprendre les thèmes de *Brume* : *Fog* (1979) de John Carpenter et *Zombies* (1979) de George A. Romero (produit par Dario Argento). Dans *Fog* une brume épaisse envahit une île et apporte avec elle les fantômes vengeurs d'anciens marins victimes des naufrageurs de l'île. Dans *Zombies*, un groupe de rescapés essuie un siège enfermé dans un centre commercial attaqué par des morts-vivants. Ce film a d'ailleurs fait l'objet d'un remake, *L'armée des morts* (2004) de Zack Snyder. Comme le monde est petit !

*The Mist* fait l'objet également d'une série télé qui ne m'a pas paru excellente, loin de là...

**Mutants Chronicles** de Simon Hunter (2007)
Ce film est tiré d'un jeu de rôle.
Les Machines sont venues sur Terre pour changer les hommes en mutants.
Les scènes de guerre sont époustouflantes, d'une extrême violence comme l'est la guerre réelle. En 2707, ils se battent comme en 1914. La bataille va ibérer les machines emprisonnées depuis très longtemps. Et les mutants sont libérés aussi. Et l'horreur de la guerre devient encore pire ! Très éprouvant.
Un moine de la confrérie qui avait enfermé les machines (Joué par Ron Perlman) réunit un commando pour sauver l'humanité.
Le "blindé transport de troupes" est délirant. Du vrai steampunk.
C'est très violent. La bataille contre les mutants juste à la lumière des coups de feu des armes automatiques est hallucinante.
Quel spectacle ce film ! On en sort essoufflé.
À l'heure où j'écris ces lignes (4 juillet 2009) le film n'est toujours pas sorti en France.

**Aliens Vs Predator : Requiem** de Colin Strause, Greg Strause (2007)
On se souvient qu'à la fin du film *Aliens vs Predator*, un Predator était reparti mort dans son vaisseau, mais infecté par un Alien.
Ce film commence à ce moment-là : l'Alien naît, c'est un hybride Alien/Predator, donc redoutable. Il tue les passagers du vaisseau qui retombe sur Terre. Dans le vaisseau il y avait des larves d'Alien. Elles sortent et commen-

cent à infecter un chasseur et son fils... Un Predator a été prévenu du drame et se rend sur Terre à la chasse à l'Alien.
Que le massacre commence !
On peut essayer de s'intéresser aux amourettes, bagarres entre jeunes et autres scènes de la vie quotidienne de cette petite ville, mais ce sont les monstres qu'on veut. Bien que la jolie blonde n'est pas désagréable à regarder.
Dans ce film ils n'ont même pas pitié des enfants.
Il fait toujours très sombre et on a du mal à distinguer les monstres.
Quand le jour se lève, on espère y voir un peu plus clair... Mais non... ça se passe dans les égouts. Et quand les monstres sortent des égouts, il fait de nouveau nuit. Pire, Predator bousille la centrale électrique.
Une petite fille a vu un Alien avec les jumelles infra rouge de sa mère (elle est militaire). Elle crie qu'il y a un monstre derrière la fenêtre. « Regarde ! Y a pas de monstre » lui répond son père avant de se faire dévorer par l'Alien.
Et voilà la cavalerie : la Garde Nationale. Mais vous connaissez les Aliens... Qui peut leur résister ? Dans le noir sous la pluie. C'est bizarre comme les gens se laissent tuer : paralysés par la terreur ?
En attendant, les Aliens pénètrent dans la maternité pleine de petites chairs fraîches. Il y a même une femme qui accouche. Lucio Fulci doit se retourner dans sa tombe et surtout D'Amato avec son film *Anthropophagus*. Un peu débordé le Predator.

Les survivants se réfugient dans un blindé de la Garde Nationale (dont les membres sont tous morts, bien sûr). Ça me rappelle quelque chose, mais quoi ?
Et quand une fille dit dans le film : « Un gouvernement ne peut pas mentir ! » tout le monde rit dans la salle... Sont pas bien stressés par le film les spectateurs...
Vous voulez savoir comment ça va finir ?
Allez voir le film.
Si ça vous dit encore.. Si vous n'avez pas peur du noir...

**30 jours de nuit** de David Slade (2007)
Enfin de nouveaux vampires. Ceux du comics dont est tiré ce film. Des êtres assoiffés de sang un point c'est tout. Pas de problèmes existentiels. Pas de romantisme. Des monstres. De plus ils ne parlent pas le même langage que les humains.
En Alaska, il y a trente jours dans l'année où le soleil ne se lève plus. C'est les trente jours qu'aiment ces vampires.
Le film est tourné comme un reportage. Ça se passe toujours la nuit et cela est bien rendu, car la nuit elle-même est stressante. La prise de vue aérienne des vampires agissant en nombre dans la rue est stupéfiante. La scène où le héros décapite un ami contaminé est très angoissante. L'incendie de la ville par les vampires est surprenant. Devenir un monstre pour combattre les monstres : la seule solution. Ce film fait réfléchir sur la monstruosité... Et la fin est terrible.

Excellent film. Je me répète : stupéfiant !
La même histoire (mais en Suède...) est traitée dans le film : **Tale of Vampires** d'Ander Banke (2006). Voir ci-dessus.

**Mad Zombies** de John Kalangis (2007)
Deux couples, le père et sa compagne avec leur fille et son compagnon arrivent dans un bled en rase campagne. Une campagne perdue du fin fond des Amériques avec des agriculteurs dégénérés qui mettent plein de produits toxiques dans la nourriture du bétail. Alors, la viande...
Vous vous imaginez l'effet produit sur les clients du restaurant après consommation des hamburgers confectionnés avec la viande directement livrée de la ferme du coin. Directement du producteur au consommateur.
Film militant écolo ou végétarien. Amusant !

**Je suis une légende** de Francis Lawrence (2007)
Une adaptation du livre homonyme (1955, première édition française) de Richard Matheson.
Avant il y en avait eu deux autres : *Je suis une légende* de S. Salkow et U. Ragona (1964), un excellent petit film joué par le prodigieux Vincent Price, film dont Romero s'est sans doute inspiré pour son *La Nuit des morts-vivants* (ce film de Romero est le fruit de bien des inspirations cinématographiques) et *Le Survivant* de Boris Sagal (1971) qui est très lourd et tout le fantastique a été sorti de cette

histoire à dormir debout... Je ne sais pas ce qu'en aurait pensé ce pauvre Richard Matheson...
Dans le film de Lawrence, les effets spéciaux rendent les "vampires" plus effrayants.
Une épidémie (ici on donne au début une explication "scientifique" de son origine, ce qui est tout à fait inutile ..) transforme tous les humains en vampires assoiffés de sang, sauf quelques-uns qui sont immunisés, comme notre héros. Pour une fois Will Smith ne fait pas le cabotin.
Au-delà de la réalisation plus que correcte, c'est l'histoire elle-même, donc le génie de Matheson, qui donne toute sa puissance à ce film...

**Spiderman 3** de Sam Raimi (2007)
Troisième opus de l'homme-araignée.
Cette fois il y a quatre méchants, rien de moins que ça... dont l'un d'eux est Spiderman lui-même.
Avec Sam Raimi aux manettes on ne boude pas son plaisir bien que "deux ça va, trois, bonjour les dégâts"...
« D'où ils sortent ? Ça ne s'arrêtera jamais ! » Déclare Spiderman lui-même dans le film...

**Hellboy 2 : les légions d'or maudites** de Guillermo del Toro (2008)
Ce Hellboy enfant du début du film, avec ses dents de lapin, est ridicule.
Le père de l'enfant lui raconte une histoire qui s'avérera plus tard être vraie.

Il y a une petite collection de monstres et l'histoire tourne vraiment à la Fantasy. Les combats sont carrément ennuyeux.
Ron Perlman en fait dix tonnes.
On voit un extrait du film *La Fiancée de Frankenstein* de James Whale (1935) à la télévison d'Hellboy. Les deux (trois ?) histoires d'amour sont nunuches.
Hellboy va être papa... "Les humains se lasseront de toi » déclare le méchant à Hellboy avant de mourir.
En ce qui me concerne, c'est déjà fait...

**L'étrange histoire de Benjamin Buttom** de David Fincher (2008)
David Fincher est un grand cinéaste.
C'est une adaptation d'un roman de Scott Fitzgerald.
En 1918, pour la nouvelle gare, un horloger aveugle dont le fils vient d'être tué à la guerre, a construit une horloge dont les aiguilles tournent à l'envers.
« Ainsi, nos fils morts à la guerre reviendront peut-être... »
Une jeune femme lit à sa mère mourante le journal écrit par un homme.
C'est le journal de Benjamin Buttom. Il commence à sa naissance en 1918...
Il est né avec la constitution physique d'un homme de 80 ans et il est abandonné dans un asile de vieillards.
Ce film raconte sa vie au cours de laquelle son corps rajeunit...

Drôle d'histoire à l'envers à laquelle j'ai eu du mal à croire malgré le talent de David Fincher et de Brad Pitt...
Mais une fois dedans, j'ai fini par y croire...

**Cloverfield** de Matt Reeves (2008)
Un monstre gigantesque sème la terreur à New York aidé par les parasites de son corps qui se répandent partout. Le réalisateur croit avoir fait une grande découverte en filmant comme l'aurait fait un amateur avec une petite caméra vidéo. Il appelle cela « filmer selon le point de vue d'un habitant de New York ». On appelle cela aussi "caméra subjective", et cela a été fait des milliers de fois au cinéma. Sauf qu'ici je ne sais pas si on a vraiment envie de payer pour regarder un film amateur...
Au début on a du mal à prendre le film au sérieux. Comme c'est un film d'amateur on prend ça à la rigolade et on met longtemps avant d'être effrayé. Dommage.
Ce qu'on voit est un « document de l'armée US », une « caméra trouvée sur ce que fut Central Park ».
Rob a un dépit amoureux pendant la fête organisée à l'occasion de son départ. À ce moment, il y a "quelque chose" qui commence à détruire Manhattan. Mais nous, pauvres spectateurs, on n'a pas le droit de voir quoi que ce soit parce que le con qui filme ne filme pas ce "quelque chose" ! Heureusement qu'il y a la télé qui, elle, nous montre un peu quelque chose.

Le caméraman amateur filme les pieds des soldats au lieu de filmer le monstre : en quoi ça peut nous intéresser ? Et les autres de dire : « c'est quoi ce truc ? »
Après il y a une longue scène dans le métro alors que ça se passe en surface.
C'est pas mal l'idée d'entrecouper les scènes d'action avec les images de Beth (le dépit amoureux de Rob...) dans un cadre tranquille du métro en temps de paix, images enregistrées il y a quelque temps puisque ce qu'on voit, ce sont des images filmées par la caméra de Rob (tenue par un ami) sur une cassette contenant des souvenirs de Rob et Beth.
Dans le tunnel du métro, ils subissent une attaque par des créatures issues du monstre pleines de dents et de pattes.
On reste sur sa faim, car on voudrait en savoir plus. Car ce n'est pas le monstre la vedette de ce film, mais la caméra numérique amateur !

**Jumper** de Doug Liman (2008)
Un adolescent a le pouvoir de se téléporter où il veut. Le phénomène se déclenche au moment où il va se noyer. Devinez par quoi il va commencer ? Par cambrioler une banque ! Original non ? Il est poursuivi par un chasseur... Très ennuyeux en fait... Le personnage n'est même pas sympathique, c'est dire... Je préfère encore le chasseur de Jumper.

**REC** de Jaume Balaguero et Paco Plaza (2008)
Encore une histoire filmée caméra sur l'épaule ? Oui ? Mais à la différence de

l'abominable *Cloverfield* , celui-ci est beaucoup mieux travaillé. Il comporte un véritable récit raconté par un vrai procédé cinématographique. Balaguero nous avait offert déjà un petit chef-d'œuvre avec *La Secte sans nom*, qui a donné toutes ses lettres de noblesse au cinéma fantastique espagnol qui le méritait bien. Ici il nous offre une histoire d'horreur pas piquée des vers, une histoire qui ressemble à une histoire de zombies.

Une jeune journaliste accompagnée de son caméraman fait un reportage sur les pompiers la nuit. Elle les suit lors d'une intervention dans un immeuble d'où un appel au secours est arrivé. Ils trouvent une vieille femme couverte de sang à côté d'un cadavre. Cette femme va agresser un policier qui va mourir des suites de ses blessures. Puis, l'immeuble sera mis en quarantaine par les autorités sanitaires pour éviter une épidémie.

Bien que ce film soit génial (si !si !) il est quand même difficile de supporter pendant une heure et demie une succession d'images filmées dans l'action, sans pouvoir souffler un peu.

Ceci dit, on est saisi par l'angoisse et c'est l'effet voulu par les cinéastes. Pire même, les images de la fin sont filmées à la caméra infra rouge, car le projecteur a été cassé par un petit monstre caché dans le grenier. Faut aimer. Mais n'est-il pas toujours « intéressant d'aller voir comment c'est ailleurs » comme le dit le personnage mordu par un zombie dans *Land of the Dead* de Romero ?

Enfin dernière remarque : à quand un *Survival* qui finit par la mort du (des) monstre(s) comme au bon vieux temps

**Infectés** de Alex Pastor, David Pastor (2008)
Quoi de meilleur qu'un film post apocalyptique pour traiter de la nature humaine ?
Deux jeunes hommes (des frères) et deux jeunes femmes roulent vers l'océan. Ils tentent de survivre à une épidémie qui ravage l'espère humaine.
Pour y parvenir, il faut être sans pitié. Il faut se mettre en situation : on n'est plus dans le même monde qu'avant. Dans ce monde de l'épidémie, la morale n'est plus la même, les sentiments il faut les laisser dans le monde ancien et peut-être alors le présent pourra exister, mais l'espoir est sans avenir...
Un excellent film, si bien filmé, avec des effets de caméra très étudiés, une photographie extraordinaire.

**Les Ruines** de Carter Smith (2008)
Je suis très heureux qu'on ait donné à un film le même titre que l'un de mes romans ("**Ruines**")
Ce film tente de mettre en scène une créature absente du cinéma (à ma connaissance) jusqu'à aujourd'hui. Enfin, depuis **La Chose d'un autre monde** de Christian Nyby (1951).
**Les Ruines** est adapté d'un roman de Scott B. Smith (publié aux USA) qui en a écrit le scénario. L'introduction est assez flippante, mais ensuite on s'ennuie autour d'une piscine

pour touristes. Mais ça ne dure pas longtemps. Enfin... ensuite c'est sur la plage le soir. On est vraiment obligé de nous infliger ce genre de scène ? Non, je ne crois pas. Après c'est à l'hôtel... Bon ils finissent par partir découvrir ces ruines...
Ceci dit, une virée touristique qui tourne au cauchemar c'est assez courant comme histoire. Ils arrivent sur les ruines et une tribu Maya les oblige à monter sur les ruines de la pyramide en tuant un de leur compagnon. Faut toujours regarder où on met les pieds... On imagine déjà que c'est un rituel pour des sacrifices humains, car de nombreux Mayas arrivent et s'installent autour du site.
Nos jeunes héros entendent un téléphone sonner en provenance d'un puits profond. Un des jeunes descend avec une corde qui casse. Une jeune fille descend pour aller à son secours. Elle saute, car la corde est trop courte et elle se blesse. Ça s'enchaîne et plus ça va, plus ça va mal. L'essence même du scénario du film d'horreur. Il y a toujours la niaise qui meurt de trouille et qui accumule les conneries. La niaise en question essaie de demander des secours aux Mayas, elle s'énerve et lance une touffe de plante qui tombe sur un enfant. Les Mayas exécutent l'enfant... Il y a un problème avec la plante alors ? Peut-être... Alors les Mayas veulent tout simplement éviter une contagion ? Après quarante-trois minutes de film, la plante attaque. Enfin ! Et maintenant ça devient intéressant. On discerne le caractère de chacun, les courageux et les frous-

sards. Les niais(e)s ne sont pas toujours ceux qu'on le croit. Le courage et la douleur. C'est ce qui fait qu'un film est bon ou pas... Et l'horreur se développe, suit son chemin, sans pitié.

Pas mal ce film.

P.S. Le gouvernement mexicain a dû être averti du danger en voyant ce film. J'espère qu'ils vont aller mettre une bonne dose de désherbant sur cette plante !

**It's Alive (Le Monstre est vivant)** de Josef Rusnak (2008)

C'est le remake du film homonyme de Larry Cohen (1973) qui avait tant effrayé.

Ce film est sorti directement en DVD, il n'a pas eu l'honneur des salles de cinéma. Dommage.

Le thème : sales gosses ! Et quoi qu'il arrive, une mère est une mère et défend son bébé envers et contre tout.

Avec une citation de Charles Dickens : « Chaque enfant né dans ce monde est plus joli que le précédent »

Bien que moins terrifiant que l'original, le réalisateur jour ici sur une tension.

La mère, donc, pardonne tout à son enfant qui dévore les gens. Vous y croyez ? Ben justement, c'est tout l'art du film de réussir à nous le faire croire...

**Blood Creek** de Joel Schumacher (2008)

Un film de Joël Schumacher qui n'est jamais sorti en salles en France!

On sent le manque de moyens quand on constate que ce film est tourné en Roumanie.

Les nazis chassent les pierres runiques pour donner l'immortalité à la race supérieure. Mais à quel prix !

Cette immortalité transforme l'agent nazi en une espèce de zombie vampire qui réveille les morts... Ainsi on aura les zombies classiques, les anciens serviteurs qui ont donné leur sang à ce nazi pour en faire ce qu'il est, et d'autres assez nouveaux, comme un cheval zombie.

Mais ne riez pas : certaines scènes sont très éprouvantes. Ce film est bon.

« Ils sont morts !
- Ils ont de la chance : ils sont libres »

Il est toujours fécond le ventre qui engendra la bête immonde !

## Necronomicon (Le livre de Satan) de Leigh Scott (2008)

Sortie directe en DVD en octobre 2012.

Ça se passe en Louisiane, sans doute pour faire un peu plus Vaudou, car toutes les histoires de Lovecraft se déroulent dans le Massachusetts.

En effet ce film est une adaptation de la nouvelle *L'abomination de Dunwich* de Lovecraft.

Le sous-titre du film (Le Livre de Satan) n'a rien à voir avec l'histoire où il n'est jamais question de Satan et le commentaire du début (« Les Watheley célébraient le culte de Satan et du Vaudou ») n'a rien à voir avec Lovecraft qui était athée... Mais, ensuite, le film va rester très fidèle à l'esprit de Lovecraft, car il ne sera plus question de Satan et du Vaudou.

Donc, comme tout lecteur de Lovecraft le sait, une femme de la famille des Wathelay, accouche de deux jumeaux dont l'un est monstrueux.

On assiste ensuite à une espèce d'exorcisme qui a lieu dix ans plus tard dans cette même maison, cérémonie dans laquelle intervient un objet en forme de pyramide qui fonctionne comme le cube maléfique de Hellraiser...

Puis on va dans une classe de lycée où il est question de Cthulhu. Enfin !

Le vieil homme qui a procédé à l'exorcisme retrouve le professeur à la fin de la classe, et ils échangent ces mots que tout lovecraftien reconnaît bien :

- *N'est pas mort ce qui à jamais ne dort*
- *Et au cours des siècles même la mort peut mourir.*

Il y a aussi des filles sculpturales (ça ce n'est pas très lovecraftien) dont l'une est enlevée par Wilbur Watheley pour la donner à manger à son frère monstrueux.

Tout le monde cherche la page 751 du Necronomicon qui a disparu de toutes les copies connues. Là on sort complètement de la nouvelle *L'Abomination de Dunwich*, mais on reste chez Lovecraft. Wilbur Watheley est joué par Jeffrey Combs, le seul acteur véritablement et génialement lovecraftien.

Il faut donc retrouver l'original du Necronomicon.

Dommage que le monstre est assez nul. Le réalisateur aurait mieux fait de le suggérer plutôt que de montrer de flasques tentacules et une bouche aux dents pointues au milieu d'un nuage avec quelques tentacules.
Yog Sottoth ! J'aime quand même tous ces films lovecraftiens.

**La Momie : la tombe de l'empereur Dragon** de Rob Cohen (2008)
Prélude (voix off...) : on s'ennuie ferme à regarder la vie de l'empereur Dragon. Houlala ! si jamais quelqu'un le réveille un jour quelle catastrophe !
Ensuite quelques "aventures" archéologiques. Ah !? On ne savait pas que ça venait de là les soldats chinois en terre cuite. Il y a aussi une histoire de famille. Faut pas jouer avec les très vieux artefacts qui réveillent les morts. Poursuites échevelées ; il y en a même un qui a le feu aux fesses. Un cheval perd la tête. Pas besoin de jumelles pour voir la nature exacte de la jeune fille chinoise.
Ils vont en avion sur les hauteurs de l'Himalaya pour y arriver avant la momie. Là-haut il y a des fusillades et même des Yetis et une avalanche.
Le dragon à trois têtes, lui, est très réussi ; les morts-vivants sont pas terribles.
Indiana Jones 4 nous avait déçus, la Momie 3 aussi.

**The Dark Knight (Le Chevalier noir)** de Christopher Nolan (2008)

Un film de gangsters ! Il commence comme un vulgaire film de gangsters. À part que le plus méchant a un drôle de maquillage. Et il a les dents jaunes : c'est normal pour un méchant ! Les autres gangsters sont assez cons pour se laisser prendre à des pièges couillons. Coppola doit se retourner dans sa tombe. Quoi ? Il n'est pas mort Coppola, vous dites  Ah bon !
« Les criminels ne sont pas compliqués... Il suffit de savoir ce qu'ils désirent. . », déclare Bruce Wayne (Batman) à son valet Alfred. « Il y a des hommes qui veulent juste observer le monde en train de brûler », lui répond le serviteur. Et Batman a des états d'âme, mon dieu ! Va-t-il se rendre ? L'attaque par le Joker du convoi de la police qui transporte le procureur est une pantalonnade. Les flics sont les rois des cons ! Encore plus niais que les gangsters. C'est facile pour le Joker de dominer une bande d'imbéciles. Il y a un peu de SF à la fin.
Le film est bien tourné et bien joué. La fin est excellente. Mais quelques minutes excellentes à la fin peuvent-elles racheter un film ? Sous prétexte qu'on adapte une BD doit-on se permettre de telles invraisemblances de scénario (écrit par Christopher Nolan) ???

**Hancock** de Peter Berg (2008)
Ça démarre fort. Excellente la scène où Hancock croise un groupe de mouettes en volant. Et ensuite, un avion de ligne. Il casse tout avant d'arriver au but. Qu'est-ce qu'on rigole ! Avant d'arrêter trois gangsters, il a fait  pour

neuf millions de dollars de dégâts. À Los Angeles, tout le monde en a marre de Hancock. Ce qui est un comble pour un super héros. S'en fout Hancock ; fout le bordel. Tout le monde le déteste. Il boit.
Will Smith est excellent. Enfin un rôle dans lequel il ne cabotine pas.
Il a un gros chagrin Hancock, c'est pour ça qu'il picole.
Hancock en prison on s'ennuie ; vivement qu'il sorte ! Après c'est bougrement intéressant : faut aller voir le film. On découvre que Hancock n'est pas le seul super héros.
Charlize Theron est toujours aussi délicieuse.

**Starship Troopers 3 Marauder** d'Edward Neumeier (2008)
La filière anti militariste du premier film *Starship Troopers* en pleine expansion tragi-comique ? Mais peut-être que certains y verront plutôt le contraire.
Rappelons que le roman *Starhip Troopers* de Robert Heinlein était militariste.
La guerre en Irak ? Rien à voir : ce ne sont pas des insectes qu'on combat là-bas. C'est plutôt Fort Alamo. Et puis c'est vraiment contre cette religion qui fait de la politique. « C'est le mauvais dieu ! » s'exclame l'hôtesse croyante. Finalement les événements auront l'air de lui donner raison...
Le film est très bien tourné, l'action très bien filmée. Le dieu des arachnides est très inspiré du grand Chtulhu.

J'adore ce film. Tout à fait l'esprit de Paul Verhoeven : on interprète ce film comme on veut.

**The Human Centipede** de Tom Six (2009)
Un homme est arrêté au bord de la route. Un camion s'arrête derrière lui. Le chauffeur en descend avec du papier toilette dans la main pour faire ses besoins. L'homme de la voiture en descend également, met l'autre homme en joue alors qu'il est occupé à déféquer.
Ensuite, deux jolies jeunes filles sont perdues dans les bois la nuit. Elles crèvent un pneu en roulant. Elles ne savent pas changer la roue. Une voiture survient avec un gros type qui leur dit des cochonneries en allemand. Elles trouvent une maison dans la forêt où se tient le type au fusil du début.
« Ce mec est bizarre ! » S'inquiète l'une d'elles.
Mais quelles sont donc ces expériences que réalise sur les humains ce type diabolique ? Il va l'expliquer de manière claire aux victimes. Il va greffer trois personnes entre elles bouche-anus pour obtenir des triplés siamois avec un seul tube digestif commun... Dit comme ça on n'y croit pas une seconde, mais c'est si bien filmé qu'on y croit !
Le film inflige aux spectateurs quelques scènes d'opérations chirurgicales insoutenables, parfaitement claires et compréhensibles. Pas de hors champ « explicatif » ici. Rien n'est épargné au spectateur...
L'opération réussit entre les deux jeunes filles et un jeune homme.

Quelle abomination ! Ce film est insupportable. Le summum de l'ignominie.
Ensuite, l'espoir naît par l'arrivée de la police... dont les hommes vont finir comme sujets d'expérience eux aussi. Mais le terrible docteur nazi va payer ses crimes.
Ignoble film, noir très noir. Il fallait oser...

**The Box** de Richard Kelly (2009)
Film tiré de la nouvelle de Richard Matheson *Le Jeu du bouton* (*Button, Button* 1970)
La nouvelle commence ainsi : « Le paquet était déposé sur le seuil de l'appartement... »
Le film ne commence pas comme ça. C'est dommage. Il commence par une explication (c'est un peu lourd, mais...) : un type était mort gravement brûlé et ressuscité et il y a des recherches sur Mars...
Enfin, la boîte est trouvée sur le seuil de la maison à 5 H 45 du matin !
On apprend que la famille a des problèmes (graves) d'argent.
L'homme qui a amené la boîte a laissé un mot disant qu'il viendrait à 17 H C'est un homme défiguré joué par Frank Langella (excellent) qui se présente avec l'alternative suivante : « Si vous appuyez sur le bouton de la boîte, une personne que vous ne connaissez pas mourra, mais vous toucherez un million de dollars... » Curieux non ?
Bien sûr, on comprend (et on en aura la confirmation plus tard) qu'il s'agit de l'homme ressuscité.

Cela a l'air tiré par les cheveux, comme toutes les énigmes de Matheson, mais cela a un sens profond et même plusieurs sens que vous découvrirez en regardant le film.

Le film est émaillé de citations qui vous donneront une idée de la philosophie de l'histoire :

« Alors tu vas appuyer ou pas ? » Demande le mari... C'est aussi ce que le spectateur se demande après 27 minutes de film...

« Les gens, est-ce qu'on les connaît vraiment ? » demande le mari ...

« Toute technologie suffisamment avancée est indiscernable de la magie. » Cité par l'enfant et attribué à Arthur C. Clark dans sa « troisième loi... »

« Libre ou pas libre, à chacun de choisir ! » Jean-Paul Sartre.

Vous noterez que les citations sont toujours celles des hommes. D'ailleurs seules les femmes appuient sur le bouton. Matheson est-il misogyne ?

Puis le spectateur est jeté sur des chemins de traverse : paranoïa ? Complot ? De qui ?

Du pur Matheson.

Mais ce simple geste d'appuyer sur le bouton, c'est l'instant du diable... et l'espèce humaine est en jeu : serait-elle l'espèce du diable ?

## Outlander le dernier Viking de Howard Mc Cain (2009)

Un vaisseau spatial tombe sur Terre dans un lac nordique. Cela se passe à l'époque des Vikings... Belle idée de rassembler les Vikings et les extraterrestres.

Ce vaisseau contenait un extraterrestre humain et un monstre prédateur quasiment invincible.

L'extraterrestre c'est Kainan et le monstre c'est Moorwen.

Ce dernier va semer la désolation chez les Vikings alors que Kainan, d'abord prisonnier des guerriers nordiques, va devenir un précieux allié pour affronter le monstre qu'il connaît si bien.

Bien construit et bien joué. Très agréable.

**Invasion au Far West** de K.T. Donaldson (Kristoffer Tabori) (2009)
La même histoire, mais en série Z.
Mal joué, mal filmé, effets spéciaux hilarants, tourné en Roumanie.
On s'amuse bien !

**Grace** de Paul Solet (2009)
Sortie directe en DVD en 2011
Une jeune femme tombe enceinte. On assiste même à la conception, puis les plans sont entrecoupés et ponctués d'images dégoûtantes. Dans la réalité, la maman reçoit des « signes » : tranche de foie sanguinolente, cadavre de rat amené par le chat, belle-mère autoritaire...
Tout est réuni pour montrer qu'une naissance est... dégoûtante.

Le bébé est mort-né ! Après un accident de la route qui a vu la mort du père, mais pas de la petite maman enceinte.
À la télé aussi il y a des images dégoûtantes.
Mais l'enfant renaît.
Maman d'un monstre ! C'est dur…
Il y a eu beaucoup de films dans lesquels la femme est maman d'un monstre : *Simetierre, Le Monstre est vivant* (et toutes ses séquelles) et son remake *It's Alive, Baby Blood, Wake Wood*, etc.

**La Remplaçante (The Substitute)** d'Ole Bornedal (2009)
Dans ce film on annonce la couleur au spectateur dès le début : un extraterrestre arrive sur Terre, prend possession du corps d'une jeune femme. Il vient d'une planète qui ne connaît pas l'amour.
Donc cette jeune femme qui élevait des poulets se présente comme professeur dans un lycée et prépare l'enlèvement des élèves pour les emmener sur sa planète.
C'est grand-guignolesque, mais ça n'atteint pas son but. On n'a pas peur du tout, on ne rigole même pas et on s'ennuie à mourir.
Pourtant on sent bien qu'il ne manque pas grand-chose pour que ce soit une réussite : l'actrice est très bonne, les petits acteurs aussi et c'est bien filmé…
Alors qu'est-ce qui fait qu'on s'ennuie ?
Achetez le DVD et regardez-le pour vous faire votre propre opinion…

**Pandorum** de Christian Alvart (2009)
Dans un vaisseau spatial perdu, plusieurs passagers se réveillent et affrontent des monstres.
On ne voit presque rien, la plupart du temps l'écran est noir.
Un scénario imité de *The Descent*...
Sans intérêt.

**District 9** de Neil Blomkamp (2009)
Drôle d'histoire. Ça ne tient pas debout, les combats sont ridicules, une armée moderne qui se contente de tirer à l'arme légère sur un monstre blindé et armé jusqu'aux dents...
Le scénario est faible avec une idée géniale de départ.
Des extraterrestres arrivés on ne sait comment sont parqués dans un bidonville en Afrique du Sud. Ne cherchez pas longtemps l'allusion idéologique ..
Le chef de l'opération consistant à les transférer plus loin se transforme par accident en l'un d'entre eux et finit par aider leur "chef' à faire redémarrer le vaisseau mère qui lévitait depuis vingt ans au-dessus de Johannesburg...
La manière de tourner ce film comme des actualités télé est assez agaçante.
Tout le film est agaçant avec ses gros sabots idéologiques.

**Transformers 2 la revanche** de Michael Bay (2009)
La suite donc. J'aime beaucoup Michael Bay, là son talent se confirme avec un vrai film

d'action. Mais le film ne m'emballe pas, contrairement au premier.

**Terminator 4 renaissance** de McG (2009)
Nous voici en 2018 en compagnie de John Connor qui dirige les combats des humains contre les machines. Le film ne tient pas les promesses de la bande-annonce.

**Esther (Orphan)** de Jaume Collet-Serra (2009)
Un film assez terrifiant. Le problème c'est que pendant un très long moment on a du mal à y croire. Mais presque à la fin on apprend un fait qui explique tout et qui rend toute l'histoire absolument crédible.
Un couple adopte une petite fille après la perte d'un enfant. Cette fille a déjà 12 ans. Elle va amener l'horreur à la maison.
Ce film utilise avec art les trucs des films fantastiques à suspens, dont le principal consiste à tout montrer au spectateur et à l'énerver en montrant que certains personnages nient l'évidence, particulièrement le personnage souvent le plus stupide dans les films d'horreur : le psychiatre...

**X-men Origins : Wolverine** de Gavin Hood (2009)
Un film d'action qui n'apporte pas beaucoup à la mythologie des X-men.

**Predators** de Nimrod Antal (2009)
Un film de série B assez intéressant.

Des humains sont parachutés sur une planète infestée de Predators pour leur servir de gibier. On passe un bon moment. Les Prédators sont bien rendus. Je n'aime pas trop l'acteur Adrian Body dans ce rôle...

**Les Chroniques de Mars** de Mark Atkins (2009)
Alors que le film John Carter sort sur les écrans, il est bon de se souvenir de ce petit film qui reprend le roman de Burroughs *La Princesse de Mars*.
Un très petit film qui a le mérite de ne pas se prendre au sérieux, qui adapte l'intrigue à notre période contemporaine et l'intérêt de cette histoire c'est qu'elle traite de la machine qui fabrique de l'oxygène sur Mars... D'ailleurs, pour la vraisemblance, le scénario situe ce Mars comme une planète d'une étoile lointaine.
Ça passe le temps de regarder ce film...

**Underworld 3 Rise of the Lycans** de Patrick Tatopoulos (2009)
Le film commence avec une voix off et ensuite il fait tout le temps nuit... On n'y voit pas grand-chose et cette histoire de Romeo et Juliette n'est pas originale. La fin est un peu niaise.
Tatopoulos est un excellent artiste créateur des effets spéciaux, mais il a encore beaucoup à apprendre comme réalisateur.

**Watchmen** de Zack Snyder (2009)

« Le rêve américain: où est-il passé?
- Ouvre un peu les yeux, il est là. »
Un "gardien (Rorschach) recherche le meurtrier de l'un des Watchmen, le Comédien.
Un fond politique, une enquête décalée pleine de flash-back... Nixon, la guerre au Vietnam. Le Dr Manhattan est issu d'une expérience de physique quantique ? Il est amené à jouer un rôle dans la guerre froide. Quelqu'un semble vouloir éliminer les Watchmen l'un après l'autre.
« Tout le monde va mourir !!
- Et l'Univers ne se rendra compte de rien. »
On n'a rien sans rien, hein ?
Un superbe film : pas linéaire pour un rond (ah ah ah !)
Il y a des monuments de cinéma dans ce film.

**Star Trek** de J.J. Abrams (2009)
Superbe film de science fiction, qui, dit-on, ne déçoit pas les Trekkies. Enfin pas tous.

**Humains** de Jacques-Olivier Molon et Pierre Olivier Thévenin (2009)
Un survival dans la montagne sauvage suisse. Un énième dérivé de *Delivrance* de John Boorman, avec ici, comme originalité, le danger représenté par l'autre espèce humaine.

**Skyline** de Colin et Greg Strause (2010)
Une invasion d'extraterrestres. Leurs motivations sont inconnues. Ils sont hideux, terri-

fiants et sans pitié. Ils vaincront en deux jours toute la puissance de la Terre... Mais...

On ne s'ennuie pas. C'est très bien filmé, un peu mal joué, mais de la SF comme on peut aimer : effets spéciaux simples, mais stupéfiants, suspense, créatures terrifiantes qui vous avalent le cerveau en un rien de temps.

**Resident Evil : Afterlife 3D** de Paul W.S. Anderson (2010)

Rien de bien nouveau. Il fait toujours sombre, il y a beaucoup d'action, mais on ne voit pas assez les morts-vivants. La suite pour bientôt, car la fin du film n'est que le commencement du suivant.

**Monsters** de Garet Edwards (2010)

Inspiré du film *Le Monstre* de Val Guest (1955)

Comme dans le film de Val Guest, l'horreur vient de l'espace ? Une sonde de la NASA est tombée au Mexique et a emmené une infestation qui a créé de gigantesques monstres. Cet engin spatial avait « collecté » des germes extraterrestres.

Je ne sais pas pourquoi les scénaristes avaient besoin de ce prétexte « scientifique ». c'est comme ça...

On s'ennuie beaucoup, les monstres sont peu visibles, on les entend parfois. On les verra un peu à la fin... Les plans sont assez désagréables.

En fait, cette histoire de monstres cthulhiens est le prétexte à une histoire d'amour...

**Piranha 3D** d'Alexandre Aja (2010)
« Sea, sex and... blood » clame l'affiche du film!
Alexandre Aja n'a pas voulu faire un remake du film de Joe Dante de 1978, qui était tout simplement une parodie sanglante des « Dents de la mer » (1975) de Steven Spielberg.
Il a plutôt voulu reprendre l'esprit d'un autre film de Joe Dante : « Gremlins » (1984), où une bande de sales petites bestioles anarchistes foutent un bordel du diable partout où elles passent ! Ben ici c'est une bande de piranhas sanguinaires qui nous offrent quelques scènes gore dans un monde de sexe débridé.
Fastueux ! Époustouflant !
Avec le thème récurrent des films d'horreur des années 80 : attention, pas trop de sexe, soyez sage sinon ce sera l'horrible punition ! Et vous ne vous en sortirez pas comme ça, hein !
Alexandre Aja est un excellent cinéaste, il conduit ce film en main de maître qu'il est.

**Dylan Dog** de Kevin Munroe (2010)
Sortie en DVD en juillet 2012.
Un film tiré du comics américain de Tiziano Sclavi.
On verra dans le film qu'un vampire, celui qui tient en main la croix de Belial, s'appelle Sclavi.
Seules les BD, et particulièrement les comics américains et aussi, désormais les Manga, ne

craignent pas d'inventer des histoires extravagantes et complètement déjantées. Avant eux le cinéma n'avait jamais osé, ou si peu... Maintenant il les adapte et ça donne des films surréalistes, pleins de candeur et de naïveté. Comme ce *Dylan Dog*.

Un détective de l'étrange, un tantinet bellâtre, est entraîné dans une enquête qu'il avait refusée dans un premier temps.

Classique.

Il est un grand connaisseur du monde occulte des zombies, loups-garous, vampires et autres monstres... Tous ces braves monstres vivant incognito parmi nous. Vous n'en avez jamais vu ?

Classique aussi. Depuis quelques années.

On aperçoit un moment une affiche des Marx Brothers collée sur une porte. Message : « Ne prenez pas ce film trop au sérieux. »

En fait, il s'agit de chasser le « cœur de Belial », vous savez, Belial, le démon, l'ange déchu devenu roi de l'enfer... Ce « cœur » est un bijou en forme de croix avec un peu de sang qu'il suffit d'injecter à un monstre et Belial investira son corps.

Très classique aussi la fin à tiroirs, fausse fin, puis une deuxième fausse fin, etc.

Enfin, ils arrivent quand même à nous surprendre...

On passe un bon moment.

**Monsters** de Garet Edwards (2010)
Inspiré du film *Le Monstre* de Val Guest (1955)

Comme dans le film de Val Guest, l'horreur vient de l'espace ? Une sonde de la NASA est tombée au Mexique et a emmené une infestation qui a créé de gigantesques monstres. Cet engin spatial avait « collecté » des germes extraterrestres.

Je ne sais pas pourquoi les scénaristes avaient besoin de ce prétexte « scientifique ». c'est comme ça...

On s'ennuie beaucoup, les monstres sont peu visibles, on les entend parfois. On es verra un peu à la fin... Les plans sont assez désagréables.

En fait, cette histoire de monstres cthulhiens est le prétexte à une histoire d'amour...

**La Traque** d'Antoine Blossier (2010)
Des chasseurs traquent un énorme sanglier qui a tué du gros gibier. Vous imaginez la monstruosité de la bête...

Une famille gère une entreprise chimique qui fabrique des engrais et une exploitation agricole. On est encore dans l'écologie prétexte pour un film d'horreur. Les scènes de chasse sont très bien filmées. Les personnages sont très bien typés...

Le mystère sur le « monstre » qu'ils traquent est maintenu très longtemps. Le plan d'eau situé en pleine forêt est pollué. La forêt subit un désastre écologique. Heureusement qu'il y a des téléphones portables, comme quoi la technique sauve, elle n'est pas seulement polluante...

Pas mal du tout ce film.

Sur une histoire de sanglier monstrueux voir *Razorbak* de Russel Mulcahy (1984)

**Die Farbe** de Huan Vu (2010)
Adaptation de la nouvelle de Lovecraft *La Couleur tombée du ciel* (1927)
« Die Farbe » signifie « la couleur » en allemand.
Arkham… la bibliothèque… Un jeune homme se rend en Europe (Allemagne) à la recherche de son père. La construction récente d'un barrage entraîne l'inondation d'une vallée (C'est comme ça que se termine la nouvelle de Lovecraft…) Un habitant lui raconte qu'autrefois une météorite étrange était tombée non loin d'une ferme. Les tentatives d'analyser la pierre restèrent lettre morte, car la météorite se dissolvait dans l'air.
L'action de la nouvelle de Lovecraft est ainsi transférée de la Nouvelle-Angleterre à la forêt de Souabe-Franconie en Bavière. En allemand : « Schwäbisch-Fränkischer Wald »…

**The Last Lovecraft : Relic of Cthulhu** de Henty Saine (2010)
Citation de Lovecraft : « *Le monde est sans doute comique, mais la farce c'est l'humanité.* »
Découverte d'une sculpture maudite en Égypte. Mort atroce de deux plaisanciers sur leur bateau en pleine mer.
Cette relique d'Égypte n'est que la moitié d'un tout. L'autre moitié est entre les mains de

vieux érudits qui doivent la remettre au descendant de Lovecraft.
Ce descendant est un jeune homme timide. Lui et son ami se voient donc confier cette moitié de relique. Face au refus du descendant d'HPL de garder la relique, son ami sort un comics (Tales from the Deep) qui raconte l'histoire plus ou moins adaptée de Cthulhu et des Anciens. Ils vont trouver un « spécialiste » de Lovecraft qui les emmène voir quelqu'un de vraiment expérimenté.
Tout est tourné en dérision sur le mode comique. Les créateurs de ce film ont reculé devant les difficultés d'adaptation des œuvres de Lovecraft et les tournent donc en dérision.
Par ailleurs il est beaucoup question de sexe (en parole seulement), d'homosexualité, ce qui est aux antipodes de l'œuvre de Lovecraft.
Ceux des profondeurs... Les Soggoths... et « adorateurs de poissons »... Le rejeton des étoiles... Et ça finit dans les montagnes hallucinées...

**The Phantom** de Paolo Barzman (2010)
Ce superhéros a été imaginé en 1936 par Lee Falk, également créateur de *Mandrake le magicien*. Il est l'un des premiers superhéros de DC Comics tout comme *Batman* et *Superman*...
Ce film pour la télé est sorti en DVD en 2011.
C'est un joli petit film bien torché qui se regarde bien.
Ce gentil petit étudiant se voit révéler qu'il est le descendant de Phantom le légendaire com-

battant pour le bien. Et qu'il le veuille ou non, il prendra la relève.
Mais il fera bien ce qu'il voudra quand même !

**L'éclair noir** d'Alexander Voytinskiy et Dmitri Kiselyov (2010)
Une Volga (l'automobile) noire volante ; parodie de superman avec le scénario de Spiderman et autres superhéros... Très nul.

**Super 8** de J.J. Abrams (2011)
Des ados tournent un film de zombies en super 8. (maintenant on les fait en numérique...)
Une femme est tuée dans un accident du travail à l'usine. Son fils est le héros de l'histoire.
Ça se passe au moment de l'accident nucléaire de Three Miles Island (23 mars 1979).
Alors qu'ils tournent une scène dans une ancienne gare, un train de marchandises déraille.
Ce déraillement n'est pas naturel, la cargaison du train non plus, et les événements qui suivent encore moins !
Et puis intervient l'armée, l'ARMEE, vous vous rendez compte ?
Ça c'est encore plus étrange !
La manière de ces jeunes de tourner leur film clandestinement au milieu d'événements réels me rappelle Paul Carpita tournant son film *Le Rendez-vous des quais* (1958). Comme quoi, la réalité dépasse la fiction.
Le film nous montre les problèmes personnels de chacun et les rapports entre les gens.

« La Chose a pris Alice ! » La Chose sort tout droit de X-files et la zone 51.
Son vaisseau spatial, est construit à partir de petits modules comme les répliquant de Stargate SG1. Abrams connaît bien ces deux sujets !
Quel bordel elle fait cette Chose. Pire que les Gremlins.
Ah ! ce Spielberg (producteur) toujours les mêmes obsessions !
J'aime assez le petit film projeté en même temps que le générique de fin : les clichés des films de zombies.

**Green Lantern** de Martin Campbel (2011)
Une adaptation de DC comics (l'éditeur qui a publié les Superman et les Batman)
Un film très ennuyeux, pas très enthousiasmant, l'histoire est emberlificotée. Je ne sais pas si c'est dû au film ou à la franchise elle-même qui n'a pas l'air de casser des barres...

**Star Cruiser** de Jack Moik (2011)
Les éditions Condor semblent spécialisées dans l'édition DVD de films qui ne cassent pas trois pattes à un canard, mais qui sont agréables à regarder. Ça fait du bien de regarder ce genre de film pour se détendre.
Ici on a des vaisseaux spatiaux, des batailles spatiales avec un peu des ingrécients des grands classiques de la SF : *Blade Runner* (cyborgs), *Star Wars*, *Starship Troopers*, *Stargate SG1*...

L'originalité de ce film est aussi le côté « normal » du héros, individualiste, mercenaire, mais pas du tout frimeur, au contraire, très banal d'apparence.

**La Planète des singes : les origines** de Rupert Wyatt (2011)
Excellent film. Le scénario est un peu tiré par les cheveux et le combat entre les singes et quelques policiers sur le pont de San Francisco à la fin est très peu vraisemblable.
Mais passons, on y croit quand même tellement c'est bien filmé et bien joué...
Un scientifique fait des recherches pour trouver un vaccin contre la maladie d'Alzheimer dont est atteint son père. Il fait des essais sur des singes et les effets sont inattendus...
Ces expériences conduiront à la quasi-extinction de l'espèce humaine et à la naissance d'une nouvelle espèce intelligente : les singes.
Superbe film.

**Numéro quatre** de D.J. Caruso (2011)
Joli petit film pour ados. De beaux jeunes hommes et de belles jeunes filles luttent dans l'ombre pour la survie de l'espèce humaine menacée par les créatures diaboliques qui exterminent les habitants de toutes les planètes où ils passent.
C'est très divertissant.

**Hypothermia** de James Felix McKenney (2011)

Un joli petit film de série B. Réalisé sans moyen : avec 6 acteurs seulement, un seul site de tournage, et le réalisateur est aussi le scénariste et le monteur. Durée du film : 1 H 07 seulement. Pour dire ! Les acteurs jouent bien et c'est très bien filmé.
C'est un hommage au film culte *L'étrange créature du lac noir* de Jack Arnold (1954) qui a eu une suite et quelques remakes (voir ci-dessous)
Il y a de la recherche dans les premiers plans. Il y a de la tension dès le début : le père de famille tombe dans l'eau glacée en rompant la glace du lac gelé.
La question se pose ensuite : qui sera le premier à être bouffé ?
Ah ! De nouveaux personnages arrivent : des gros cons de beaufs pêcheurs. Ce sont eux qui se feront bouffer les premiers ; of course.
Ils se mettent à pêcher et après une très longue attente ils ont une touche genre « monstre du Loch Ness »... Donc ils vont agrandir le trou dans la glace !
Le monstre est peu visible et très caoutchouteux, mais le résultat de ce qu'il fait est très bien rendu...
Délicieux cet hommage à un film culte...
Il y a donc eu :
**L'étrange créature du lac noir** de Jack Arnold (1954)
**La Revanche de la créature** de Jack Arnold (1955)
**La Créature du Lagon** de Jim Wynorski (1989)

**La Créature du marais** de Wes Craven (1982) tiré d'un comics.

**The Thing** de Matthijs Van Heijningen Jr. (2011)
On se souvient que dans *The Thing* de John Carpenter, le film commence par l'arrivée d'un chien poursuivi par un homme en hélicoptère qui vient d'une station polaire norvégienne. Le chien était porteur de la « chose ». Excellent film, et vrai remake de *La Chose d'un autre monde* (1951), car les scientifiques de la station polaire découvrent l'extraterrestre congelé, alors que le film de Carpenter commence après, quand les résidents de la station polaire norvégienne ont déjà été complètement exterminés.
Ce film de Van Heijningen Jr. raconte donc ce qui s'est passé dans cette station polaire norvégienne. Il se veut donc une préquelle du film de Carpenter, mais c'en est quasiment un remake puisque le récit est le même. Tous les êtres humains de la station sont vampirisés par la « chose » jusqu'au chien...
À quand la suite du film de Carpenter qui finit pas une ambiguïté : le spectateur se demande si l'un des survivants n'est pas contaminé par « la chose » ?

**Contagion** de Steven Soderberg (2011)
Ce film raconte le développement d'une pandémie due à un virus mutant porc/chauve-souris. Il prend la forme d'une grippe, puis d'une méningite aiguë et mortelle.

C'est une véritable reconstitution de ce que serait une telle pandémie. Il est d'ailleurs fait référence dans le film à la pandémie de grippe dite « espagnole » de 1918-1919...
On voit les émeutes, la paranoïa (parfois justifiée), la théorie du complot...
Les gauchistes voient des complots capitalistes partout, et parmi eux un vrai salaud qui se fait du fric grâce à son rôle de gauchiste...
Ceci dit, quand ils ne trouvent pas de vaccin, ils mentent, quand ils en trouvent un, il est dangereux...
Les autorités sanitaires recherchent le patient zéro, le premier qui a été infecté et qui a lancé la pandémie. Ils sont lancés sur une fausse piste et cette enquête dévoile un pan de la vie privée des protagonistes.
Au milieu de tout cela, il y a une stupide histoire d'enlèvement.
La leçon de la fin : il suffit de si peu de choses pour lancer une pandémie, il suffit de ne pas se laver les mains !
Ce film est vraiment bien : quasiment un documentaire sur ce que pourrait être une telle pandémie et ses conséquences sociales, politiques, scientifiques, morales, etc.
Mais un documentaire vécu en direct, donc une superbe fiction !

**Appolo 18** de Gonzalo Lopez-Gallego (2011)
Filmé en « immersion », c'est-à-dire comme si on y était. La nouvelle mode du cinéma. Donc c'est un peu ennuyeux, mais ce film mérite un peu d'ennui, car il est excellent.

Cette mission Appolo secrète est envoyée sur la Lune. L'équipage va être confronté à des extraterrestres lunaires qui s'identifient à la roche et qui vont investir leur corps.

**Cowboys et envahisseurs** de John Favreau (2011)
Spielberg, le producteur (avec Favreau) aime les soucoupes volantes et les aliens.
Il se devait donc d'adapter la BD de Platinium Studios, *Cowboys and Aliens* de Scott Mitchell Rosenberg...
Il faut dire que l'histoire est très plaisante.
Du western pur et dur, dans la très bonne tradition, avec les méchants qui finissent par devenir gentils, le saloon, l'or et les chevauchées, les Indiens... Et puis les paysages grandioses !
Et puis des extraterrestres attirés par... l'or !
De gros méchants monstres hideux avec des bras supplémentaires qui leur sortent du ventre.
On s'amuse comme des petits fous avec ce film !
Avec Spielberg on ne pouvait pas éviter Harrison Ford, mais il y a notre "James Bond" Daniel Craig toujours aussi superbe !

**Livide** de Julien Maury et Alexandre Bustillo (2011)
Une petite stagiaire accompagne une infirmière à domicile chez ses patients. Ils vont dans une vieille maison dans laquelle se trouve une femme très âgée dans le coma...

L'infirmière demande à la stagiaire de l'attendre dans la voiture, mais, a jeune fille la suit. Elle découvre donc la patiente en question. Dans la conversation avec l'infirmière, il est question d'un trésor caché...
Donc, la fille accompagnée de deux amis, reviendra la nuit pour chercher ce trésor. Mal leur en a pris...
Ce film est superbe. Une horreur macabre. Ici pas de vampires chochottes, mais de véritables monstres, très originaux. La fin est très inattendue !
Un film à ne pas manquer qui n'a pas eu la reconnaissance artistique qu'il mérite.

**X-Men le commencement** de Matthew Vaughn (2011)
Pas mal ! On ne s'en lasse pas.
Après les trois opus de X-men proprement dit et *Wolverine* voici le cinquième film sur le sujet.
On ne s'ennuie pas, on découvre comment chaque personnage a pris ses marques et comment les gentils deviennent méchants et vice versa... Une spécialité des comics américains.
Voici les autres films X-Men (tous traités dans mes différents livres) :
**X-Men origins: Wolverine** de Gavin Hood (2009)
**X-Men** de Brian Singer (2000)
**X-Men 2** de Brian Singer (2003)
**X-Men l'affrontement final** de Brett Ratner (2005)

**The Dark Knight Rises** de Christopher Nolan (2012)
Un film au scénario ubuesque, sans aucune originalité, qui ressemble comme deux gouttes d'eau au premier.
La scène du prologue sur l'attaque de l'avion est grotesque. Le réalisateur prend-il le spectateur pour un idiot ?
Marion Cotillard n'est pas convaincante.
C'est long... Bruce Wayne marche avec une canne, il est complètement déglingué, mais il va se refaire !
Sera-t-il capable d'affronter Bane, l'homme au masque (à gaz ?) ? Bien sûr que si !
Les flics sont toujours aussi cons. C'est donc facile !
On s'ennuie, c'est trop prévisible.
La « Bat » est intéressante. La machine compense la faiblesse humaine de Bruce.
Après une heure de film on espère quitter l'ennui.
Mais, en fin de compte, le match de boxe entre Batman et Bane est ridicule.
Batman est donc prisonnier de Bane, et devinez : Bane lui laisse la vie sauve pour mieux le faire souffrir... Incroyable ce qu'il est con !
À 1 H 30 de film : katastrofe !
Et ensuite c'est la Révolution. Et le coup classique du héros déglingué qui se retape grâce à sa volonté là où tous les autres (sauf un enfant) ont échoué.
À 2 H 10 de film ça devient intéressant, ça castagne vrai ! Et, enfin, on voit clair : il y a du soleil.

À 2 H 21, alors que les méchants tiennent Batman, une fois de plus, ils lui laissent la vie sauve !
Bien sûr, c'est si bien filmé, si bien joué, les effets spéciaux sont stupéfiants. C'est dommage de gâcher autant de talent avec un scénario aussi nul...
Comme pour l'opus précédent...

**The Secret (The Tall man)** de Pascal Laugier (2012)
La scène du sauvetage du nouveau-né filmée à travers la vitre semi-opaque est superbe. Elle aura toute sa signification plus tard...
Ça c'est du cinéma : ça explique tout par de simples images, du son et un léger travelling... Enfin, pas tout, heureusement.
Il y a une épidémie de disparitions d'enfants : « Quelque chose de si menaçant, si terrifiant... » dit la voix off.
Le responsable c'est le Tall man !
J'adore le générique avec les inscriptions sur le sol filmées par hélicoptère.
Jessica Biel est extraordinaire, le film aussi.
Tous les plans ont un sens.
Woahou ! Quel film ! Quelle claque !

**Storage 24** de Johannes Roberts (2012)
Sorti direct en DVD ce nanar ne mérite même pas d'être vu. Ça commence très cliché avec vues de la ville et animation radio en son. Et ça continue en cliché.
Un accident d'avion en pleine ville, mais le film a du mal à démarrer. Le casting pas terrible.

Tout se déroule dans un endroit clos... Un vaisseau spatial ? Non, dans un entrepôt garde-meubles dans lequel sévit un monstre en caoutchouc.

**John Carter** d'Andrew Stanton (2012)
Magnifique adaptation d'un roman du cycle martien d'Edgar Rice Burroughs. Superbes effets spéciaux...

**UFO** de Dominic Burro (2012)
Le début est long, car on s'ennuie avec de longues scènes de drague, de baise et de dégueulades. C'est long, donc, et de plus entrecoupé de scènes visiblement d'un autre moment...
Après il ne se passe plus rien pendant un long moment, et on s'ennuie en compagnie d'une bande de connards.
Après 35 minutes de film, on voit une soucoupe volante.
Mais on n'est pas sauvé : ensuite il y a encore une bagarre, et puis une autre... Et beaucoup de bavardages. Des bagarres genre cour de récréation, vous voyez ?
À 1 H 11'11" du film, je ne comprends toujours pas les scènes genre flash-back avec Jean Claude Van Damme... Ah ! C'est le tonton à Michael...
Finalement la dernière demi-heure est intéressante. Ça vaut donc le coup de rester...

**Chroniques de Tchernobyl** de Brad Parker (2012)

Aïe, ça commence en vidéo amateur. Ça craint ! Ouf ! ça ne dure pas.
L'explication de l'origine de la catastrophe nucléaire est nulle, mais ce n'est pas grave.
Six jeunes en couple vont visiter une ville située à proximité de la centrale nucléaire, ville qui a été évacuée juste après l'accident. La visite ne devait durer que deux heures...
Le thème de la ville abandonnée, thème post apocalyptique par excellence est donc repris ici, mais dans un lieu situé sur notre planète qui vit encore sa vie en dehors de ce lieu...
Au début, les jeunes rigolent et font semblant de se faire peur.
Mais la peur, la vraie, va les gagner. Cet endroit est finalement terrifiant, comme endroit et par ses « habitants »...
Le guide a l'air inquiet... Il trouve des cendres chaudes dans une pièce d'un immeuble abandonné...
Leur voiture a été sabotée, le guide a disparu, un jeune est gravement blessé par des chiens sauvages... La nuit. Le cinéaste utilise les mêmes procédés que dans le film *Blair Witch.* Et ça marche !
Superbe film ! Il sort de l'ordinaire du genre, c'est sans doute ce qui a dû déplaire à certains.
Effrayant, déprimant.
Une espèce de métaphore sur l'horreur du communisme et sa fin tragique, qui n'en finit pas...
Ce film a été tourné en Serbie et en Hongrie...

L'histoire me fait penser à celle de *Stalker* (1979), film d'Andrei Tarkovski adapté d'un roman soviétique des frères Strougaski, dont le titre d'origine est *Pique-nique au bord du chemin* (1972).

**Resident Evil : Retribution** par Paul W. Anderson (2012)
C'est le cinquième film de la franchise. Adaptés du jeu vidéo.
Résumé des épisodes précédents par Alice elle-même.
Ensuite des scènes de poursuites par des zombies. Mais c'était un rêve (en fait non... on saura ce qu'il en est plus tard dans le film).
Ça se passe au fond de l'océan où est construit le complexe Umbrella. Dans lequel il y a a partout l'étoile rouge soviétique avec la faucille et la marteau.
Et aussi plein de clones ce qui permet de ressusciter des personnages.
Il y a tout le temps de la castagne, faut donc aimer ça et des monstres assez géniaux.
Et puis des changements de décor : Moscou, New York, Tokyo...
Ils n'ont pas froid comme ça bras nus sur la banquise ?
Costauds les filles ! On voit les blessures internes par radioscopie.
Wouahou ! Quelle bagarre...
« Le commencement de la fin » est-il dit à la fin...
À suivre, alors ?

**Prometheus** de Ridley Scott (2012)
« Je ne sais rien, mais c'est ce que je choisis de croire. »
C'est ce que le père de la petite fille lui a répondu quand elle lui a demandé comment il savait ce qu'il y avait après la mort. Et c'est aussi ce qu'elle a répondu quand on lui a posé la question si elle savait qu'elle foutait en l'air trois siècles de darwinisme.
On voit un extrait du film « Lawrence d'Arabie ».
Donc, des archéologues font le lien entre différentes peintures rupestres qui représentent un géant montrant du doigt une partie du ciel. C'est une « invitation » disent-ils. Une expédition est donc financée par un richissime armateur...
Ils y vont.
Le film est bien construit, il ne s'attarde pas sur les personnages pour mieux se concentrer sur son thème : l'approche scientifique de la vie et de la mort. Et aussi, la punition qui attend ceux qui font cette recherche sans précaution. C'est le thème de l'infection que laisse introduire le robot dans *Alien, le 8$^e$ passager*, et que l'on retrouve ici dans le film. Mais ici, cette introduction se fera par plusieurs méthodes, toujours mises en œuvre par un androïde aux ordres de son créateur. Ce qui vaudra au spectateur une terrible scène d'autoavortement. Ainsi, si la plus forte personnalité de l'équipage du vaisseau restera intraitable face à une tentative visible d'infestation, ce ne sera pas le cas d'une autre

tentative, plus pernicieuse. Et à chaque fois c'est le contact avec l'autre, voire même l'amour qu'on lui porte, qui deviendra mortel.
Ce film est très freudien, un personnage n'affirme-t-il pas : « Chacun souhaite la mort de ses parents », et reste très lovecraftien, comme tous les films de la série, avec notamment le monstre de la fin qui n'est pas sans faire penser au grand Chtulhu.
La *Création* est impitoyable !
On découvrira à la fin qui était l'extraterrestre, « *cette créature géante fossilisée au thorax ouvert* » appelée le Space Jokey, qu'on voit dans le film *Alien, le 8$^e$ passager*.
C'est un excellent film.

**Silent Hill revelation** de Michael J. Bassett (2012)
La suite du très beau film de Gans (2005).
Sharon a été sauvée de Silent Hill, mais elle ne le sait pas. Elle a d'ailleurs changé plusieurs fois de noms.
Cauchemars, cauchemars... la jeune fille en fait de terrifiants.
C'est très gore. Elle a d'ignobles visions.
« Y a-t-il une différence entre rêve et réalité ? »
« Il n'y a aucune différence entre fantasme et réalité ! » Dit la jeune fille.
Sharon est à la fois la sœur et aussi une partie d'Alissa la maudite.
Et les cauchemars deviennent réalité.
« Chacun a un cauchemar à Silent Hill », dit Alessa.

« C'est l'endroit des âmes perdues », dit le père.
Ce film n'est pas mal, mais malgré les monstres effrayants, les situations cauchemardesques, on s'ennuie un peu...

**Battleship** de Peter Berg (2012)
J'adore ! Superbe bataille navale contre des extraterrestres envahisseurs, suite à un contact avec leur planète, une exoplanète découverte...
C'est une remise à jour des films sur les batailles navales américano-japonaises de la Deuxième Guerre mondiale.
Ici, les Japonais et les Américains sont alliés contre les Aliens.
On explose de joie quand ils explosent les vaisseaux aliens.
Et ils sont sauvés par un vieux cuirassier américain alors que les destroyers ultramodernes ont été détruits. Vous saisissez le message ?
Quel pied ! Les personnages sont formidables.
Un vrai film de guerre comme seuls les Ricains savent les faire.
Tiré d'un jeu vidéo.

**Captain America** de Joe Johnston (2011)
Un bon vieux superhéros.
C'est bien filmé, c'est amusant, on ne s'ennuie pas (juste un peu au début), il y a de l'action et donc on passe un bon moment.
Ah ! ces « héros » Marvel !

**The Amazing Spider-Man** de Marc Webb (2012)
Était-il intéressant d'aller voir ce film après les trois versions de Sam Raimi?
Ben oui ! Si on aime Spiderman, ça vaut le coup !
Mais sans plus.
Spiderman se bat contre un lézard géant fruit d'une mutation génétique avec un lézard, comme lui, l'est avec une araignée ; dans le même labo !

**Avengers** de Joss Whedon (2012)
Un type invincible surgit du « Tesseract » !
C'est Loki d'Asgard... Le méchant Loki (der böse Loki, comme dirait Goethe...)
Première partie : il faut rassembler les troupes (Avengers)
Deuxième partie : Ils se disputent pendant que les autres attaquent. Stark fait un gros boulot de meccano... Il y a même Hulk qui s'y met... Ils trouvent de ces trucs pour s'en sortir : quelle imagination ! Superbes bagarres. Dispersion !
Troisième partie : regroupez-vous ! Et grosse, très grosse bataille... Devant la gare Centrale de Manhattan !
Et le film ? Jubilatoire !

**The Hobbit** de Peter Jackson (2012)
Après un prologue flamboyant montrant l'arrivée du dragon, les Nains se réunissent à l'appel de Gandalf pour lutter contre ce dernier.

On s'ennuie en assistant à l'invasion par les Nains du Trou de Bilbon.
Ils veulent donc lutter contre le dragon.
Ensuite, c'est la quête : superbe !
Toute la mythologie qui sera développée dans *le Seigneur des anneaux*.
Il y a un signe à la fin : un oiseau !
Guillermo del Toro a participé au scénario
À suivre, sans doute une trilogie.

**Thor** de Kenneth Brannagh (2011)
Cette mythologie nordique est fascinante.
Marvel en a fait des personnages de BD.
Ici, le grand Kenneth Branagh en a fait un superbe film qui réussit à nous faire croire à cette histoire avec Odin, Thor et le méchant Loki. Tout cela sur fond de physique quantique et de pluralité des univers... Le Bifrost ne serait qu'un pont d'Einstein-Rosen ou « trou de ver », des passages entre les différents univers. Ce concept scientifique a été utilisé aussi dans le film et les séries « Stargate »...

**X-men les origines : Magneto** de David S. Goyer (2013)

**Thor Un monde obscur** d'Alan Taylor (2013)
Un mélange passionnant de gravité quantique et de mythologie nordique. Quoi d'autre que cela serait susceptible de rendre crédible les merveilles de la mythologie nordique.
Effets spéciaux stupéfiants. Nécessaires pour adapter une BD Marvel !

La belle jeune femme (Jane) est possédée par l'Ether, ce qui libère les forces du mal : Malekith va la poursuivre pour prendre possession de l'Ether.

L'Ether chez les physiciens de la fin du 19$^e$ siècle était ce qui devait sa "consistance" à l'espace. Car après les équations de Maxwell-Lorentz (1865) il fallait bien une consistance pour supporter les ondes électromagnétiques... Mais tout cela sera éclairci bien plus tard par la théorie de la relativité restreinte (1905) d'Einstein qui a découvert la notion d'espace-temps.

Bref, revenons-en à notre histoire Marvel.

Nous avons vu dans l'épisode précédent que le frère de Thor, "Der böse Loki" comme l'aurait écrit Goethe (ça veut dire "Le méchant Loki"), est en prison dans les geôles d'Odin…

Mais il sera appelé à la rescousse par son frère, mais il est vraiment méchant !

En fait, toujours le même genre d'histoire, qu'on retrouve quand on épluche les atours donnés par les scénaristes, atours qui sont, en fait les plus intéressants …

Une seule critique : les bagarres durent un peu trop longtemps. Ça finit par lasser.

Pensez à regarder jusqu'à la fin du générique.

## Le Hobbit : la désolation de SMAUG de Peter Jackson (2013)

La suite : la quête du Dragon.

Les Elfes, les Orcs, les Nains et Smaug le dragon…

On retrouve tout le monde et l'anneau tentateur et corrupteur.
Le dragon est superbe et il parle. La suite au prochain épisode si vous n'êtes pas lassé :
**Le Hobbit : la Bataille des Cinq Armées** du même (2014)

**Under the Skin** de Jonathan Glazer (2013)
Avec la superbe Scarlett Johanson. La naissance nous est montrée, ainsi que la manière de porter la peau d'un autre... Pas une parole pendant tout le (long) début du film...

**La Stratégie Ender** de Gavin Hood (2013)
C'est l'adaptation d'un roman de Orson Scott Card qui fut le premier d'un cycle.
Le film est très bien, mais l'adaptation est difficile. Par exemple, le film est très brutal (la guerre c'est brutal), mais le roman de Card est tout en douceur et en finesse. L'horreur de la fin n'en est que plus désespérante. D'ailleurs Card n'a pas une haute opinion de l'espèce humaine.
C'est la guerre contre des extraterrestres qui ont tenté d'envahir la Terre et qui ont échoué, mais leur menace existe toujours ; cela se passe dans un futur lointain imaginé par Card. La guerre est complètement informatisée, virtualisée pour ceux qui la commandent (mais pas pour ceux qui la font...)
Card est obsédé par le génocide. Toute créature est une créature de Dieu, et même l'espèce le plus nuisible ne doit pas être détruite en son entier...

La fin du film est très cucul. C'est un peu (même très) décalé par rapport au reste du film.
Mais c'est bien la fin de Card !

**I, Frankenstein** par Stuart Beattie (2013)
Par les producteurs de *Underworld*. On reconnaît effectivement cet univers de gothique urbain.
Ici c'est même absolument gothique avec l'Ordre des gargouilles ! Cet Ordre est en guerre contre les démons. Les anges et le diable en quelque sorte... Mais que vient faire Frankenstein ici ? Ben, demandez au scénariste.
En fait, c'est parce que Frankenstein est la preuve que Dieu n'est plus le seul créateur de l'humanité !
L'enjeu est aussi le livre de Frankenstein, car il y est écrit comment procéder pour créer un être humain. C'est mieux que la Bible !
En passant ils ont inventé une nouvelle discipline scientifique : l'électrophysiologie...

**Alien War : Stranded** de Roger Christian (2013)
Une base lunaire est frappée par une pluie de météorites et ne peut plus joindre la Terre.
Les cosmonautes ramènent dans la base un gros caillou, un météorite, pour l'analyser.
Aïe, pas de bol : il y a une femme dans l'équipe. Elle est donc « fécondée » par des spores provenant de la météorite et engendre un monstre.

On avait vu pas mal de films avec le même thème.
Y a de l'ambiance.
La fin peut déplaire, mais on fait ce qu'on peut...

**Frankenstein's Army** de Richard Raaphorst (2013)
Les Nazis ont toujours obsédé le cinéma Bis. Ils en ont fait un grand usage dans les films du genre dit « Naziporn »...
Ces dernières années, les nazis reviennent en force avec plein de films sur le retour des nazis avec les zombies (et même sur la Lune où ils s'étaient installés après la défaite...)
Nous voici donc avec un nouveau film d'horreur sur les nazis. Mais ici ils ne sont pas de retour à notre époque. L'action se déroule pendant la guerre 39-45 contre les Soviétiques.
Nous sommes au moment de la contre-offensive victorieuse de l'armée rouge en compagnie d'une section de reconnaissance soviétique. Le film que nous voyons est réalisé par un soldat soviétique qui tient la caméra pour le compte de l'armée. Nous comprendrons pourquoi plus loin.
Ils découvrent un étrange squelette : un humain à tête d'animal !
Et puis un soldat allemand zombifié infecte le caméraman. Enfin on le suppose vu ce qui se passe dans les films de zombies...
Ils découvrent le « laboratoire » nazi de Frankenstein.

Les créatures de Frankenstein sont particulièrement osées. Quel superbe Grand Guignol ! Frankenstein a trouvé comment mettre fin à la guerre : greffer ½ cerveau de communiste avec ½ cerveau de nazi et vice versa ! Fallait y penser !

**Alien War : Stranded** de Roger Christian (2013)
Une base lunaire est frappée par une pluie de météorites qui ne peut plus joindre la Terre.
Les cosmonautes ramènent dans la base un gros caillou, un météorite, pour l'analyser.
Aïe, pas de bol : il y a une femme dans l'équipe. Elle est donc « fécondée » par des spores provenant de la météorite et engendre un monstre.
On avait vu pas mal de films avec le même thème.
Y a de l'ambiance.
La fin peut déplaire, mais on fait ce qu'on peut...

**Dark Touch** de Marina De Van (2013)
La réalisatrice est également scénariste.
C'est un film d'horreur sur l'enfance maltraitée.
Il y a des tas de choses dangereuses dans une maison quand elles se mettent à bouger violemment. La télékinésie, système de défense de la petite fille martyr... Elle est donc devenue dangereuse.
Un film... éprouvant. Très angoissant. C'est facile d'angoisser avec des enfants.

Le scénario est impitoyable. Il montre que la maltraitance ne se justifie pas et qu'elle fait des enfants des monstres qui se vengent sur tout le monde.
Mais regardez jusqu'au bout quand même ! Rien ne nous sera épargné !

**Star Trek into Darkness** de J.J. Abrams (2013)
Abrams nous offre un prologue à la James Bond. Tous ces personnages sont insouciants et désobéissants. Enfin surtout le capitaine Kirk !
Les scènes d'action sont très acrobatiques et surtout invraisemblables. C'est cette invraisemblance qui fait leur charme et pour que cela soit le cas, il faut un sacré talent de cinéaste que possède bien Abrams.
Une nouvelle espèce de surhomme aux super pouvoirs, puissants et invincibles, menace la Terre. L'Enterprise est envoyé sur une planète hostile pour arrêter l'un d'entre eux dont on ne connaît pas encore la nature...
En fait, 72 représentants de cette espèce sont nichés, cachés au cœur même du vaisseau terrien.
Le suspens final est époustouflant, et la fin est gigantesque, titanesque, surprenante !
Enfin, plutôt la triple fin... En fait je n'ai pas compté tant il y en a !
On ne s'ennuie pas...
On pourrait conclure par un dicton populaire : « Il faut toujours se méfier de l'eau qui dort. »

Si vous voulez comprendre pourquoi, allez voir le film !

**Mantera** d'Alyar Aki Kutty (2013)
C'est une moto et son pilote qui font corps ensemble pour donner un gigantesque cyborg. Le film est très emprunté, comme peuvent l'être certains films asiatiques.

**After Earth** de Night Shyamalan (2013)
"With Will Smith and son Jaden..."
Dans un futur lointain, les humains ont quitté la Terre pour se réfugier sur une autre planète où ils doivent affronter des monstres aveugles, mais guidés par la peur de leur victime. Pour faire face au danger, il faut « l'effacement ». Une espèce de traitement qui guérit de la peur.
Un général et son fils se rendent sur une autre planète, mais le vaisseau a un accident. Seuls le général et son fils survivent. Mais qu'est devenu le monstre que le vaisseau transportait ?
Les deux naufragés doivent survivre et échapper au monstre.
Il est question aussi dans le film du roman Moby Dick.
Shyamalan est obsédé les « forces de la Nature », les « esprits de la Nature »...
« Fais corps avec le moment présent ! »
Un superbe film !

**Les Dents du Bayou** de Griff Furst (2013)
C'est pas *Les Dents de la mer* !

Très amusant. On rigole ! Les crocodiles deviennent mutants suite aux déversements de produits toxiques dans le Bayou. Un film SyFy qui rend hommage aux innombrables films de séries B, voire Z, sur un sujet équivalent. Même Jean Rollin a fait un film sur ce thème des produits toxiques engendrant des monstres...
Et cette mutation est contagieuse !
N'embrassez pas un crocodile mutant, car vous en deviendrez un aussi !
Très mal joué, mais avec empathie ce qui produit de la sympathie chez le spectateur. Effets spéciaux assez nuls, mais on regarde jusqu'au bout !

**Dark Skies** de Scott Charles Stewart (2013)
Le marchand de sable passe chaque nuit dans la maison de la petite famille. Mais par où passe-t-il ?
Phénomènes étranges, présence inquiétante. Ça rend fou !
Et comment trouver une explication ?
Des cauchemars aussi. Qui semblent réels puisqu'on en a des traces au réveil.
Le film marche aux signes...
Comme toujours, l'un croit en l'explication, l'autre non.
C'est de pire en pire. La situation ne s'améliore pas, au contraire. Le chaos s'installe petit à petit... C'est terrible.
Mais les caméras installées dans chaque pièce finissent par parler.

Les parents vont voir le spécialiste, celui qui sait, personnage incontournable de ce genre d'histoire.

Un film très original sur les enlèvements d'extraterrestres. Superbe au point de me faire penser au film *Signes* de Shyamalan...

Il est très angoissant, car il montre la destruction d'une famille. Mais la lutte continue !

## Les Âmes vagabondes d'Andrew Nicoll (2013)

Une fille s'enfuit, elle est poursuivie, elle réussit à s'échapper, car il y a juste une piscine en bas de l'immeuble quand elle se jette dans le vide. Quelle chance !

La Traqueuse traque la fille qui résiste à l'invasion de son corps et son esprit par Wonderer qui y a été implanté. Une invasion extraterrestre.

L'histoire d'amour est sirupeuse, mais ça plaît et Niccol le sait...

« Elles ont » un accident de voiture, mais, bien sûr, s'en sortent indemne(s).

Les humains les trouvent, mais, allez savoir pourquoi, ils ne les tuent pas... On comprend pourquoi : le film serait alors fini...

« Pourquoi avoir utilisé un tel corps. Maintenant c'est une menace ! » S'exclame un poursuivant. Bien vu ! Oui, pourquoi ?

Les extraterrestres sont ultra modernes, mais ils ne savent pas faire des hélicoptères silencieux. Faut bien servir le scénario... En plus le pilote de l'hélicoptère n'a pas vu les camions !

Et en plus ils sont bêtes : ils laissent le pilote du camion se suicider sans rien faire...
Que d'incohérences !
La solution ? l'Amour !
Allez ! La fin est très émouvante. Cucul, mais très émouvante.
Ce film est une adaptation d'un roman de Stephenie Meyer (*Twilight*) qui en est aussi le producteur... Ah ! Les incohérences ne m'étonnent plus...

**Outpost 37 (Alien Outpost)** de Jabbar Raisani (2013)
En 2022 la Terre est envahie par des extraterrestres, les Heavies. Cette invasion est repoussée, mais des postes d'Heavies subsistent sur Terre. Ces éléments préparent le terrain pour une seconde invasion...
Un commando de jeunes recrues rejoint un poste avancé en territoire ennemi, le poste 37. Il se situe au.... Pakistan, à la frontière entre ce pays et l'Afghanistan... Suivez mon regard.
C'est donc un film de guerre, assez bien filmé, avec des moyens modestes. Donc avec un gros usage de gros plans. Las acteurs sont assez bons. Vous avez compris que le fait que ce soit des extraterrestres l'ennemi permet d'évacuer toute idéologie, et toute empathie avec cet ennemi. Néanmoins, on verra que les Heavies utilisent les gens du coin pour sa guerre contre la Terre, même si c'est contre leur volonté.

Toujours les mêmes thèmes du film de guerre, thèmes de la vraie guerre, en fait : l'héroïsme, désobéir ou obéir...
En fait, c'est vrai, il y a toujours de bons motifs pour faire la guerre (et des mauvais aussi).
Allez jusqu'au bout du générique.

**The Last Days on Mars** de Ruari Robinson (2013)
Une expédition sur Mars. Elle dure depuis six mois. L'équipe d'exploration est sur le point de repartir. Il reste un peu plus de 19 heures avant le départ.
C'est à ce moment qu'ils détectent "une anomalie microscopique".
"Une division cellulaire !" Le type qui fait la découverte meurt accidentellement.
Autres citations :
"C'est bizarre, je sens un truc à l'intérieur." Se plaint un blessé infecté.
"Vous ne rentrerez jamais ! affirme-t-il.
"Piégé dans son propre corps, complètement impuissant !
- Ça a tout l'air d'un cauchemar."
Ce film est intéressant. Bien sûr quand on le regarde on se dit : tout cela je l'ai déjà vu dans d'autres films.
Effectivement, c'est un hommage à tous ces films qui ont traité ce sujet, très lovecraftien :
"La Chose d'un autre monde" de Christian Nyby (1951). Un extraterrestre retrouvé congelé près d'une base polaire reprend vie et sème la terreur. Ce film est tiré d'une nouvelle de John

W. Campbell. Et devinez comment s'appelle le héros de notre film "The Last Days on Mars" ? Campbell justement ! N'est-ce pas là un signe d'hommage ?

"Le Monstre" de Val Guest (1955) : un cosmonaute revient de l'espace seul rescapé. Il a été "infecté" là-haut et se transforme petit à petit en monstre...

Puis il y a eu les deux remakes de "La Chose d'un autre monde" :

"The Thing" de John Carpenter (1982)

"The Thing" de MatthijsVan Heijningen (2011), montre ce qui s'est passé avant l'histoire racontée par le film de Carpenter.

Le thème de l'infection par une entité monstrueuse est bien traité en long en large par la série des quatre "Aliens" (1979 avec Ridley Scott, 1986 avec James Cameron, 1992 avec David Fincher et 1997 avec Jean-Pierre Jeunet), on attend d'ailleurs avec impatience l'opus numéro 5 ! Sigourney Weaver nous l'a promis.

Et donc à l'origine de cette série, on trouve le film de Mario Bava "La Planète des vampires" (1965) qui ressemble le plus à celui qui est chroniqué ici...

Donc, bien sûr, c'est beaucoup du déjà vu dans ce "The Last Days on Mars", mais il tient la route...

**Leprechaun Origins** de Zach Lipovsky (2013)

Deux petits jeunes sont poursuivis par un monstre dans la forêt. Au milieu : une clairière et un monument... C'est en Irlande, là où sévit le Leprechaun.

Quatre petits jeunes se font emmener en camion pour faire du tourisme... et le chauffeur du camion les laisse dans la clairière susvisée. Il refuse d'aller plus loin. Ils feront donc le reste à pied. Au pub du village, on les allèche avec un site archéologique « Les Pierres des dieux ».

Les deux couples sont emmenés dans une cabane au milieu des bois en camion pour qu'ils puissent partir de là vers le site à visiter. Une cabane dans les bois la nuit...

Les autochtones ont offert les deux couples au Leprechaun.

C'est assez gore, ça démarre vite.

Ils fuient d'une cabane à l'autre, de Charybde en Scylla.

Il y a une cave dans la deuxième maison...

Leprechaun aime l'or et... la viande humaine.

Les autochtones reviennent ramasser les restes des touristes. Mais ces derniers ont survécu et se sont échappés ! Il y a donc un affrontement entre les deux camps...

L'horreur se développe. Cela devient de plus en plus gore. Il y a beaucoup de morts atroces.

Ce qui est bien pour le budget de ces films d'horreur c'est que le casting est composé de peu de comédiens. Pourtant ; le générique est très long. Il y a énormément de chauffeurs et d'assistants...

Tourné en Colombie britannique...

Bon, je vous laisse regarder le film ?

**Evil Dead** de Fede Alvarez (2013)
Le remake du film de Sam Raimi (1981).
Ah ! Le livre maléfique... « Seul lui peut défaire ce qu'il a fait » (Lovecraft)
Prologue à rebours : la forêt, une cabane isolée... Maléfique !
On le sait : c'est dans la cave qu'ils trouvent le livre. Et il ne fallait pas prononcer les mots !
« Tout n'arrête pas d'empirer, à chaque seconde » déclare un personnage ! Cela au tiers du film seulement. Le pire est encore à venir...
Dépeçages, possessions, transformations...
Ces histoires de famille ! Superbe générique de fin à regarder jusqu'au bout.
Producteurs : Rob Tapert, Sam Raimi, Bruce Campbell !

**Oblivion** de Joseph Kosinski (2013)
La solitude... Le héros a un superbe boulot : seul sur la Terre dévastée à gérer les problèmes, en danger constamment donc, avec l'aide d'une jolie fille là-haut dans le ciel qui surveille ses arrières. Le pied ! Et la mémoire oblitérée...
La Terre a été dévastée par une guerre contre une invasion d'extraterrestres : les Rapaces.
Soudain, fini la solitude : une rencontre !
La Vérité ? Elle finira toujours par sortir du puits.
« Un autre jour au paradis » Déclame chaque matin la fille qui veille sur lui...
Une belle histoire d'amour, un beau scénario futuriste... un bon film.

**Riddick** de David Twohy (2013)
Le troisième opus de la série lancé par David Twohy.
En fait, la fin du film renvoie au premier (*Pitch Black*) le début aussi, en fait...
Pour être plus fort, il faut juste avoir quelque chose que les adversaires n'ont pas.
« Maintenant on repart à zéro »... déclare Riddick sur la planète qui ne s'appelle pas Furya...

**The Wolverine (Wolverine: le combat de l'immortel)** de James Mangold (2013)
Wolverine au Japon !
Superbe bagarre dans et sur le TGV japonais.
Wolverine ne peut pas s'empêcher de faire le redresseur de tort. Il protège la fille de Yashida qu'il avait sauvé en 1945. Mais pourquoi ? Pour donner un sens à sa vie ? Mais quand on est immortel, a-t-on une vie ?
Faut aimer ce genre de film. Moi j'aime!

**Jupiter : le destin de l'univers** d'Andy et Lana Wawhowski (2014)
Jupiter Ascending. Dvd sorti le 24 juin 2015
Elle s'appelle Jupiter. C'est une jolie jeune fille. C'est son père qui a voulu la prénommer comme cela, car il était passionné d'astronomie et amoureux de la planète. Son père a été tué par des cambrioleurs. Sa mère a donc exaucé ses vœux.
Jupiter n'a pas de spécial que le prénom...
ELLE est aussi spéciale !

Et convoitée dans toute la galaxie. L'action se déroule, au début (et à la fin), à Chicago, mais elle est très exotique, très SF !

Tout ce qui arrive paraît invraisemblable... Ben oui, mais si cela ne l'était pas, ce ne serait pas de la SF ! Et c'est de la vraie SF, un peu rigolarde, certes, mais de la SF quand même.

"Des miracles scientifiques", comme le déclare un des personnages.

Ainsi, on apprend comment (et pourquoi) les dinosaures ont été exterminés. Et que la Terre n'est qu'un rouage d'une vaste machinerie... Machination ?

Il y a aussi une bonne description de la bureaucratie. Et que "Plus on s'implique, et plus la vie vous blesse !" parce que "la vie est un acte de consommation..."

Le scénario est légèrement répétitif, mais c'est un film très plaisant, très divertissant.

**Transformers âge de l'extinction** de Michael Bay (2014)

On est désormais habitué à ces drôles de « machines » et que vont-ils donc nous montrer pour nous surprendre ? Parce que c'est quand même le quatrième film « Transformers » !

On regarde et on ne s'en lasse pas ! Faut dire que le réalisateur sait mettre la gomme !

Des types réussissent à fabriquer le métal malléable des Transformers. Mais c'est comme avec Frankenstein, tout n'est pas prévisible.

« Le problème de la fidélité à une cause, c'est que la cause finit toujours par te trahir ! »

Ce film est gigantesque, dantesque ! Spielberg a-t-il mis sa patte avec ces dinosaures ou Godzilla Transformers ?
On ne s'en lasse pas je vous dis !

**X-Men : Days of Future Past** de Bryan Singer (2014)
Au début on nous inflige un bavardage pseudo philosophique. Et on se dit : « Ils ne peuvent pas mieux éclairer les scènes qu'on voie un peu mieux ? »
Dans un futur proche, les mutants sont décimés par de méchantes créatures. Les X-Men envoient Wolverine en 1973 pour empêcher la création de ces monstres, « les sentinelles ».
Bon... On finit par voir plus clair sur l'écran. Et quel costaud ce Magneto ! Mais ils en font tous un peu trop quand même. Oma Sy dont on a beaucoup parlé pour ce film, est quasiment absent, juste visible dans une courte scène...

**The Amazin Spider-man 2** de Marc Webb (2014)
Il y a le docteur Kafka dans le film!
Elektro et Harry veulent attraper Spider-man. Oh ! les gros méchants.
Et Spider-Man a des ennuis amoureux.
Ils cassent beaucoup de voitures de police, c'est un peu trop facile, du réchauffé...
Comme je l'ai écrit (je crois) pour le précédent film, si vous aimez Spider-Man, ça vous plaira !

**Annabelle** de John R. Leonetti (2014)

Une diablerie avec portes qui claquent toutes seules...
Le prologue est un peu con, car i explique la hantise de la poupée. Puis on se retrouve en compagnie d'un jeune couple qui attend un enfant. Le futur père offre à la future maman une... poupée ! Car elle collectionne les poupées. Puis, le couple se fait violemment agresser par un couple de dingues. C'est très violent. Et une goutte de sang coule dans l'œil de la poupée. Aïe !
Après l'agression la femme arrache une promesse au mari.
Le cinéaste joue sur les plans fixes qui annoncent un évènement parfois inattendu. Le même thème central de ce genre d'histoire : la victime de la hantise se heurte au(x) sceptique(s) et d'autres grands classiques de ce genre de films : la bibliothèque, les livres et l'érudit(e). Mais, si même l'exorciste ne peut rien y faire, où allons-nous ?
"Le sacrifice plaît à Dieu".
La fin est gérée par les époux Warren, enquêteurs de l'étrange. Voir le film de James Wan *The Conjuring* (2013)

**Robocop** de José Padhila (2014)
Remake du film de Paul Verhoeven.
Il y a un prologue « anti-impérialiste » avec robots policiers à Téhéran (!)
« Qu'y a-t-il de plus important que la sécurité du peuple américain ? » En fait, ce sont des méchants qui invoquent la « sécurité du

peuple américain »... Faut être méchant, non, pour dire ça ?
Une multinationale (ah ! ces multinationales impérialistes !) veut proposer des robots pour le maintien de l'ordre. Mais les robots n'ont pas de conscience, donc faisons un être mi-homme mi-robot, il aura une conscience lui ! « On va mettre un homme dans une machine ».
Le scénariste a pris le film de Paul Verhoeven complètement à rebours. Un truc rigolo genre père fouettard est devenu un tract anti-impérialiste... Qui commande Robocop : l'homme ou la machine ? L'humain cède de plus en plus la place à la machine. Ce n'est qu'une question de réglage...
Gary Oldman est superbe ! Hormis le volet idéologique, c'est un film superbe !
C'est un film gauchiste, mais pourquoi pas ?
Les autres films :
**Robocop** de Paul Verhoeven (1987)
**Robocop 2** d'Irwin Kershner (1990)
**Robocop 3** de Fred Dektar (1992)
Et puis il y a eu la série télé!

**Planète des singes : l'affrontement** (2014) de Matt Reeves
Le prologue est un peu téléphoné : une épidémie mortelle décime l'espèce humaine. C'est une épidémie de grippe simienne... Le virus a été transmis par les singes.
Le film raconte alors la guerre entre les humains survivants et les singes pour la con-

quête d'un barrage hydraulique permettant de produire de l'électricité...
Il y a aussi une guerre civile chez es Singes et chez les Humains...
Plein de malentendus. Tous les malheurs des uns et des autres proviennent de malentendus...
On a déjà vu plein de films comme ça : les Cow Boys et les Indiens, les films coloniaux avec Tarzan, le film Zulu... Un film assez faible.

**Captain America Le soldat de l'hiver** d'Anthony et Joe Russo (2014)
Une organisation secrète, le SHIELD. Complots en tous genres... nazis de retour. Actions superbes. Ça mitraille dur, mais ils passent entre les balles. C'est ça qui est plaisant, car l'action ainsi se poursuit... Belles bagarres. Maîtrise du temps (celui qui passe). Expériences biotechnologiques. Superbe castagne !
Rester jusqu'à la fin du générique !

**The Pyramid (Pyramide)** de Gregory Levasseur (2014)
Ce film est sorti en France le 6 mai dans 10 salles.
Gregory Levasseur est un ami d'Alexandre Aja, et aussi son producteur et scénariste. Ils sont tous les deux sur le coup du projet "Cobra" avec Marc Sessego collaborateur de Sfmag !
On est en Égypte et des archéologues ont découvert une pyramide enterrée. Sa particula-

rité est d'avoir trois faces au-dessus de sa base contre quatre pour les autres pyramides égyptiennes. Voilà de quoi exciter la curiosité.
Étant donné les événements politiques, les archéologues ont l'ordre d'évacuer le site de fouilles, bien que situé à 450 km au sud du Caire. Mais le haut de la pyramide a été dégagé et une entrée du tunnel qui y mène sous terre est ouverte. Ils décident d'outrepasser cet ordre et pénètrent dans la pyramide. Comme ils sont accompagnés par une équipe de reporters de la télévision, le film fonctionne plus ou moins en caméra « subjective ». Mais le cinéaste ne fait jamais vraiment ce choix. Il hésite et cela nuit à la cohérence de l'histoire.
Donc il advient ce à quoi le spectateur s'attend : l'équipe est attaquée par des monstres et doit affronter des pièges cruels.
Si vous regardez le film, vous verrez ce que les survivants devront affronter à la fin...
Hélas tout cela ne nous impressionne pas trop, mais ne soyons pas trop exigeants.
Qu'Anubis et Osiris nous protègent !

**Horns** d'Alexandre Aja (2014)
Il y a une voix off, mais Aja, en grand cinéaste, ne l'utilise pas pour raconter l'histoire. Il utilise, pour cela, le film qu'il tourne. Et il raconte une jolie histoire d'amour.
Mais l'enfer est en chacun de nous. Radcliffe est superbe avec ses cornes. Il est devenu le révélateur du Mal. Pour ne pas dire du mâle...

Le thème est difficile, pas à la portée de n'importe quel cinéaste venu. Alexandre Aja a réussi à le traiter avec grand art.
Notre héros (dont le prénom est Ignatius) est révélateur du Mal, donc de la vérité. Mais avant de la voir sortir du puits, le Malin, qui mérite bien son nom, vous fait faire des tours et des détours, et vous joue bien des tours...
Qui a tué la fiancée du héros ?
Une superbe histoire d'amour.
« La revanche consume tout ! »

**Cell Phone** de Tod Williams (2014)
Sortie DVD en 2017
Adaptation du roman ***Cellulaire (Cell)*** de Stephen King (2006)
Scénario Stephen King et Adam Alleca.
À l'aéroport tout est normal. Scènes de la vie quotidienne. Tout le monde, ou presque, a le téléphone portable vissé à l'oreille. Y compris le personnage principal qui téléphone à la mère de son fils et qui parle à ce dernier ensuite. Mais son téléphone s'arrête : il n'a plus de batterie. Chance pour lui. L'épidémie se déclenche alors. Toutes les personnes qui téléphonent avec leur portable deviennent fous furieux et massacrent les autres, ceux qui ne téléphonaient pas. Quelqu'un appelle les secours... avec son portable et se retrouve aussi contaminé.
C'est l'Apocalypse comme seul Stephen King peut l'inventer !
Une poignée de survivants se réfuge dans le métro et emprunte les tunnels à pieds. Sou-

dains le téléphone portable sonne. Il faut résister au réflexe de répondre et l'étendre.
Notre héros veut partir pour retrouver son fils. Il est accompagné d'une jeune femme et d'un vieillard. Ils rencontreront d'autres rescapés et rencontreront les téléphoneurs (ces espèces de zombies que sont devenus ceux qui téléphonaient...) furieux qui chercheront à les tuer ou à les contaminer. Le voyage ne va pas être facile. Des phénomènes étranges influent sur les téléphoneurs quand le soleil se couche.
« *Peut-être l'humain sur la planète Terre sera un seul organisme géant.* » Il y a une petite discussion sur les écrivains de SF.
Tout est très horrible.
« *Je croyais qu'en vieillissant on ne faisait plus de cauchemars.*
- *Si ! On en fait toujours, mais ils vieillissent avec nous.* »
« *Orphée est descendu jusqu'aux enfers pour ramener sa bien-aimée sur Terre !* »

**Edge of Tomorrow** de Doug Liman (2014)
Un film de guerre dans lequel l'ennemi ne souffre d'aucune ambiguïté, car ce sont des extraterrestres.
Tout l'art de ce scénario est de rendre la maîtrise du temps possible, car c'est une capacité de la "mère" de tous les ennemis, qu'elle transmet involontairement à notre héros...
Du coup le scénariste nous la rejoue "Un jour sans fin" (film de Harold Ramis – 1992) : dès que le personnage principal joué par Tom Cruise meurt, il revit la journée de la veille !

"Quand vous vous réveillerez, venez me voir !", lui lance la fille, superbe guerrière, alors qu'il est en train de mourir sur le champ de bataille ! Ces paroles ne manqueront pas d'intriguer le spectateur. Mais, patience, nous finirons par comprendre !
Il y a plusieurs choses intéressantes dans ce récit : les images et les effets spéciaux superbes, le passage du petit con trouillard tire-au-flanc à l'homme de guerre, les scènes où il montre à quel point il connaît la femme, car il a vécu tant de fois des scènes avec elle, mais dont elle ne se souvient pas... N'est-ce pas comme ça aussi dans la vie quand on connaît quelqu'un mieux qu'il ne se connaît lui-même ?
Ah ! C'est dur ! Il faut se battre contre tout le monde, contre l'ennemi et contre ses supérieurs !
C'est la vie !

**Le Labyrinthe** de Wess Ball (2014)
De jeunes garçons (puis plus tard, une seule fille) sont envoyés via une « boîte », une espèce d'ascenseur qui vient de sous terre, dans un vaste espace naturel clos par un labyrinthe dans lequel des monstres mènent la garde. Pourquoi sont-ils là ? Ils ne le savent pas...
Non, ce n'est pas une simple histoire de labyrinthe, c'est bien plus compliqué que cela. Vous vous en doutez !
C'est d'abord un « survival », un film qui montre comment une bande d'adolescents

tente de survivre, mais des réflexions sur l'enferment, et l'angoisse de l'avenir incertain.
Dilemme : où ils restent bien tranquillement enfermés où ils vont dans le labyrinthe affronter la mort pour savoir pourquoi ils sont là...
Le film est assez intéressant.
Le fait que tous les protagonistes sont des adolescents, presque tout au long du film, fait un peu sourire, mais il y a aussi une très bonne raison à cela ! Voir donc la suite Le Labyrinthe 2 !

**Predestination** de The Spierig Brothers (2014)
Une superbe adaptation de la nouvelle de Robert A. Heinlein "All you Zombies". (Publiée en France en 1962, puis en 1975 dans la collection de SF du Livre de Poche, volume : "Histoires de voyage dans le temps".
Un agent spatiotemporel retourne en 1970 pour sa dernière mission. Mais quel est le genre de ses missions ?
Et le film se poursuit pendant longtemps par l'histoire que raconte un bisexuel au barman qui semble être l'agent en question. D'ailleurs on a du mal à suivre qui est qui ! Mais on va finir par le savoir...
Ne perdez pas patience, car le film semble commencer au milieu du film, mais ce n'est qu'une illusion.
Superbe histoire de paradoxes temporels. Une histoire inouïe de voyages dans le temps que seul un grand comme Heinlein a pu inventer.
"Le serpent se mord éternellement la queue"

"Il n'est jamais trop tard pour être qui on aurait pu"...
Superbe !
Dommage que ce film ne soit pas sorti en salles en France.

**Extraterrestrial** de The Vicious Brothers (2014)
Une jeune femme disparaît en pleine nuit avec la cabine téléphonique dans laquelle elle se trouvait.
Puis deux couples de jeunes gens (encore ?) viennent dans la région dans une cabane au cœur des bois (encore ?) et une soucoupe volante se crashe non loin de là...
Les Gris attaquent et enlèvent des gens dans leurs vaisseaux spatiaux.
On se demande si on doit rire, mais on n'a pas trop envie.
De toute façon l'amour triomphe toujours même dans les vaisseaux extraterrestres.
Les Gris sont des exterminateurs d'abrutis. Il y a même l'homme à la cigarette.
Amusant, un mélange d'"Evil Dead" (encore !) et de "X-files"
Qui sont les réalisateurs The Vicious Brothers ? Ce sont deux réalisateurs canadiens : Colin Minihan et Stuart Ortiz. Ils ont réalisé "Grave Encounters" (2011) et "Grave Encounters 2" (2012)

**Extinction** de Miguel Angel Vivas (2014)
Sortie DVD en 2016

Des bus de réfugiés. Grosse tension quand le convoi s'arrête brusquement. Puis le bus est envahi par des « infectés ». Les gens se laissent un peu trop facilement mordre le cou. Scènes très stressantes.
Neuf ans plus tard... La vie quotidienne des survivants.
Sur la façade d'un cinéma, il y a affiché « Les Montagnes Hallucinées ».
On s'ennuie un petit peu avec le papa, sa petite fille et le voisin c'en face, de l'autre côté du grillage avec son chien. Et il semble qu'il y a un problème avec le voisin d'en face...
Jusqu'au jour où la petite fille a vu un « monstre » par la fenêtre la nuit. Il y a bien un monstre. Un sale monstre !
Le voisin qui possède une radio amateur lui prête des paroles à son intention. Hallucination ?
Une histoire de conflit de voisinage ultra dramatique !
Patrick, Jack et sa fille Lu.
Émouvant dîner d'anniversaire entre les deux hommes et Lu.
La question est posée : partir pour fuir les créatures ou rester ?
« On ne sait pas ce qu'il y a de l'autre côté. »
On apprend qui est le père de Lu, qui est l'amant, qui est le mari.
Une rencontre. Grosse tension dans la maison assiégée.
Très belle histoire d'amour en arrière-plan.
Film superbe !

Film espagnol qui rend hommage à Del Toro avec son allusion aux « Montagnes hallucinées ».
Histoire d'adultère, d'amour et d'amour filial.
À l'encontre de Walking Dead, ici c'est un hommage à l'espèce humaine, aux sentiments, à la solidarité, mais qui rend néanmoins hommage à Walking Dead avec l'infecté aux bras coupés et enchaîné.

**Monsters Dark Continent** de Tom Green (VII) (2014)
Ce film, sortie directe en DVD, est la suite de "Monsters de Gareth Edwards sorti en 2010.
Voir la chronique de ce film dans mon livre précédent "Un siècle de cinéma fantastique et de SF : la suite (2008-2015)"
Edwards est allé réaliser le "Godzilla 2014" et a donc chargé Tom Green (le 7$^e$ du nom) de réaliser cette suite tout en restant producteur exécutif.
L'histoire de ce film est devenue classique : des Marines font la guerre à des extraterrestres sur Terre. Ici ce sont les monstres du premier film qui ont fini par envahir toute la planète.
Son originalité est de le placer dans un contexte d'actualité : la guerre en Irak.
Donc nous voici avec des jeunes recrues dans un pays qui ressemble à l'Irak, zone infestée par les Monstres. Ces créatures Cthulhiennes des sables.
L'armée américaine bombarde les monstres gigantesques, mais il y a des dommages colla-

téraux et cela développe la haine des habitants contre les "sauveurs" américains.
Les GI's (ou la Marines, je ne sais pas) ont donc double charge : combattre les Monstres et les insurgés... Ça leur complique drôlement la vie. En fait, les monstres ne servent que de décor et de prétexte philosophique à la guerre contre les insurgés.
La section où se trouvent nos jeunes héros doit aller chercher quatre soldats en mission et qui ne répondent plus aux appels radio.
En fait, ce film traite surtout de la monstruosité de la guerre...

**Godzilla (Id.)** de Gareth Edwards (2014)
Monstres antédiluviens, créatures se nourrissant de radioactivité ; pamphlet antinucléaire...
On connaît tout ça et on connaît l'origine de Godzilla : les explosions des bombes atomiques au Japon à la fin de la 2e guerre mondiale.
Je préfère nettement celui de Roland Emmerich (1998), qui, lui, ne se prenait pas au sérieux...

**I Origins** de Mike Cahill (2014)
C'est une sortie DVD de septembre 2016.
On nous annonce un film sur la recherche scientifique. Effectivement, il s'agit d'une recherche scientifique assez spéciale, sur l'iris de l'œil humain. « Chaque être humain de la planète a des yeux uniques. Chaque œil ayant

son propre univers. » Déclare le chercheur, personnage principal de l'histoire.
Ce jeune chercheur un peu excentrique, mais genre « bobo », fait connaissance avec une jeune femme dans une boîte de nuit. Cette dernière drôlement accoutrée (le jeune homme dira « une tenue sado-maso » en racontant l'histoire le lendemain) passe immédiatement à l'acte en tirant le garçon dans les chiottes pour le chevaucher. « Ne crains-tu pas de le regretter demain ? » Demande-t-il à la nymphomane... Du coup ça lui coupe la chique et elle s'en va cul nu ! Bien sûr, il va la retrouver en plein Manhattan, une aiguille dans une botte de foin, mais c'est sans doute le destin ! Ils ont donc une liaison. C'est l'amour fou, la passion. C'est quelque chose la passion en amour. Ils décident de se marier. Elle se met immédiatement en robe de mariée et ils prennent l'ascenseur pour aller chez elle, il y a un accident d'ascenseur et elle est tuée ! Attention spoiler ? Pas vraiment...
En fin de compte, le petit jeune homme chercheur devient grand en épousant son assistante qui est amoureuse de lui depuis le début et ils ont un enfant.
Jusque-là c'était l'ennui le plus profond, mais cela devient intéressant puis passionnant.
En effet, le couple poursuit ses recherches sur l'iris humain.
Ils avaient décidé d'analyser l'iris du bébé et de le comparer avec la base de données mondiale sur les iris humains (je ne sais pas si cette base de données existe vraiment...).

Et là ils vont faire une découverte stupéfiante qui va conduire le chercheur en Inde pour trouver l'être humain qui possède l'iris qui va dévoiler une réalité stupéfiante !
Ah ? Vous avez vu : pas spoiler !
Ne vous laissez pas endormir au début (assez long). Ce film est intéressant, original, il raconte une histoire scientifique passionnante, qui a pour cadre une histoire d'amour immortel...

**One Shot** de John Lyde (2014)
Scènes de guerre : qui sont les méchants et les gentils ?
Ce film a été tourné avec très peu de moyens : peu d'acteurs, peu de figurants, tourné en milieu naturel. Quelques scènes tournées en studio montrant des personnages dans une station spatiale...
Mais il se regarde.
Un sniper sème la désolation dans les armées extraterrestres qui ont envahi cette planète (la Terre ?). Visiblement ces gens ont le mode de vie des hommes et femmes du désert. Une jolie femme extraterrestre est sauvée par le sniper alors qu'elle a été victime d'une tentative de meurtre (légal selon leur coutume) de son « possesseur ». Mais elle n'a été que blessée. Le sniper veut la sauver. Il y a donc plusieurs conflits : entre les deux armées, entre le sniper et le « possesseur » de la fille, entre le sniper et son chef militaire qui apparaît au milieu du film...

**Zombeavers** de Jordan Rubin (2015)
Deux beaufs discutent dans un camion.
J'utilise toujours ce terme de « beauf » pour des hommes vulgaires et pas futés et pas sympathiques... Ce sont en général les personnages secondaires types des films d'horreur. Mais parfois aussi certains personnages principaux.
Le chauffeur produit un accident en heurtant une biche alors qu'il regarde son téléphone... Un fût de produits toxiques tombe du camion et finit dans une rivière.
Le film ne se prend pas au sérieux. Mélange de plans filmés et de dessins pochés.
Trois petites jeunes filles sont en balade... zéro texto... zéro garçon...
Des plans de mise dans l'ambiance. Tout est téléphoné (ah ah ah) exprès.
Ils n'ont pas de réseau, ils sont donc isolés. Classique aussi.
Laquelle sera dévorée la première ?
Et voici un barrage de castor. « Oh je veux en voir un, c'est trop mignon ! » Un chasseur aux airs inquiétants arrive.
Après dix-huit minutes de film, on commence à s'ennuyer à écouter les dialogues « branchés » des demoiselles.
Soudain on frappe à la porte ! Elles sortent, car il n'y a personne et la porte claque. Elles sont condamnées à rester dehors... En fait, trois garçons arrivent dont deux sont les copains de deux des filles et le troisième un ex de la troisième. Ces jeunes sont très cons, c'est caricatural et classique aussi dans les

films d'horreur : le spectateur n'est pas trop touché par les mises à mort de cons...
À 26 minutes de film les castors zombie attaquent !
Le premier castor est vite maté. Mais, bien sûr, ce n'est que reculer pour mieux sauter.
Dans les personnages bien typés, comme toujours, il y a la trouillarde, qui, en fait, a toujours raison. « Quelque-chose ma frôlé les pieds », s'exclame l'une d'elles. Un grand classique aussi. Pour autant, elle ne sort pas de l'eau, ce qui serait la précaution de base. Et le plus naze des ados se fait bouffer le pied dans l'eau !
Le téléphone avec fil ne marche pas. Et pour cause, les castors ont rongé les fils.
Les trois gars et deux filles sont cernés sur un ponton au milieu du lac et Jane est retournée à la maison où un castor l'attaque.
L'un des gars sacrifie le chien pour faire diversion.
Quoi ? Vous me reprochez de raconter tout le film ? Ben oui, je le raconte !
Ils sont tous réfugiés dans la maison. Aurais-je dû écrire : « Elles sont toutes et ils sont tous réfugiés dans la maison ? » Même pour un féministe sincère comme moi, franchement, c'est trop long à écrire.
La nuit tombe ! Une fille, un gars et l'amputé parviennent à entrer dans la voiture avec laquelle les gars sont arrivés. Ils espèrent rejoindre un hôpital. Mais... les castors voient les choses autrement.

Les voisins, un vieux couple, sont inquiets. Ils sont aussi très beaufs et copains avec les castors ! Un classique des films d'horreur aussi.
La route est barrée ! Le gars bien va essayer de chercher des secours, mais il est bouffé par les castors. En fait, il est juste blessé. Mes conclusions étaient hâtives.
Tous ces rescapés repartent avec le mystérieux chasseur se réfugier dans la maison. Même les morceaux de castor qui ont été dépecés dans la bagarre continuent à attaquer. Les gens du camion vont se réfugier dans la maison des voisins, les petits vieux. Mais, où sont-ils ?
La jalousie est un scénario secondaire également classique. Y compris les relations sexuelles des uns et des autres et les uns avec les autres. Bon, j'aurais dû écrire aussi les unes avec les autres, etc.
Une fille se transforme en castor zombie. Le chasseur cautérise la plaie de l'amputé qui se transforme aussi en castor. Donc l y a tous les poncifs des films de zombie, mais avec les castors. La vieille voisine se réveille en castor zombie aussi. Un type se fait émasculer par son ex transformée en castor Z et un de ces derniers incendie la maison en provoquant un court-circuit.
Il n'y a plus que deux survivants encerclés par les castors Z. Et même l'ours du coin s'en mêle, également castorisé.
La voiture en panne encerclée par les castors Z renvoie à la scène du début du film « La Nuit des morts-vivants »…

La fin est super. Elle reprend les deux lourdauds du préambule.
Effets spéciaux rudimentaires, mais ça peut aller...
Et une scène d'après générique avec des abeilles zombies !

**The Avengers Age of Ultron** de Joss Whedon (2015)
Les Avengers attaquent la base de Hydra où se trouve le sceptre de Loki. Grâce à lui, ils vont jouer avec le feu et créer le programme Ultron, un programme pour la paix, mais qui ne comprend pas sa mission.
Le combat est difficile, chaque Avenger est confronté à son passé et l'amour est impossible.
Maximoff met chacun d'entre eux en face de lui-même.
Les Avengers se retrouvent livrés à eux-mêmes sans l'aide de la technologie pour affronter Ultron. Ils n'arrêtent pas de jouer avec les allumettes et il y a des retournements de situation à répétition. Qui sont les méchants ? Qui sont les gentils ?
Une nouvelle matière apparaît et de gigantesques bagarres.
C'est le deuxième film de la franchise. Il en est prévu deux autres par Joe et Anthony Ruosso, mais c'est pour 2018 et 2019...

**Dragon Hearth 3 : la malédiction du sorcier** de Colin Teague (2015)

Un mur sépare le nord du sud de la Grande-Bretagne. Ce mur avait été érigé par les Romains. Un astéroïde amène le dragon sur Terre. Le jeune écuyer, qui ne peut pas devenir chevalier parce que trop généreux, va en profiter.
Le dragon est super chouette et un méchant sorcier utilise la malédiction de la Lune pour en faire son esclave.
Il y a beaucoup de méchants, la tâche est difficile.
Penser à regarder le générique jusqu'à la fin.
Les films précédents ce numéro trois : *Cœur de Dragon* de Rob Cohen (1996) – *Cœur de dragon 2 un nouveau départ* de Doug Lefler (2013)

**Les 4 fantastiques** de Josh Trank (2015)
Le film commence comme dans mon enfance : un gamin fait des expériences dans son garage. Comme moi ! Mais c'était dans mon grenier. Mais, quand je suis devenu jeune homme, j'ai fait autre chose. Lui, il a continué, a été recruté et s'est mis à bosser dans un gigantesque labo. Ça m'a rendu envieux.
« Mes parents, c'est une autre longueur d'onde ! » Dit le jeune homme. Le garçon du début est devenu un jeune homme.
Leur expérience, c'est géant. Fan-tas-ti-que !
C'est ainsi qu'est née l'équipe des 4 fantastiques.
J'adore !

**Jurassic World** de Colin Trevorrow (2015)

Le parc d'attractions montre des dinosaures génétiquement créés. Un hurluberlu pense à en faire une arme de guerre. Mais le T Rex génétiquement modifié s'évade (le malin) dans le parc plein de monde. Un accident technologique majeur, en quelque sorte ! Avec des savants fous, même si ces derniers nient l'être. Comme dans tous les accidents technologiques majeurs, il y a une réaction en chaîne. Ça craint ! Il y a des morts, plein de morts.
Quel spectacle : ça arrache.

**Terminator Genesys** d'Alan Taylor (2015)
Le 5$^e$ opus de la franchise. Patrick Lussier a participé au scénario.
Les dialogues commencent à 57 minutes de film. On peut facilement enlever 21,2 minutes de film sans préjudice.
On voit la machine avec laquelle ils envoient les Terminator dans le passé.
On comprend mieux le premier film. Tout le beau monde de ce dernier se retrouve le 12 mai 1984. Peuvent donc pas se démerder sans John Connor ?
Pas génial ce film. Dommage...

**Star Wars : le réveil de la Force** de J.J. Abrams (2015)
Épisode VII : à la recherche de Luke Skywalker.
Il y a bien longtemps, dans une galaxie lointaine, très lointaine..

Toujours ce mélange de technologie et de fantasy.
Les vaisseaux spatiaux font toujours du bruit dans l'espace (très énervant). Pourtant on savait que « dans l'espace on ne vous entend pas crier. »
Harrison Ford a pris un coup de vieux, comme l'histoire du film aussi.
Ils bricolent le vieux vaisseau tout rouillé et combattent des monstres avec une grosse bouche pleine de dents et des tentacules. Les méchants ne savent pas tirer, sauf le chef, bien sûr. Et ne parlons pas de toutes ces histoires de famille…
Comment faire pour vaincre un tel ennemi ?
C'est simple : yakafocon !

**Docteur Strange** de Scott Derrickson (2016)
Prologue mystérieux et violent.
Superbe accident de voiture de Docteur Strange : il a les mains bisées ! C'est terrible pour un grand chirurgien.
Un petit voyage au Népal et… l'âme, les multivers, le bien et le mal.
« Le code source qui façonne le réel. »
L'acteur qui joue Docteur Strange est celui qui jour Sherlock Holmes dans l'une des séries.
On s'ennuie avec cet entraînement du Dr Strange.
« Je suis venu guérir mes mains, pas participer à une guerre mystique. »
Il sera pourtant bien obligé !
Tout est bien qui finit bien.

Presque deux heures de bagarres invraisemblables. C'est lassant comme bien de ces films.
Il y a une scène après le générique.
« Il y a trop de sorciers », annonce la suite.

**Spectral** de Nic Matthieu (2016)
Film Netflix
Un chercheur découvre un rayon micro-ondes qui pourrait servir d'arme. Dans l'est de l'Europe en pleine guerre, on a vu… des choses.
Le chercheur est envoyé là-bas pour enquêter. En Moldavie.
« Ce truc que votre caméra a filmé, ça c'est une autre affaire. »
Le scientifique a créé une caméra frontale pour les combats. Or, en prologue, on avait vu qu'un soldat voyait quelque chose ressemblant à des êtres lumineux, seulement visibles avec la caméra du chercheur. « Des anomalies spectrales ? »
« Vous savez que je suis croyant. Ça c'est le contraire de Dieu ! »
Un commando est envoyé sur place pour examiner la chose. Le combat est dur. Il y a de nombreux morts. Les entités sont invincibles.
« Ce truc a buté 19 de nos hommes et on ne sait pas ce que c'est !
- C'est humain : il m'a fixé dans les yeux… »
Les survivants se réfugient au sommet d'un immeuble en ruines.

Il y a désormais de nombreuses « anomalies spectrales », appelées Aratares par les autochtones.
Ces entités sont « des fantômes coincés entre la vie et la mort ». Les militaires, eux, les appellent les hyper spectres.
Grâce au scientifique, ils bidouillent des moyens de les voir et de les tuer.
« Vous ne pouvez pas leur échaper ! On ne sait même pas ce qu'ils sont. »
Le scientifique a une explication : ces Aratares sont des condensats de Bose-Einstein... Ce truc existe vraiment ! Une explication qui rend ce phénomène plausible.
Très beau film de guerre et de SF avec d'excellents effets spéciaux.

**Arrival (Premier Contact)** de Denis Villeneuve (2016)
Le décès d'un enfant. Une invasion extraterrestre.
Douze OVNIs atterrissent sur Terre, en plusieurs endroits. Une spécialiste de la traduction des langues est sollicitée pour prendre contact avec eux.
Superbe film avec mouvements de caméra, plans fixes, tout un langage cinématographique qui parle au spectateur.
La délégation des autorités terriennes pénètre dans l'OVNI qui est un énorme œuf de métal. Il flotte et se tient stable à deux mètres du sol.
Ce film est donc consacré à la communication entre deux espèces totalement différentes.

On nous fait un passionnant cours de linguistique. Comment appeler les deux extraterrestres ? Pourquoi pas Abott et Costello ?
La deuxième partie du film est consacrée à l'impact de l'arrivée des aliens sur la société, la politique... Quel rôle va jouer le deuil ?
Les pays « ennemis » travaillent aussi avec leurs extraterrestres. Et ils n'ont pas les mêmes méthodes.
Les problèmes entre les humains interfèrent et les aliens savent-ils les utiliser ?
Certains pays (Chine, Pakistan, Russie) déclarent la guerre aux Aliens.
Ces derniers ont-ils compris que l'humanité n'était pas Une ?
L'interprète arrive à lire l'heptapode... Grâce à HANNAH qui s'écrit de la même manière dans les deux sens.
Il y a une histoire d'amour aussi.
Les heptapodes sont très lovecraftiens...

**Resident Evil : Chapitre Final** de Paul W. Anderson (2016)
Voici le sixième film !
Au début était le virus T qui devait guérir toutes les maladies. Mais il eut des effets secondaires inattendus (Alicia Marcus fut sauvée !)
C'est l'histoire d'Alice et d'Umbrella Corporation. Le virus s'échappa d'un labo et ce fut la fin du monde.
À chaque début de film, Alice débarque de nulle part ne semblant pas, savoir d'où elle vient, et même qui elle est !

Ici elle sort du sous-sol dans Washington en ruines et est poursuivie par un monstre volant. L'actrice est de plus en plus jolie.
La petite Alice d'Umbrella demande à l'adulte Alice de l'empêcher de détruire ce qui reste de l'humanité. Alice la grande doit aller dans le Hive récupérer l'antivirus élaboré par Umbrella. Il détruirait le virus T.
Voyage, épopée, lutte individuelle pour sauver l'humanité. Avec un compte à rebours. Grosses batailles rangées, multitude de zombies. De la baston, beaucoup de baston. Le feu purifie la tour des zombies.
Toute sa vie « tuer, courir... » Les monstres sont toujours aussi horribles.
Umbrella a organisé l'apocalypse pour purifier la Terre. Isaacs, le méchant, est vraiment très méchant. Les manières de mourir sont très diverses et très atroces. Alice au pays des merveilleuses horreurs. Le docteur Frankenstein lui-même serait terrorisé !
Ah ! Ces femmes, heureusement qu'on les a !
Le générique dure presque aussi longtemps que le film.

**Batman V Superman** de Zack Snyder (2016)
Au début il faut rassembler les morceaux : Batman, Superman... Mais que se passe-t-il donc ? Tiens, Batman fait des cauchemars ? L'ennemi mortel de Superman est très agaçant. C'est un peu exagéré.
Mais pourquoi Batman ne peut pas blairer Superman ? Superman est un extraterrestre. Ils se creusent bien la tête pour rien ! Mais pour-

quoi Clark s'attaque à Batman ? Très dur à suivre...

Ah ! La kryptonite, la seule arme efficace contre Superman.

Géniale Batmobile.

Batman et Superman jouent aux billes dans la cour de récréation.

« Le pouvoir n'est pas innocent ! » C'est bien sûr. Qui en douterait, même les enfants dans la cour de récréation le savent et le pratiquent.

« Superman n'est que le rêve d'un fermier du Kansas », déclare Superman.

Les discours de Lex Luthor sont très cons. Ce personnage est insupportable.

Aussi bête que le scénario d'une niaiserie à toute épreuve...

Amis comme toujours, la dernière heure du film est sidérante ! Quelle baston !

**Independence Day : Resurgence** de Roland Emmerich (2016)

L'histoire semble assez bien construite. Attendons la suite...

Ils vont rouvrir la zone 51.

Un vaisseau spatial qui fait 5000 kilomètres de diamètre ! Rien ne l'atteint. Il détruit tous les systèmes de défense de la Terre. Le prof de la zone 51 a les cheveux longs et se balade à moitié nu, car il vient de sortir du coma...

Tout est géant, mais plaisant. Il y a même une espèce de Godzilla. Les batailles aériennes se succèdent et on ne s'ennuie pas.

Le film ne se prend pas au sérieux. Comme c'est agréable, n'en déplaise aux pisse-vinaigre...

**The Void** de Jeremy Gillepsie et Steven Stokanski (2016)
Deux types blessent une fille à l'arme à feu, l'aspergent d'essence et allument Ils la brûlent vivante.
Ensuite, un shérif un peu endormi trouve un gars qui sort en rampant de la forêt et qui semble bien mal en point. Il l'emmène dans le petit hôpital du coin, mal équipé. Une femme tue un patient en lui enfonçant des ciseaux dans l'œil et tente de tuer le shérif alors qu'elle s'est arraché la peau du visage. Un ranger survient et explique qu'il y a eu une tuerie dans le voisinage dans laquelle le gars qui vient d'être hospitalisé semble impliqué.
Le téléphone ne marche plus.
Des hommes couverts d'un drap blanc avec un triangle noir peint sur le drap à l'emplacement du visage encerclent l'hôpital.
Il sort des tentacules de la bouche de la femme tuée par le shérif.
Plusieurs personnes se sont enfermées dans l'hôpital assiégé. Ils ont déjà été attaqués par un monstre qui l'est devenu à partir de la femme tuée par le shérif.
Deux nouveaux arrivants vus dans le prologue tuent ce monstre.
Le scénario est un mélange de **The Thing** et **Assaut**, deux films de John Carpenter.
Le héros s'appelle Carter.

Pour compliquer une situation déjà terrifiante. Il y a un accouchement difficile. Quelle bonne idée d'avoir placé l'intrigue dans un hôpital !
Très bien filmé : gros plans, mouvements de caméras, éclairages, alternance de lieux et d'actions, mystère qui s'épaissit, terreurs, tension, suspense, et assaut final !

**Alien : Covenant** de Ridley Scott (2016)
Un vaisseau transporte une « cargaison » de colons en route vers une planète à coloniser. Il rencontre un « vent solaire » qui endommage ses « voiles de recharge ». L'équipage est réveillé par le robot qui conduit le vaisseau. Pendant la réparation, un message provient d'une planète proche qui semble habitable. Doivent-ils y aller pour éviter de retourner en sommeil artificiel ?
Ils arrivent donc sur une planète inconnue sans prendre la moindre précaution sanitaire ! Même pas un masque à poussière...
L'infection par les spores produit un alien dans le corps à une vitesse record.
Ils retrouvent des traces du Prometheus... Puis ils rencontrent David, le rescapé du Prometheus.
Une fois de plus, c'est le « synthétique » qui est à l'origine de tout. Et à la fin, ce sont les méchants qui gagnent. Le scénariste devait faire une dépression...

**Warcraft : le commencement** de Dunean Jones (2016)

Au début, il faut s'habituer aux personnages : de grosses bestioles mi humaines pleines de muscles, de grosses défenses sortant de la bouche et accoutrés d'un tas de trucs bizarres. Ce sont les Orcs.
Ah ! Enfin des êtres humains ! Enfin... si on peut dire... Ils chevauchent des « chevaux » volants sans s'attacher : c'est pas possible ! Les montures sont des Griffons.
Pour expliquer l'invasion des Orcs, ils vont chercher le Gardien. Une jolie forêt avec des arbres magnifiques.
Ils chevauchent des loups sans selle. Ils sont venus par le grand portail pour envahir leur monde.
Les gentils Orcs veulent faire alliance avec les humains pour vaincre le méchant Guldan, qui, grâce à sa magie, détruit le monde où il est.
On s'habitue, et puis quand on s'est habitué, c'est une histoire comme les autres : les Cow-boys et les Indiens. Le Grand Sorcier... Un peu à l'envers, ceci dit...
Il y a le petit Moïse aussi.
Pas mal !

**Insectula** de Michael Peterson (2016)
Il en sort encore des films de série Z comme celui-ci. La preuve !
Une planète de monstres envoie un monstre sur la Terre par des moyens naturels. Pas de raison de se casser la tête pour le scénario, avec une voix qui commente les images...
Sur la plage, un vieillard offre un bijou en forme de papillon à une petite jeune fille... qui

va se baigner après avoir dit : « Il est positif ». Le vieux en profite pour partir. Le monstre plonge dans l'eau à proximité en arrivant de l'espace. Il dévore la petite jeune fille sous l'eau dont la tête arrachée remonte à la surface.
Le vieillard est revenu et attend désespérément la petite jeune fille. En fait, c'est un policier en civil... Le détective Novak dirige els recherches. Des gamins pêchent la tête humaine déjà dévorée par les vers.
Et voici la pin-up : une (très jolie) laborantine : jupes courtes, décolleté plongeant, qui assiste le médecin légiste autopsiant la tête avec giclées de sang et pleine d'asticots, même des crabes dans le crâne décalotté...
Maintenant c'est le vieux qui dirige l'enquête. En fait, il n'est pas si vieux ! Il s'agit de l'agent del Biando de l'APE (Agence de Protection de l'Environnement, pardi !)
La jolie laborantine le console ; seulement en paroles hein !
Très mal joué, très mal filmé, très mal maquillé avec la fausse moustache de travers. Peut-être que la script girl du film était bourrée ?
Del va se noyer... Son fantôme au cimetière se voit en train d'essayer d'embrasser la belle laborantine (en civil).
Que dites-vous ? C'est décousu ? Ben oui, c'est décousu... Je n'y peux rien !
Pourtant il est bien noyé et rejeté sur la plage. Mais pas mort ! Il se relève.
Le médecin légiste projette des films sur des recherches entomologistes. Car, en fait, j'ai

oublié de vous dire que le monstre était un insecte géant... Il est interrompu par un coup de fil, il répond et la projection du film se déroule sans lui et montre en fait désormais des images de voyeur... Ce médecin s'appelle Kempler. Il déclare que le responsable de la tuerie est un extraterrestre.
Une jolie brune se fait bronzer allongée sur une bouée sur le lac et se fait dévorer de l'intérieur.
La jolie blonde assistante s'appelle Brittany.
La brune dévorée s'appelle Yasmin et c'est une copine à Del.
Au labo arrive Banning qui est consulté comme expert.
La caméra n'arrête pas de trembler. Le caméraman doit avoir Parkinson.
Kempler habite une vieille maison genre maison hantée dans les films de fantômes. Il joue du piano. Il est rongé par des souvenirs honteux lorsqu'il enseignait. La victime type des films d'horreur de série B : un personnage mauvais plein de remords, mais qui continue à faire le mal.
Très ennuyeux.
Eleonor pleure dans une autre pièce, les cheveux sur les yeux, et se retourne en ouvrant la bouche pleine d'asticots.
Kempler regrette, s'excuse auprès d'elle après qu'elle a disparu.
Le réalisateur/scénariste tente de se prendre pour David Lynch.

Le réchauffement climatique est responsable de la venue de cette créature. La pollution quoi !
Elle partage 80 % de son ADN avec *Culiseta Longiareolata*, ce qui en langage courant désigne le moustique commun...
En fait, le moustique commun est *Culex Pipiens*... Bon tant pis pour le documentaliste !
Kempler a trouvé un œuf au bord du lac, l'a fait incuber et a produit une larve. Il l'a nommée *Insectula*.
C'est long ce film !
Il veut débarrasser la Terre de ses parasites, c'est-à-dire, les humains.
Del, lui, se paie deux putes. Et il tombe ivre mort avec sa fausse moustache. Il ne veut pas tromper Hanna.
Les deux prostituées traversent les bois, car elles n'ont plus d'argent pour le taxi (je résume). L'une d'elles se fait enlever par Insectula. Enfin, on le devine malgré les « effets spéciaux » minables.
L'autre atterrit chez Frankenstein/Kempler.
Auparavant Del Biando se mutile dans la salle de bain. Mais il cicatrise vite, car on ne voit plus rien dans les prochaines scènes où on le voit. La prostituée survivante se fait doubler par Kempler qui l'emmène dans les bois (le scénariste est débile ou quoi ?) et ils trouvent le nid d'Insectula.
Ils y pénètrent... (Patience encore 53 minutes de film...)
La fille se fait arroser par du « pus » ainsi nommé par Kempler. Les corps des victimes

vivent pour créer du pus dont se nourrit Insectula qui arrive et blesse gravement la fille à la jambe. Insectula la poursuit ainsi que Kempler qui fuit.
Insectula coupe la fille en deux d'un coup de mandibules, puis attaque un avion rempli de voyageurs !
Del Biando est relevé de ses fonctions et se fait confisquer ses dossiers par les militaires. Ah ! Il ne manquait plus que ceux- à...
Kempler, de retour dans son labo appelle un ami au secours.
La secrétaire prend une demi-journée de congé et se rend à la maison hantée (celle de Kempler), toujours avec sa blouse très courte, déboutonnée à la poitrine et une minijupe noire. Elle va dans la cave.
Elle y découvre une Insectula prisonnière. (Ou un Insectula prisonnier, comme vous voulez).
Elle se fait surprendre par Kempler avec de jolies scènes de jeux d'ombre à la Nosferatu.
Une autre scène avec deux militaires hauts gradés, car Insectula est cernée par les militaires. Combat entre un homme avec une hache et Insectula dans une usine. C'est raté.
Chez Kempler, la secrétaire est en slip et soutien-gorge, attachée à une chaise. Elle s'appelle Mlle Sax.
Dialogue surréaliste et mal filmé avec Kempler.
Loba, l'assistant de Frankenstein (enfin Kempler...) arrive. Del Biando surgit et se fait maîtriser par Loba.

Mlle Sax essaie de séduire Loba. L'acteur joue bien le rôle de cette créature de Frankenstein.
Il libère la fille !
Kempler surgit et tue Loba avec son revolver. Il libère le bébé Insectula et l'enferme dans une boîte pour l'emmener vers sa maman.
Mlle Sax a remis sa blouse et retrouve sa voiture. Mais elle voit passer Kempler avec son chargement maudit et le suit. Ce film me fait penser à *Plan 9 of Outer Space* !
Insectula tue le bébé apporté par Kempler.
Elle le poursuit dans la forêt hantée par ses victimes. Insectula tue Kempler.
Mlle Sax l'assiste dans son agonie. En fait, il voulait sauver le monde, non ? Un hélicoptère arrive.
Insectula dévore une femme toute crue et sème la terreur dans la ville. Les militaires la poursuivent et font des bavures en lui tirant dessus. Il n'y a que deux militaires. Pas question d'embaucher des figurants.
Insectula est invulnérable aux balles des hélicoptères, aux obus. Les scénaristes ridiculisent l'armée.
La question est posée de l'utilisation de l'arme nucléaire (comme toujours dans ces cas-là).
Del Biando prépare quelque chose dans le labo de Kempler. Il va affronter Insectula avec sa fausse moustache. C'est une opération suicide : il vaut se faire avaler par le monstre et une fois dedans se faire exploser. Ça réussit !
Mlle Sax a mis une robe noire un peu plus longue et va déposer une rose sur la tombe de

Del Biando. Un joli papillon bleu se pose et un autre...
Attention, une scène dans le générique : Kempler est ressuscité par un personnage Frankenstein bis... mais juste la tête !

**Deadpool** de Tim Miller (2016)
Déjanté, destroy, un film de connard avec un débile profond, une bombe sexuelle, un méchant Britannique, le comique de service, une ado boudeuse, un personnage en images de synthèse, une brève apparition inutile, produit par des faces de pet, écrit par les vrais héros de l'histoire, réalisé par un con super payé.
Délicieusement délirant. Faut aimer, j'aime.
Il y a Deadpool et les X-Men marrants, enfin, bizarres... J'aime comment ils filment au ralenti les douilles éjectées.
Ensuite, on revient deux ans en arrière et on s'emmerde. (Je reste dans le langage du film...)
Il avait eu un cancer. Plusieurs cancers mêmes puisque ce film est excessif et délirant. Un homme lui propose alors de le transformer en super héros. On fait un va-et-vient entre le présent (où Deadpool dézingue des gangsters et alors que les X-Men interviennent) et le passé (comment il est devenu Deadpool). Comment ? Ben on ne le sait pas encore à ce stade du film.
Le présent est délirant et le passé chiant.
Le traitement consiste à être torturé à mort, poussé au bord de la mort pour devenir super héros, être contrôlé et offert au plus offrant.

« Est-ce que j'ai dit que c'était une histoire d'amour ? Non ! C'est un film d'horreur.
Le coup de l'allumette est un peu gros vu que l'oxygène ne brûle pas, il n'est que le comburant, pour brûler il faut du combustible...
« Je n'avais pas reçu un remède contre le cancer, mais un remède contre le n'importe quoi ! »
« Deadpool ! On dirait le titre d'un film de super héros... »
Bon ! On revient où on en était plus haut :
« Nous voilà revenus au présent ! »
Toujours des remarques sexuelles grossières. Les dialogues destroy commencent à lasser, mais le combat final est gigantesque !
Et puis c'est la Belle et la Bête
Une dernière scène à la fin du générique :
« Vous êtes encore là ? C'est terminé ! Rentrez chez vous ! etc. »

**Rogue One : A Star Wars Story** de Gareth Edwards (2016)
Une planète tellurique avec des anneaux (bof...)
C'est compliqué, il y a plein de lieux et de personnages, mais le problème est simple : l'Empire construit une arme pour détruire les planètes, alors les rebelles ont besoin d'une petite jeune fille très brutale pour régler cela...
Des vaisseaux spatiaux en grosse ferraille. Des robots pareils... C'est comme si vous faisiez voler des transports de troupes blindés !
Une espèce de pieuvre géante lit dans les pensées. Original, non ?

Toujours les mêmes goûts pour les déserts, les nomades, les « civilisations » orientales, le mélange des races, la populace dans des rues étroites... La fascination du Tiers Monde... Toujours les mêmes remords : le Vietnam, l'Afghanistan, l'Irak.
Les soldats sont très nuls évidemment (un antimilitarisme caché...). Les scénaristes et responsables des effets spéciaux pourraient faire un effort pour rendre leurs vaisseaux vraisemblables.
La bataille fut giganteeeesque. Ces gros engins sur pattes sont totalement inefficaces et vulnérables.
Un film de guerre, c'est un film de guerre.
Heureusement que les aveugles ont la Force avec eux.
À la fin l'espoir !

**Captain America Civil War** d'Anthony et Joe Russo (2016)
Toute la bande Marvel de nouveau réunie.
1991 en Russie. Un « soldat » reçoit une mission. Il la réussit et ramène... des petits sachets bleus.
Lagos de nos jours. Très grosse bagarre des Avengers contre le vol (très violent) d'un produit biologique très dangereux. Quelle baston ! Qu'est- ce qu'on aimerait pouvoir en faire autant !
Et puis Stark (Iron Man) a des problèmes de conscience.
Les gouvernements en ont assez des dommages collatéraux des batailles des Avengers.

Ces derniers sont alors placés sous la coupe des Nations Unies.

Cleveland : un homme en assomme un autre, défonce un mur pour voler des documents vus au début du film : mission du 16/12/1991...

Puis tante Peggy meurt. Tout le monde signe la soumission aux Nations Unies. Sauf le capitaine Rogers.

Un attentat survient pendant la cérémonie. Faut-il se venger contre le Soldat de l'Hiver, auteur de l'attentat ?

On voyage beaucoup dans ce film, comme dans les James Bond.

Une autre baston, plus ennuyeuse ? Une poursuite en bagnole. Bon... enfin, mixte plutôt : bagnole et à pied... Il y a même un hélicoptère !

Stark/Iron Man est le flic des Nations Unies contre les récalcitrants.

Du coup, la machine à tuer est libérée. Et la lutte contre les soldats d'hiver se complique. Stark enrôle Spider-Man.

Grosse baston avec les Avengers, Spider-Man, Antman, et d'autres..

Le bien le mal ? Ah ! Pas si simple...

Captain America Iron Man Black Widow Winter Soldier Falcon War Machine Hawkeye Black Panther Vision Scarlet Witch Ant-man Sharon Carter Spider-man Zemo Cross bones.

Une scène à la fin du générique avec Spider-Man : « Spider-Man reviendra » disent-ils...

**Valérian et la cité des mille planètes** de Luc Besson (2017)

Le prologue (le rêve de Valérian) assez cucul et les premières scènes de Valérian et sa coéquipière Lorelin avec grosse drague ne sont pas très originaux. Le rêve de Valérian n'en était pas un, mais était un « message ». Le style jeune étudiant bobo faussement décontracté de Valérian est agaçant. Idem pour Lorelin.

Ils ont des casques de joueur de hockey... les touristes.

Qu'est-ce qu'on s'ennuie.

Alpha : la cité des mille planètes. 1,3 milliard de kilomètres parcourus depuis une orbite terrestre. (Ce n'est rien du tout 1,3 milliard de kilomètres ! Pluton est à 6 milliards de kilomètres du soleil ! 1,3 milliard de kilomètres c'est la distance entre la Terre et Saturne !)

Une menace (radioactive) grossit à l'intérieur d'Alpha...

Etc.

Tout cela manque beaucoup de maturité. Parfois est même consternant...

**Transformers The Last Knight** de Michael Bay (2017)

Prologue moyenâgeux très con. Puis ensuite une pâle imitation de Stalker avec des enfants un peu bébête.

Soudain Megatron réapparaît. C'est très très mal joué. C'est peut-être fait exprès ?

« Y en a toujours un qui dirige les autres », qu'elle dit. Normal, faut bien qu'ils aient un point faible.

Les dialogues se veulent surréalistes.

Tout cela pour en arriver au dernier chevalier de la Table ronde.
Ça se passe dans l'espace, sur Terre, sur mer, sous l'eau, au Moyen Âge, dans le présent, dans le futur…
Le scénario est très simple : il y a des cons qui vont sauver le monde, mais ne le savent pas, d'autres qui font tout pour les en empêcher, mais ne le savent pas non plus, et d'autres encore, méchants qui veulent détruire la Terre.
La dernière demi-heure vaut le coup : gigantesque bataille et effets spéciaux super transformers. Le reste ne vaut pas tripette.

**La Momie** d'Alex Kurtzman (2017)
L'acteur (Tom Cruise) cabotine un peu trop.
Un sarcophage égyptien est trouvé dans la province de Ninive en Irak, en pleine guerre. Il contient Amameth.
Superbe Scène de l'accident d'avion.
Pendant ce temps à Londres, des travaux souterrains mettent à jour des tombeaux de croisés, dont l'un contient une pierre.
La momie se régénère en transformant les êtres humains en zombies.
Il y a même Dr Jekyll et Mr Hyde.
Un film qui ne se prend pas lui-même au sérieux.

**Ghost in the Shell** de Rupert Sanders (2017)
Implanter un cerveau humain dans un corps artificiel. Une ville à la Blade Runner et une compagnie, la Hanka Robotic.

Mira est la cyborg. C'est au fond la même histoire que dans Blade Runner, les cyborgs ayant remplacé les répliquants.

Le méchant est mal habillé, a l'air minable et parle pour ne rien dire. C'est un type qu'ils ont raté ! Et qui fait des révélations à Mira « Major ».

Elle découvrira d'où elle vient et qui elle est, grâce à son… « fantôme » !

Pas terrible…

**Death Note** d'Adam Wingard (2017)
Film Netflix
Un livre tombe du ciel pendant un crage. Il est noir. Il s'intitule « Death Note ». Quand on veut que quelqu'un meure, il suffit d'écrire son nom dans le livre en pensant à son visage.

« Et si ça c'est possible, imagine tout ce que tu pourrais faire ! » Ricane le monstre « sorti » du bouquin.

Utiliser ce pouvoir a des conséquences incalculables !

Un super enquêteur va poursuivre le détenteur du livre.

Ce qui est bien c'est qu'on ne sait pas qui sont les gentils et qui sont les méchants…

**Logan** de James Mangold (2017)
Wolverine est vieux, fatigué et croqué. Il boite. Drogué ? Non, pas lui, mais Charles !

« Pas un seul mutant n'est né depuis 25 ans », proteste Wolverine/Logan.

« Cette famille n'existe plus ! » Rétorque Logan à Charles.

J'aime bien les dialogues cyniques du trio Logan, Charles et L'Albinos (Caliban).
Logan fait le taxi pour riches. Une Mexicaine, Gabriele, le poursuit pour qu'il l'emmène dans le Dakota du Nord. La fille de la Mexicaine, Laura, est une mutante. « Enfin, c'est pas sa fille » dit Charles... Charles Xavier.
« Je te l'avais dit Logan : elle est comme toi ! Exactement comme toi ! »
Belle bagarre très incénieuse !
La compagnie américaine Transigene recherche Laura, la mutante qui s'est échappée.
Extrait d'un western à la télé.
La fille lit des comics X-men ; Charles a 90 ans.
Quelques réflexions sur la vie du futur : camions sans chauffeur, giga moissonneuse de maïs...
Superbe scénario. Très belles idées.
« ils ont tout inventé dans cette BD ! » Déclare Logan à Laura.
Belle, gigantesque, dantesque bataille de fin.

# Listes de films par thèmes concernés par celui de ce livre

Ces filmographies ont été arrêtées à l'année 2004

### Cannibales

(Je ne mets pas ici les films de morts-vivants mangeurs de chair humaine que l'on retrouvera dans la liste "morts-vivants")
Les films de cannibales ont connu une forte production dans les années quatre-vingt... avec une certaine renaissance au début du troisième millénaire.

**Blood Feast** de Herschell Gordon Lewis (1963) – **2000 Maniacs** de Herschell Gordon Lewis – **Massacre à la tronçonneuse** de Tobe Hooper (1974) – **La Colline a des yeux 1 et 2** de Wes Craven (**1** : 1977 et **2** : 1985) – **La Montagne du dieu cannibale** de Sergio Martino (1978) – **Le Dernier monde cannibale** de Ruggero Deodato (1978) – **Cannibal holocaust** de Ruggero Deodato (1980) – **Anthropophagus** de Joe D'Amato (1980) – **La Terreur des zombis** de Franck Martin (1980) – **Pulsions cannibales** d'Antonio Margheriti (1980) – **La Guerre du feu** de Jean-Jacques Annaud (1981) – **Sexo cannibal** de Jesus Franco (1981) – **Cannibal ferox** de Umberto Lenzi (1982) – **Virus cannibal** de Vincent Dawn (1982) – **L'île de l'enfer cannibales** de Sisworo Gautama et Sam Gardner (1982) – – **Massacre à la tronçonneuse 2** de Tobe Hooper – **Cannibal Campout** de

Tom Fisher et John Mc Bride (1988) - **Cannibal tours** de Denis O'Rourke (1988) - **Les Cannibales** de Manœl Oliveira (1988) - **Un Destin cannibale** de Roger Guillot (1989) - **Le Silence des agneaux** de Jonathan Demme (1990) - **Braindead** de Peter Jackson (1992) - **Vorace** de Antonia Bird (1999) - **Trouble Every Day** de Claire Denis (2001) - **Hannibal** de Ridley Scott (2001) - **Dragon rouge** Brett Ratner (2002) - **Détour mortel** de Rob Schmidt (2003) - **Massacre à la tronçonneuse** de Marcus Nispel (2004)

### Docteurs de l'horreur !

**Le Cabinet du docteur Caligari** de Robert Wiene (1920) - **Docteur Mabuse (et toute la série** notamment le **Diabolique Dr Mabuse** 1960**)** de Fritz Lang (1922) - **Les Mains d'Orlac** de Robert Wiene (1924) - **Docteur X** de Michael Curtiz (1932 - version couleur) - **L'île du Dr Moreau** de Erle C. Kenton (1932) - **Les Mains d'Orlac** de Karl Freund (1935) - **Dr Cyclops** d'Ernest B. Schœdsack (1940) -**Le Récupérateur de cadavres** de Robert Wise (1945) - **L'Impasse aux violences** de John Gilling (1959) - **Les Yeux sans visage** de Georges Franju (1959) - **Le Moulin des supplices** de Giorgio Ferroni (1960) - **Le Cirque des horreurs** de Sydney Hayers (1960) - **Docteur Caligari** de Roger Kay (1962) - **L'Horrible docteur Orloff** de Jésus Franco (1962) - **Le Musée des horreurs** de Freddie Francis (1963) - **L'Horrible cas du Dr X** de Roger Corman (1963) - **Docteur Folamour** de Stanley Kubrick (1964) - **Le Diabolique docteur Z** de Jesus Franco (1965) - **L'abominable Dr Phibes** de Robert Fuest (1971) - **Le retour de l'abominable Dr Phibes** de Robert Fuest (1972) - **L'Homme à la tête**

coupée de Juan (John) Fortuny (1973) – **Traitement de choc** d'Alain Jessua (1973) – **L'île du Dr Moreau** de Don Taylor (1977) – **La Terreur des zombis** de Franck Martin (1980) – **Horreur dans la ville** de Michael Miller (1982) – **Le Jour des morts-vivants** de George A. Romero (1985) – **Docteur Rictus** de Manny Coto (1992) – **L'île du Dr Moreau** de John Frankenheimer (1996) – **Anatomie** de Stefan Ruzowitzky (2000) – **Terreur point com** de William Malone (2002) – **Anatomie 2** de Stefan Ruzowitzky (2002) – **Qui a tué Bambi ?** de Gilles Marchand (2003)

**Quelques psychiatres pour compléter :**
**Obsessions** de Brian de Palma (1977) – **Nightmare concert** de Lucio Fulci (1990) – **Cabale** de Clive Barker (1990) – **Le Silence des agneaux** de Jonathan Demme (1990) et **Hannibal** de Ridley Scott (2000) et... **Dragon rouge...**


### Extraterrestres

**Le Voyage dans la Lune** de Georges Méliès (1902) – **Aelita** de J. Protozanov (1924) – **La Chose d'un autre monde** de Christian Nyby (1951) – **Le Jour où la Terre s'arrêta** de Robert Wise (1951) – **Les Envahisseurs de la planète rouge** de William Cameron Menzies (1953) – **La Guerre des mondes** de Byron Has{in (1953) – **Le Météore de la nuit** de Jack Arnold (1953) – **Les Survivants de l'infini** de Joseph Newman (1955) – **Le Monstre** de Val Guest (1955) – **L'Invasion des profanateurs de sépulture** de Don Siegel (1956) – **Le Satellite mystérieux** (Koji Shima) 1956 – **Les Soucoupes volantes attaquent** de Fred F. Sears (1956) – **Prisonnières des Martiens** d'Inoshiro Honda (1957) – **La Marque** de

Val Guest (1957) – **À des Millions de kilomètres de la Terre** de Nathan Juran (1957) – **The Blob** d'Irvin S. Yeaworth (1958) – **Le Village des damnés** de Wolf Rilla (1960) – **Le Monstre aux yeux verts** de Romano Ferrara (1961) – **La Planète des hommes perdus** d'Antonio Margheriti (1961) – **La révolte des Triffides** de Steve Sekely et Freddy Francis (1962) – **Children of the damned** d'Anton M. Leader (1963) – **Les Premiers hommes sur la Lune** de Nathan Juran (1964) – **Le Ciel sur la tête** de Yves Ciampi (1964) – **La Planète des vampires** de Mario Bava (1965) – **Les Daleks envahissent la Terre** de Gordon Flemyng (1966) – *Invasion planète X* d'Inoshiron Honda (1966) – **Les Monstres de l'espace** de Roy Ward (1967) – **La Nuit de la grande chaleur** de Terence Fisher (1967) – **Signal une aventure dans l'espace** de Gottfried Kolditz (1970) – **Solaris** d'Andreï Tarkovski (1972) – **L'Homme qui venait d'ailleurs** de Nicolas Rœg (1976) – **Rencontres du troisième type** de Steven Spielberg (1977) – **La Guerre des étoiles** de Georges Lucas (1977) – **L'Invasion des profanateurs** de Philip Kaufman (1978) – **Superman** de Richard Donner (1978) – **Stalker** d'Andreï Tarkovski (1979) – **Alien le huitième passager** de Ridley Scott (1979) – **Star Trek le film** de Robert Wise (1979) – **ET l'estraterrestre** de Steven Spielberg (1982) – **The Thing** de John Carpenter (1982) – **Xtro** de Harry Bromley Davenport (1982) – **Les Envahisseurs sont parmi nous** de Michael Laughlin (1983) – **Cocoon** de Ron Howard (1985) – **2010 odyssée 2** de Peter Hyams (1985) – **Lifeforce** de Tobe Hooper (1985) – **Starman** de John Carpenter (1985) – **L'Invasion vient de Mars** de Tobe Hooper (1986) – **Enemy** de Wolfgang Petersen (1986) – **Aliens, le retour** de James Cameron (1986) – **Predator** de John Mac Tiernan (1987) –

**Creepshow 2** de Geroçe A. Romero (1987) – **Invasion Los Angeles** de John Carpenter (1988) – **Le Blob** de Chuck Russel (1988) – **Hidden** de Jack Sholder (1988) – **Futur immédiat** de Graham Baker (1988) – **Abyss** de James Cameron (1988) – **Dark Angel** de Craig R. Baxley (1990) – **Simple Mortel** de Pierre Jolivet (1991) – **Alien $^3$** de David Fincher (1992) – **Predator 2** de Stephen Hopkins (1991) – **Body Snatchers** d'Abel Ferrara (1993) – **Les Tommyknockers** de John Power (1993) – **Time Master** de J. Glickenhaus (1944) – **Hidden 2** de Seth Pinsker (1994) – **Le Village des damnés** de John Carpenter (1994) – **Les Marrrrtiens** de Patrick Johnson (1994) – **Stargate** de Roland Emerich (1994) – **Les Maîtres du monde** de Sturat Orme (1995) – **La Mutante** de Roger Donaldson (1995) – **Dark Breed** de Pepin Richard (1995) – **Annihilator** de Michael Chapman (1995) – **La Belle verte** de Coline Serreau (1996) – **The Arrival** de David Twohy (1996) – **Independence Day** de Roland Emerich (1997) – **Demain un autre monde** de Jorge Montesi (1997) – **Mars Attacks !** de Tim Burton (1997) – **Progeny** de Brian Yuzna (1997) – **Sphere** de Barry Levinson (1997) – **Men in black** de Barry Sonnenfeld (1997) – **Alien la résurrection** de Jean-Pierre Jeunet (1997) – **Le Cinquième élément** de Luc Besson (1997) – **Starship Troopers** de Paul Verhœven (1998) – **The Second Arrival** de Kevin S. Tennay (1998) – **Dark City** d'Alex Proyas (1998) – **La Mutante 2** de Peter Medac (1998) – **The X-files** de Rob Bowman (1998) – **Perdus dans l'espace** de Stephen Hopkins (1998) – **Virus** de John Bruno (1998) – **The Faculty** de Robert Rodriguez (1999) – **Wing Commander** de Chris Roberts (1999) – **Mission to Mars** de Brian de Palma (1999) – **Intrusion** de Rand Ravich (2000) – **Planète rouge** d'Anthony Hoffman (2000) – **Pitch**

**Black** de David Twohy (2000) – **Evolution** d'Ivan Reitman (2001) – **Men in Black 2** de Barry Sonnenfeld (2002) – **Undead** de Michael et Peter Spierig (2002) – **Alien contre Predator** de Paul Anderson (2004)

*Mais aussi des films TV comme :* **Le Monstre évadé de l'espace** – **Le Seigneur du temps** (Geoffroy Sax) – **Ils sont parmi nous** – **Invasion** (A. Mastroianni) – **etc.**

### Frankenstein

**Frankenstein** de J. S. Dawley (1910) – **Frankenstein** de J.Whale (1931) – **La Fiancée de Frankenstein** de J. Whale (1935) – **Le Fils de Frankenstein** de Rowland V. Lee (1939) – **Frankenstein rencontre le loup-garou** de Ray William Ney (1943) – **La Maison de Frankenstein** d'Erle C. Kenton (1944) – **La Maison de Dracula** d'Erle C. Kenton (1945)— Dans les années quarante et cinquante, toute une série de films mêlant Frankenstein, Dracula, le Loup-garou, avec Christopher Lee, Lon Chaney Jr, Bela Lugosi et, bien sûr, Boris Karloff – **Frankenstein s'est échappé !** de Terence Fisher (1957) – **La Femme nue et Satan** de Victor Trivas (1958) – **La revanche de Frankenstein** de Terence Fisher (1958) – **Frankenstein 70** de Howard W. Koch (1958)— **L'Empreinte de Frankenstein** de Freddie Francis (1964) – **Frankenstein créa la femme** de Terence Fisher 1967 – **Le Retour de Frankenstein** de Terence Fisher (1969) – **Les Horreurs de Frankenstein** de Jimmy Sangster (1970) – **Frankenstein et le monstre de l'enfer** de Terence Fisher (1973) – **Frankenstein Junior** de Mel

Brooks (1974) – **Chair pour Frankenstein** de Paul Morrissey (1973) – **Horreur dans la ville** de Michael Miller (1982) – **La Promise** de Franc Roddam (1985) – **La Résurrection de Frankenstein** de Roger Corman (1990) – **Frankenhooker** de Frank Henenlotter (1990) – **Frankenstein** de Kenneth Branagh (1994) – **Van Helsing** de Stephen Sommers (2004) – **Godsend, expérience interdite** de Nick Hamm (2004)

De nombreuses séries télévisées furent consacrées au Monstre, je citerai la meilleure, diffusée sur FR3 en 1976, intitulée simplement en Français « **Frankenstein** » de Jack Smight (***Frankenstein the True Story***). Très beau téléfilm. On a vu aussi « **L'antre de Frankenstein** » et « **Frankenstein** » de David Wickes en 1992..


### Godzilla

*Les films d'Inoshiro Honda (1911–1993) :*
**Godzilla** (1954) – **King Kong contre Godzilla** (1963) – **Mothra contre Godzilla** (1964) – **Godzilla contre la chose** (1964) – **Invasion planète X** (1966) – **La Guerre des monstres** (1966) – **La Revanche de King Kong** (1967) – **Les Envahisseurs attaquent** 1968) – **La Revanche de Godzilla** (1969) – **Mechagodzilla contre attaque** (1975)
*D'autres :*
**Le Retour de Godzilla** de Motogoshi Udo (1955) – **Godzilla, roi des monstres** de Terry Morse (1956) – **Ebirah contre Godzilla** de Jun Fukuda (1966) – **Le Fils de Godzilla** de Jun Fukuda (1967) –**Godzilla contre Hedora** de Yoshimitu Banno (1971) – **Godzilla contre Gigan** de Jun

Fukuda (1972) – **Godzilla et l'île des monstres** de Jun Fukuda (1972) – **Godzilla contre le monstre du brouillard** de Yoshimitu Banno (1972) –**Godzilla contre Megalon** de Jun Fukuda (1973) – **Godzilla contre le monstre de l'espace** de Jun Fukuda (1974) – **Godzilla 1985** de Kohji Hashimoto (1985) – **Godzilla** de Roland Emmerich (1998).

### Insectes, araignées et autres ..

**Des Monstres attaquent la ville** (Gordon Douglas) 1953, *des fourmis rendues géantes par les radiations* – **Tarantula** (Jack Arnold) 1955, *ah ! ces scientifiques avec leurs expériences...* – **La Chose surgie des ténèbres** (Nathan Juran) 1957, *cette fois la chose décongelée est une mante...* – **Les Monstres de l'enfer vert** (Keneth Crane) 1957, *d'énormes insectes mutants dans la jungle* – **La Mouche noire** (Kurt Neuman) 1958, *un homme invente la désintégration des corps et leur reconstitution ; hélas, une mouche s'est introduite dans l'appareil en même temps que le savant...* – **Mothra contre Godzilla** (Inoshiro Honda) 1964, *une mite géante, puis ses deux « petits » luttent contre Godzilla* – **Les Survivants de l'apocalypse (ou de la fin du monde)** (1974) de Jack Smight, *scorpions géants et cafards désosseurs suite à l'apocalypse nucléaire* – **Invasion des araignées géantes** (Bill Rebane) 1975 – **Les insectes de feu** (Jeannot Szwarc) 1975, *après un tremblement de terre, des insectes incendiaires sortent des crevasses* – **L'empire des fourmis géantes** (Bert L. Gordon) 1977 – **L'Inévitable catastrophe** de Irwin Allen (1978) *abeilles tueuses* – **Phenomena** (Dario Argento) 1984, *insectes nécrophages* – **La Mouche** (David Cronenberg) 1988, *remake génial* *du film de 1958* –**Voyage au bout de l'horreur** (Terence H. Winkless) 1988, *cafards sanguinaires et désosseurs* – **Arachnophobie** (Frank Marshall) 1990, *une monstrueuse araignée est importée dans le cercueil de sa victime* – **La Secte** de Michele Soavi (1991) – **La Mouche 2** (Chris Walas) 1992 – **Ticks** (Tony Rardel) 1993, *tiques devenues monstrueuses à cause de trafiquants de drogue* – **Phase IV** (Saul Bass) 1994, *fourmis tueuses* – **Mosquito** (Gary Jones) 1994, *moustiques géants* – **Men in Black** (Barry Sonnenfeld) 1997, *le méchant du film est un extra-terrestre, énorme cafard géant* – **Mimic** (Guillermo del Toro) 1997, *insectes géants tueurs prenant notre apparence dans le métro de New York* – **Starship Troopers** de Paul Verhœven (1998), *guerre contre des insectes extraterrestres !* – **Perdus dans l'espace** (Stephen Hopkins) 1998, *araignées teigneuses dans un vaisseau abandonné.*– **La Momie** (Stephen Sommers) 1999, *une nuée de sales cafards dévorent vivants les archéologues* – **Planète rouge** d'Anthony Hoffman (2000) *de petits insectes vous dévorent tout cru sur Mars* – **Éclosion** d'Ellory Elkayem 2000 – **Arac Attack !** d' Ellory Elkayem (2002) *les araignées sont magnifiques !* – **Arachnid** de Jack Sholder (2002) – **Harry Potter et la chambre des secrets** de Chris Colombus (2002) *des araignées géantes tentent (sans succès) de manger Harry* – **Infested** ce Josh Olson (2002) *des mouches mutantes transforment les êtres humains en morts-vivants. On peut même plus compter sur le curé !*

Beaucoup de téléfilms sur les abeilles « tueuses », fourmis et autres frelons... et aussi :

**Au Royaume des sables** de Stuart Gillard (1995), le pilote de *Au-delà du réel l'aventure continue.* Excellente histoire de sales insectes importés de

Mars...Et surtout l'excellent : **L'Île des morts** de Tim Southam (2000)
Des séquelles : **Starship Troopers 2** de Phil Tippett (2003) – **Mimic 2** de Jean De Segonsac (2003)

Autres sales petites bestioles :
**Squirm** de Jeff Lieberman (1976) *il y en des milliards de... vers de terre* – **The Stuff** de Larry Cohen (1985) *une histoire de parasite pas piquée des vers...* – **Slugs** de Juan Piquer Simon (1987) *un petit film d'horreur avec des... limaces mutantes carnivores* – **Tremors** de Ron Underwood (1989) *des vers géants préhistoriques sortent de terre pour dévorer tout ce qui passe* et ses suites : **Tremors 2 : les dents de la Terre** de S. Wilson (2001) et **Tremors 3 : le retour** de Brent Madock (2002)

### King Kong

**King Kong** de E.B. Schœdsack et N.C. Cooper (1933) – **Le fils de King Kong** (1933) d'Ernest B. Schœdsack – **Monsieur Joe** (1943) d'Ernest B. Schœdsack – **King Kong contre Godzilla** (quelle idée !) (1963) d'Inoshiro Honda – **La Revanche de King Kong** (1967) d'Inoshiro Honda – **King Kong** (1976) de John Guillermin – **King Kong revient** (1977) de Paul Leder – **Le colosse de Hong Kong** (1977) de Ho Meng-Hua – **King Kong II** (1986) de John Guillermin.

### Morts-vivants

**White Zombie, les morts-vivants** de Victor Halperin (1932) – **Le fantôme vivant (The Ghoul)** de T. Hayes Hunter (1933) – **Le mort qui marche** de Michael Curtis (1936) – **Le retour du Docteur X** de Vincent Sherman (1939) – **L'Invasion des morts-vivants** de John Gilling (1965) – **La Nuit des Morts-vivants** de George A. Romero (1968) – **La Révolte des morts-vivants** d'Armando de Ossorio (1971) – **Martin** de George A. Romero (1977) – **Zombie le crépuscule des morts-vivants** de George A. Romero (1978) —**L'Enfer des zombies (Zombi 2)** de Lucio Fulci (1979) – **La Terreur des zombis** de Franck Martin (1980) – **Frayeurs** de Lucio Fulci (1980) – **Le Lac des morts-vivants** de J. Lazer (1980) – **Une Vierge chez les morts-vivants** de Jess Franco (1981) – **La Maison près du cimetière** de Lucio Fulci (1981) – **L'au-delà** de Lucio Fulci (1981) – **La Morte-vivante** de Jean Rollin (1982) – **L'abîme des Zombies** de Jess Franco (1983) – **Le Retour des morts-vivants** de Dan O'Bannon (1984) – **Le Jour des morts-vivants** de George A. Romero (1985) – **L' Emprise des ténèbres** de Wes Craven (1987) – **Le Retour des morts-vivants 2** de Ken Wiederhorn (1987) – **Zombi III** de Lucio Fulci (1988) – **Zombie academy** de David Acomba (1988) – **Universal Soldier** de Roland Emmerich (1992) – **Braindead** de Peter Jackson (1992) – **Le Retour des morts-vivants 3** de Brian Yuzna (1993) – **Dellamorte Dellamore** de Michele Soavi (1993) – **La Nuit des morts-vivants** de Tom Savini (remake en couleurs du film de Romero, produit par lui) en 1990. – **Resident evil** de Paul Anderson (2001) – **Undead** de Michael et Peter Spierig (2002) – **Pirates des Caraïbes** de gore Verbinski (2003) – **28 jours plus tard** de Danny

Boyle (2003) *en fait je ne sais pas s'il s'agit bien de morts-vivants, mais dans le doute..* – **Beyond Re-animator** de Brian Yuzna (2003) – **L'armée des morts** de Zack Snyder (2004)

Film TV excellent : **Moi zombie, chronique de la douleur** d'Andrew Parkinson (1998) Et aussi **Flic ou zombie** de Mark Goldblatt (1988)

Dans la série des **Vendredi 13,** Jason devient un mort-vivant à partir du numéro 6, intitulé justement **Jason le mort-vivant** et réalisé par Tom Mac Loughlin (1986)
Voir ci-dessus mon analyse de la série des Vendredi 13 et la liste complète.
Quant à Michael dans la série des **Halloween** on se demande toujours ce qu'il est...
**Freddy Krueger,** lui, en est des morts-vivants, sauf que l'on se demande s'il est vivant...
Et puis on trouve des morts-vivants dans **Le Loup-garou de Londres** et dans **La Main qui tue**...

# Plan 9 from Outer Space

Edward D. Wood, Jr. (1959)
**Le film étalon du pur nanar !**

**Plan 9 from Outer Space**
Les extra-terrestres décident de mettre en place le « plan 9 », qui consiste à ressusciter les morts pour punir ces humains inconscients qui ont refusé de s'accorder avec eux. D'inquiétantes créatures hantent peu à peu les cimetières : goules, femmes vampires et zombies fraîchement déterrés se mettent à harceler les voisins...

Ce film n'a ni queue ni tête. Comme le disent certains, c'est l'étalon du pur nanar. Les scènes ne se raccordent pas. Les personnages disparaissent hors champ, c'est pratique pour l'absence de mise en scène, etc.

Il faut savoir que l'acteur Bela Lugosi joue dans ce film et il meurt au cours du tournage. Ce qui ne fut pas sans poser des problèmes à Ed Wood. Mais il trouvera des solutions (voir plus loin).

Il faut voir le film de Tim Burton qui lui est consacré : « ***Ed Wood*** (1994).

Quelques plans célèbres.

Les cadavres sont des mannequins, ça saute aux yeux.

Une lueur passe dans la pièce où se trouve un couple et les tables et chaises sont renversées.

Une voiture de police sort du champ sans aucune raison. Comme ça, en restant, d'ailleurs, à moitié sortie...

Comme Bela Lugosi meurt en cours de tournage, Wood embauche un figurant (qui n'a même pas la même taille que Lugosi) qui porte donc la cape du vampire joué par l'acteur. Et voici ce que ça donne avec l'exemple de deux scènes :

La mort de Bela. Le vampire est filmé de dos (on ne voit pas que ce n'est pas Bela) alors qu'il avance, menaçant (du moins le suppose-t-on) vers plusieurs personnages armés d'un revolver. Ces derniers lui tirent dessus abondamment. Il continue sa progression jusqu'à ce qu'un rayon provenant de la soucoupe volante le tue. Il s'effondre. Un des personnages s'avance et ouvre la cape qui recouvre le corps pour découvrir un squelette...

Une jeune fille est couchée dans un lit. Le champ de change pas, reste fixe. Le vampire y entre à gauche le bras levé qui cache son visage avec sa cape noire et s'avance vers la fille qui crie, descend du lit à droite, contourne le lit et sort du champ à gauche alors que le figurant qui remplace Lugosi, le visage toujours caché par son bras levé, a l'air de se demander ce qu'il doit faire...

Plan fixe : deux pilotes (ils ont un vague uniforme qui permet de penser qu'ils en sont). Rien ne montre qu'ils sont dans un cockpit, sauf que l'on se dit que si ce sont des pilotes assis côte à côte, c'est qu'ils sont dans un cockpit. Changement de plan : on voit une soucoupe volante en carton. Retour au plan des pilotes qui regardent du côté hors champ... L'accident de voiture de Bela. On voit Bela Lugosi en civil sortir de sa maison. Il marche avec une canne de droite à gauche et sort du champ. Un cri retentit. Changement de plan : on voit la rue avec des voitures et une voiture de police qui passe sirène hurlante.

Tim Burton a réalisé un film magnifique racontant la vie du plus mauvais réalisateur de cinéma : **Ed Wood** (1994).

Ce film m'a inspiré la nouvelle qui suit, qui est parue dans le recueil *De Sang et d'encre* présenté par Léa Silhol aux éditions Naturellement (1999). Réédité dans mon recueil Terribles moments sfm éditions 2017

# Les sept derniers jours de Bela Blasko...

7.
Bela avait mal au dos. Une horrible douleur qui lui sciait la colonne vertébrale. Nous étions en 1959 et Bela souffrait depuis de nombreuses et longues années. Tout son argent il le plaçait dans l'achat de morphine pour lutter contre la douleur. Mais aujourd'hui, il était pauvre. Très pauvre.

Il se souvenait de son enfance à Lugos, non loin de la demeure stupéfiante du comte Dracula. Souvent, le jeune garçon s'échappait la nuit de la demeure familiale et il rendait visite au vieux comte. Quels moments de bonheur et de subtile ambiance macabre qui régnait au milieu de la poussière à la lueur triste des bougies. Le visage de Vlad était vaguement éclairé par ces lueurs rougeoyantes et il racontait ses anciennes aventures, celles qu'il avait vécues il y a plusieurs siècles, et celles plus récentes qui l'avaient amené à Londres. Un écrivain irlandais avait raconté qu'il était mort. On ne tue pas ce qui est éternel !

« Tu es mon ami Bela ! Souviens-t'en ! Ne l'oublie jamais. Tu peux compter sur moi... » S'exclamait souvent le vieil homme.

Pourquoi cette amitié ?
Pourquoi ?
Qu'avait-il de spécial, lui, ce petit Hongrois de la frontière pour attirer l'amitié de ce seigneur roumain ? Jamais il ne l'avait su...
Le vieux Bela s'allongea sur son lit de souffrance. Il n'avait plus d'argent, donc plus de morphine...
Si seulement quelqu'un pouvait lui confier un rôle. Un petit rôle, il s'en contenterait. Il ne ferait plus le difficile, comme d'avoir refusé le rôle de Frankenstein. Et c'est cette grande brute de Boris Karloff qui l'a pris ! Et pourtant, la chance il l'avait eue, Bela, lorsque Tod Browning lui proposa le rôle de Dracula, car l'acteur fétiche du réalisateur, Lon Chaney était mort... Il avait vécu la gloire grâce à la mort de quelqu'un.
Aujourd'hui, un petit rôle lui suffirait, mais pas un rôle de vampire... Un rôle de méchant, en tout cas, car il ne pourrait pas s'en défaire...
Le sommeil eut raison de la douleur... À cause de l'épuisement.

6.
Le cauchemar s'incrustait, ne le lâchait pas. Dracula lui sciait le dos avec une grande scie circulaire. Le vieux Bela hurlait de douleur.
« Tu sais que tu pourras toujours compter sur moi ! » Criait Vlad l'Empaleur...
Puis, il lâcha la scie et brandit un marteau.
Toc ! Toc ! Toc ! Il frappait à grands coups sur la colonne vertébrale de Blasko.
La douleur était trop violente et il se réveilla...
Toc ! Toc ! Toc !

Bon Dieu ! Le bruit du marteau ! Il continuait ! Blasko était paralysé par la douleur. Mais il se força à bouger et réussit à s'asseoir au bord du lit.
Toc ! Toc ! Toc !
Ce n'était pas le marteau, mais on frappait à la porte !
Il se leva péniblement et alla ouvrir.
Un petit mec avec une petite moustache lui souriait sur le pas de la porte. Un jeune mec. Avec un dentier pourtant. Ça crevait les yeux...
« Bela Lugosi ? » Interrogea-t-il...
« Ouais, qu'est-ce qu'y a ? » Réussit-il à articuler en surmontant sa douleur.
Soudain, le type se mit à genou devant l'acteur et lui baisa la main.
« Incroyable, je parle à Bela Lugosi... »
Croyez-moi, le vieil acteur tordu de douleur apprécia cet hommage...
Il tenta de relever le type, mais il ne pouvait rien faire à cause de la douleur. Le jeune se releva de lui-même.
« Puis-je entrer ?
— Qui êtes-vous d'abord ?
— Wood, je m'appelle Ed Wood, et je suis réalisateur...
— Réalisateur ? »
Ça faisait tellement longtemps que le vieil acteur n'avait pas rencontré de réalisateur...
« Et qu'est-ce que vous voulez ?
— Je viens vous proposer un rôle. Un rôle mon cher Bela. Un vrai rôle dans un vrai film...
— Dans ce cas, entrez cher monsieur... »
Il entra.

Ce jeune con était un nul. Il avait eu une idée de génie, celle de faire un film dont le titre aurait été « Dr Acula » (Ah ! Ah ! Ah !). Mais là, il préparait un film de science-fiction : « Plan Nine from outer space » ! Et il y avait un rôle pour Bela-Dracula... Bela Lugosi s'en souvint rapidement. La mémoire revenait lentement à la surface de la conscience de l'acteur qui avait déjà joué dans un ou deux films de ce type. « Bride of the Atom » par exemple...
Formidable ! Une nouvelle vie pouvait recommencer et la morphine être achetée.

5.
Le tournage était très dur, les moyens nuls, le scénario indigent et le réalisateur plus que mauvais... L'acteur dut s'agiter dans une mare d'eau en faisant bouger de longs tentacules en caoutchouc pour tenter de faire vivre à l'image une pieuvre géante... Et son dos alors ? Mais la morphine soulage la douleur. Et Bela, en vrai professionnel tentait de sauver le film...
Mais son rêve le hantait : Dracula qui lui sciait le dos... Merde, quelle signification freudienne pouvait-il trouver à cela ?

4.
Dracula était assis au pied de son lit et lui parlait :
« Blasko, sale Hongrois...
— Américain ! Je suis Américain ! Et qu'est-ce que vous faites là, seigneur roumain ?
— Je suis venu te voir Blasko le Hongrois...

— Américain, bordel ! A-ME-RI-CAIN ! T'es sourd ou quoi ?
— Bon bon, si tu veux. Mais je ne te permets pas de me tutoyer...
— Alors, que voulez-vous seigneur ?
— Tu as bien joué mon rôle des années durant. Encore que je te préférais dans le rôle du faux vampire du film « La Marque du vampire » de Tod Browning.
— Ah ! Tod Browning, mon bienfaiteur...
— Aller ! Pas de sensiblerie. Mais je t'avais dit que tu pouvais toujours compter sur moi...
— Oui, mais je ne vous ai plus jamais revu.
— Et maintenant, là, tu ne me vois pas ? Bon ! Arrête de prendre de la morphine ! Ce n'est pas bon pour le sang !
— Pour le sang ?
— Bordel ! Pour le sang ! Tu ne sais pas ce que c'est que le sang ?
— Et alors ?
— Je compte sur toi, je suis vieux, j'ai toujours compté sur toi. Tu dois assurer la relève ! »
Une douleur interse réveilla brutalement le vieil acteur... Il avait déjà presque tout dépensé son avance. Il avait encore un peu de morphine. Il s'en injecta une dose et souffla de soulagement quand le produit fit son effet. Puis il but du whisky à longs traits et se rendormit.
Il n'avait pas vu la chauve-souris qui voletait péniblement dans sa chambre sordide...
Cette fois, il ne rêva pas.
« La relève ? Quelle relève ? »
Le sommeil lui apporta l'oubli.

3.
Wood junior ne voulait pas lui donner une avance. Blasko insista. Il fit valoir son excellent apport d'acteur dans ce film nul.
« Comment un film nul ? » S'emporta Wood Junior !
« Il n'y a que moi pour sauver ton film, connard ! que moi ! »
Bon, bon... Ne soyons pas vulgaires.
Ed Wood était nul, mais pas con. Le seul problème c'est qu'il n'avait pas beaucoup d'argent. Mais il tenait à son film. Donc il paya Blasko ! Hélas !

2.
Bela Lugosi vivait comme sur un nuage. Il ne sentait plus la douleur. Il jouait la comédie. Ed Wood était nul, mais lui était bon !
Un seul regret : Dracula ne venait plus le voir en rêve.
En rêve ?

1.
L'acteur avait mal au bras. La tête lui tournait. Il avait pris trop de morphine. Il avait trop bu d'alcool. Ce matin-là, il ne se leva pas.
Il ne se leva plus jamais...
Ce fut le jour de sa mort....

0.
Il y avait peu de monde à l'enterrement de Bela Blasko, dit Bela Lugosi, autrefois connu pour son rôle dans le « Dracula » de Tod Browning, acteur formidable qui avait été con-

finé dans des rôles de série B. Qui avait souffert l'enfer.
Pourtant, il aurait dû écouter Dracula.
À son enterrement, en dehors de Wood junior et de quelques acteurs, il y avait un homme de grande taille aux cheveux longs, de fière stature. Les yeux étaient cachés derrière des lunettes de soleil, et le visage à l'ombre d'un grand chapeau. Pourtant, le temps était gris, une fine pluie suintait sur les vêtements. Une ambiance sinistre.
Il s'approcha le dernier du cercueil et marmonna :
« Ah ! Bela... Bela ! Je t'avais dit de ne pas te gâcher le sang ! Sinon tu aurais eu la vie éternelle, la vie que tu avais toujours rêvé d'avoir, celle que vit le personnage dont tu n'avais su que jouer le rôle au cinéma. »
« Il y avait mieux à faire ! »

Givors, le 4 mai 1999

# Index

**2000 Maniacs** 371

*2001 L'odyssée de l'espace* ....... 14, 170

**2010 odyssée 2** ..................... 120, 374

**24 H chez les Martiens (Rocketship XM)** ........... 58

**28 jours plus tard** ............. 203, 381

**28 semaines plus tard** .......... 251

**30 jours de nuit** ................... 263

4 fantastiques (Les) ............ 234, *346*

**4 fantastiques et le surfer d'argent (Les)** ................... 249

**A des Millions de kilomètres de la Terre** ...... 374

*A l'ouest rien de nouveau* ............. 171

**A Sound of Thunder** .......... 247

**Abîme des zombies (L')** .. 381

**Abominable Dr Phibes (L')** ..... 372

*Abrams J.J.* ...... 286, 293, 316, *347*

**Abyss**. 125, 126, 375

**Action mutante** ............................. 136

**Aelita** .......... 53, 373

Aeon Flux .......... 234

**After Earth** ..... 317

*Aguirre Javier* ... 88, 92

**Ailes du chaos** ............................. 242

*Aja Alexandre*. 288, 331

*Alamo* ................. 171

*Alien* 81, 106, 119, 151, 172, 214

**Alien : Covenant** ...............................355

*Alien 3*. 107, 112, 375

**Alien Apocalypse** .....243

**Alien contre Predator** ...........376

**Alien la créature des abysses** ...125

*Alien la résurrection* .....107, 154, 155, 158, 375

**Alien le huitième passager** ..........374

**Alien Vs Predator** ...........208

**Alien War Stranded** ......313, 315

**Alien, le 8ᵉ passager** ............81

**Aliens Vs Predator : Requiem** ...........261

*Aliens, le retour* ...................... 107, 374

*Allen David* ....... 128

*Allen Irzin* .......... 378

**Alone in the Dark** .................. 230

**Altered** .............. 244

*Alvarez Fede* .... 324

*Alvart Christian* 283

*Alyar Aki Kutty* 317

**Amazin Spider-man 2 (The)** .. 327

**Amazing Spider-Man (The)** ....... 309

*Ambulance (L')* ................. ............. 132

**Âmes vagabondes (Les)** .... .............. 319

**Anatomie** ......... 373

*Anderson Paul* 146, 192, 208, 276

*Anderson Paul W.* ...................... 305, 351

*Anderson Paul W.S.* ............. 165, 287

*Angel Chris* 162, 194

**Annabelle** ........ 327

*Annaud Jean Jacques* ............... 371

**Annihilator** ..... 375

*Antal Nimrod* .... 284

**Anthopophagous** ........................... 107

*Anthropophagous* .............................. 111

**Anthropophagus** ............................. 371

*Antre de la folie (L')* ................ 158, 159

*Apocalypse Now* ...................... 157, 171

**Appolo 18** ........ 298

Arac Attack ! .... 201

**Arachnid** .. 198, 379

**Arachnophobie** ...................... 127, 379

*Araki Gregg* ....... 205

Armageddon ..... 184

**Armée des morts (L')** ....... 382

*Armée des ténèbres (L')* ... 112, 158

*Arnold Jack* 65, 66, 67, 296

**Arrival (Premier Contact)** ........... 350

**Arrival (The)** 143, 375

**Assaut** ............... 354

*Atkins Mark* ...... 285

**Atomik Circus - Le Retour de James Bataille** ............................ 236

**Attack of the crab monsters** 68

**Au Royaume des sables** ............... 379

**Au-delà (L')** ... 381

**Aux Portes de l'au-delà** .. 121, 235

**Avengers** ......... 309

**Avengers Age of Ultron (The)**...345

*Aventures d'un homme invisible (Les)*..............55, 188

*Aventures d'un homme invisible (Les)*....................134

**Baby Blood**.....125

*Balaguero Jaume*...............................268

*Ball Wess*...........334

*Banke Ander*.....264

*Barker Clive*.....127, 373

*Barzman Paolo*.292

*Bassett Michael J.*...............................307

*Bataille de la planète des singes (La)* ........................84

**Batman**............125

Batman Begins 233

*Batman et Robin*...............................125

*Batman forever*125

*Batmar. le défi*. 125

**Batman V Superman**....... 352

**Battleship**....... 308

*Bava Mario*.......... 81

*Bay Michael*..... 245, 283, 326, 366

*Beattie Stuart*.. 313

Becker Josh...... 243

**Belle et la Bête (La)**....................... 57

**Belle verte (La)**................. ............ 375

**Belphégor**....... 191

Beowulf.............. 248

*Berg Peter*. 276, 308

*Besson Luc* 151, 365

**Bête aux cinq doigts (La)**57, 164

**Beyond Re-animator**.......... 382

**Beyond the Wal of Sleep**............ 234

*Beyond-cheon Min*................. ............ 240

*Bird Antonia*......372

**Blade**..................166

Blade 2 .......198, 200

**Blade Runner**113, 140, 148, 199

**Blade Trinity**..227

Blob (Le)151, 374, 375

*Blomkamp Neil* 283

**Blood Creek**....272

**Blood Feast**....371

**Bloody Mallory**..............................201

*Blue Velvet*........170

**Body Bags**.......136

**Body Snatchers**........82, 137, 252, 375

*Bœse Karl*............53

*Boll Uwe*.............230

*Bong Joon-Ho* ..246

Boogeyman.......231

*Bornedal Ole*.....282

**Bossu de la morgue (Le)**... 88, 92

**Boulanger de l'Empereur (Le)-**...................... 58

*Boulevard de la mort* .................... 249

*Bowman Rob*... 172, 202

**Box (The)**........ 279

*Boyle Danny*.... 203, 382

**Braindead**372, 381

*Branagh Kenneth* ............................. 137

*Brannagh Kenneth* ............................. 310

*Brooks Mel* .......... 94

*Brothers*............. 335

**Brume** ............... 258

*Bruno John* ....... 171

*Burno Dominic* 303

*Burton Tim*125, 133, 162, 177, 192

*Bustillo Alexandre* ..................299

**C.H.U.D.** ............116

**Cabale** .......127, 373

*Cabinet du docteur Caligari (Le)* ................56, 372

*Cahill Mike* .........339

*Cameron James* ...............117, 125, 126

*Campbel Martin* ..................294

*Candyman* .........161

**Cannibal Campout**...........371

**Cannibal ferox** ..................371

**Cannibal holocaust**.........371

**Cannibal tours** ..................372

**Cannibales(Les)** ..................372

*Cannon Danny* .141

**Captain America** ..................308

**Captain America Civil War**.......... 364

**Captain America Le soldat de l'hiver**................ 330

*Carpenter John* 112, 115, 117, 124, 136, 142, 193, 354

*Carreras Michael* ......................... 80, 84

*Carson David* ... 138

*Caruso D.J.* ........ 295

*Cass Henry* ......... 70

Cauchemar d'Innsmouth..... 194

**Cell Phone** ...... 332

**Ces Garçons qui venaient du Brésil** ................... 97

Chair pour Frankenstein 11, 94, 377

*Cheek Douglas* 116

*Cherstobitov*....... 75

**Chevalier noir (Le)**..................... 275

*Children of the damned* ........ 73, 374

*Chiodo Stephen* ............................. 123

**Chose d'un autre monde** .. 270

*Chose d'un autre monde (La)* 81, 151, 172, 297, 373

**Chose d'un autre monde (La)** ...................... 62

**Chose surgie des ténèbres (La)** ..................... 378

*Christian Roger* ..................... 313, 315

**Christine** .......... 115

**Chromosome 3** ................................ 99

**Chroniques de Mars (Les)** ...... 285

**Chroniques de Riddick (Les)**. 236

**Chroniques de Tchernobyl** ...... 303

*Chucky 3* ... 167, 229

*Chucky la poupée de sang 2* .. 167, 229

**Ciel sur la tête (Le)** .................... 374

**Cinquième élément (Le)** 151, 166, 375

**Cirque des horreurs (Le)** 372

*Clark Greydon* . 101

*Clarke Robert* .... 72

**Cloverfield** ..... 267, 269

**Clowns tueurs venus d'ailleurs (Les)** ................. 123

**Cocoon** .............. 374

*Cocteau Jean* ..... 57

*Cœur de Dragon* ............................. 346

*Cœur de dragon 2 un nouveau départ* ................ 346

*Cohen Larry* ....... 88, 132, 380

*Cohen Rob*.275, 346

*Collet-Serra jAUME*............284

**Colline a des yeux 1 et 2 (La)** ............371

*Colombus Chris*379

Colosse de Hong Kong (Le).....54, 380

*Combs Jeffrey*..210

*Confessions d'un Barjo*............200

*Conquête de la planète des singes (La)* ............84

**Contagion**........297

*Cooper Merian C.* ............54

*Corman Roger*...70, 73, 77, 372

**Cosmic Man (The)**............72

*Coto Manny*......134, 373

**Cowboys et envahisseurs**.299

*Cox Tim*210, 214, 217

**Crash !**.............143

*Craven Wes*.....297, 371

**Créature des ténèbres(La)**.135

**Créature du Lagon (La)**......296

**Créature du marais (La)**....297

Creep....  .............231

**Creepshow 2**.375

Cri dans l'océan (Un).......85, 155, 157

**Crocodile de la mort (Le)**..........96

*Cronenberg David* 92, 93, 95, 107, 113, 122, 143, 186

**Cubbyhouse**...189

*Cunha Richard*...71

Curse of the Fly (The)....................81

*D'Amato Joe*....107, 108, 371

**Dagon** ............... 194

**Daleks envahissent la Terre (Les)** ..... 374

**Damnés (Les)** . 74

**Danger planète inconnue** ............ 86

*Dante Joe* 98, 116, 170

**Daredevil** ......... 205

**Dark Angel** ...... 375

**Dark Breed** ..... 375

**Dark City** .......... 375

**Dark Knight (The)** .................. 275

**Dark Knight Rises (The)** ..... 301

**Dark Skies** ....... 318

**Dark Touch** ..... 315

**Darkman** .......... 127

Darkman II et III ................................ 127

*Dawn Vincent* ... 371

*Dawson Anthony* ........................... 67, 75

*De La Iglesia Alex* ............................. 136

*De Ossorio Amando* ................ 93

*de Palma Brian* 178, 373

*De Sang et d'encre* ............... 386

*de Segonsac Jean* ............................. 189

*De Segonsac Jean* ...................... 156, 380

*De Van Marina*. 315

**Dead silence** .. 255

**Dead Zone** ...... 113

Dead Zone (série télévisée) .......... 114

**Deadpool** ......... 362

**Death Note** ..... 368

DeCoteau David ............................. 128

*Deep Impact* .... 184

*Dektar Irwin* ..... 329

*del Toro Guillermo* ...................... 238, 265

Del Toro Guillermo 156, 198, 200, 233

*Délivrance* ......... 100

**Dellamorte Dellamore** ....... 381

**Demain un autre monde** .. 375

*Demichelli Tulio* . 85

*Demme Jonathan* ............... 372, 373

*Denis Claire* ...... 372

**Dents du Bayou (Les)** ............... 317

*Deodato Ruggero* ............................. 371

**Dernier monde cannibale (Le)** ............................. 371

Derrickson Scott ............................. 348

Descent (The) .. 242

**Destin cannibale (Un)** ..................... 372

**Destination planète Hydra** . 83

**Détour mortel** ............................. 372

**Diabolique docteur Z (Le)** ............................. 372

**Die Farbe** ........ 291

**District 9** ......... 283

**Docteur Caligari** ............................. 372

*Docteur Folamour* ............................. 145, 372

**Docteur Mabuse** ............................. 372

**Docteur Rictus** ............................. 373

**Docteur Strange** ............................. 348

**Docteur X** ........ 372

**Dog soldiers** .. 202

*Dolls* ..................... 130

*Donaldson K.T.* 281

*Donaldson Roger* ............................. 141

Donjons & dragons .............. 235

**Donjons et dragons** ............ 191

*Donner Richard* . 98

**Dr Cyclops**. 56, 372

**Dr Rictus** .......... 134

Dracula ................ 138

**Dracula contre Frankenstein** ... 85

**Dragon Hearth 3 : la malédiction** .... 345

**Dragon rouge** 372

**Dreamcatcher (L'attrape rêves)** ................ 195

*Duguay Christian* ................ 145

**Dune** ........... 117, 184

*Dupeyron François* ................ 140

**Dylan Dog** ....... 288

**E. T.** ...................... 114

*Eastman George* ................ 111

*Eastman GL* ...... 126

**Ebirah contre Godzilla** ............ 377

**éclair noir (L')** ................ 293

**Éclosion** ........... 185

***Ed Wood*** .. 383, 386

**Eden Log** .......... 256

**Edge of Tomorrow** ....... 333

**Edward aux mains d'argent** ................ 133

*Edwards Garet* 287, 289

*Edwards Gareth* ................ 339

Efremov ............... 75

*Elkayem Ellory* 185, 201, 379

*Emmerich Roland* 135, 139, 144, 173, 339, 353, 378

**Empereur du Boulanger (L')** 58

**Empire contre-attaque (L')** ..... 96

**Empire des fourmis géantes (L')** ...............378

**Empreinte de** Frankenstein **(L')** .....................77, 376

*Emprise des ténèbres (L')* ......15, 381

**Enemy** .......118, 374

**Enfer des zombies (L')** .226, 381

**Envahisseurs attaquent (Les)** ...............................377

**Envahisseurs de la planète rouge (Les)** .............64, 373

**Envahisseurs sont parmi nous (Les)** ..................374

**eragon** ...............247

**Eraserhead** .......94

**Esther (Orphan)** ................................284

**ET l'estraterrestre** ................................ 374

**Etrange créature du lac noir (L')** ...........296

**Étrange créature du lac noir (L')** ..............66

**étrange histoire de Benjamin Buttom (L')** ....266

Évadés de la planète des singes (Les) ......................84

Event horizon .. 193

**Event Horizon, le vaisseau de l'au-delà** ..........146

*Evil Dead* 111, 112, 158, 324

*Evil Dead 2* .......112

**Evolution** ........193

**eXistenZ.** ........186

**Extinction** .......336

**Extraterrestrial** ............................. 336

**Faculty (The)** 169, 375

*Fahay Murray* ... 189

**Famille Addams (La)** ..................... 132

*Fangmeier Stefen* ............................. 247

**Fantôme vivant (Le)** ..................... 381

**Faust** ......... 179, 194

*Favreau John* .... 299

*Ferrante C. Anthony* .............. 225

*Ferrara Abel* ....... 82, 137, 252, 375

**Fiancée de Chucky (La)** .. 166, 229

*Fiancée de Frankenstein (La)* 7, 9, 26, 33, 55, 167, 376

**Fils de Chucky (Le)** .................... 229

**Fils de Frankenstein (Le)** ............. 56, 376

**Fils de Godzilla (Le)** .................... 377

*Fils de King Kong (Le)* ................ 54, 380

*Fincher David* ... 266

*Finney Jack* ......... 82

*Fisher Terence* ... 73

*Fisher Tom* ........ 372

*Fleder Gary* ....... 200

**Flic ou zombie** ............................. 382

**Flight to Mars** . 62

*Florey Robert* ..... 57

**Forteresse noire (La)** .................... 114

*Fortuny Juan* .... 373

*Frakes Jonathan* ...................... 150, 165

*Francis Freddie.* 77, 372

*Francis Freddy* .. 75, 374

*Francisci Pietro* ..83

*Franco Jess* .......381

*Franco Jesus*....371, 372

*Franju Georges*372

Frankenheimer John ...............99, 156

**Frankenhooker** ...............................377

Frankenstein9, 12, 26, 53, 94, 137, 170

**Frankenstein 70** ................................376

**Frankenstein créa la femme** ...............................376

**Frankenstein et le monstre de l'enfer**................376

**Frankenstein junior**....................94

**Frankenstein Junior**..................376

**Frankenstein rencontre le loup-garou**57, 376

**Frankenstein s'est échappé !** ................................376

Frankenstein the True Story..........377

**Frankenstein's Army**.................314

**Frayeurs** ..........381

Freddy ................161

*Fregonese Hugo* 85

*Fresnadillo Juan Carlos*.... .............251

*Freund Karl*. 55, 372

*Fric Martin*...........58

*Friedkin William* ................. .............128

**Frissons** .............92

*Fuest Robert* ....372

*Fulci Lucio*111, 130, 226, 381

*Full metal jacket* ................................169

*Furst Griff*..........317

**Futur immédiat** ................................375

Gans Christophe ............241

*Gardner Sam*....371

*Gautama Sisworo* ............371

**Géant de la steppe (Le)** ......69

**Ghost in the Shell** ..........140, 367

**Ghosts of Mars** ............................193

*Gillard Stuart*....379

*Gillepsie Jeremy* ............................354

*Gilling John* .......372

*Glazer Jonathan* ............................312

**Godsend, expérience interdite**...228, 377

Godzilla65, 66, 173, 377, 378

Godzilla - Final wars.....................230

**Godzilla (Id.)** 339

**Godzilla 1985** 378

Godzilla 2014... 338

**Godzilla contre Gigan**.................377

**Godzilla contre Hedora**..............377

**Godzilla contre la chose**............377

**Godzilla contre le monstre de l'espace**............378

**Godzilla contre le monstre du brouillard**........378

**Godzilla contre Megalon**...........378

**Godzilla et l'île des monstres** 378

**Godzilla, roi des monstres**.........377

*Goldblatt Mark.* 382

Golem (Le) ... 14, 53

*Gordon Bert I* ....67

*Gordon Stuart* 121, 123, 130, 194, 235

Gothic.....................7

*Goyer David*..... 227

**Grace**.................281

*Grau Jorge*...........89

*Green (VII) Tom* .................338

**Green Lantern** .................294

*Greene Herbert S.* .................72

**Gremlins**116, 151, 170

Gremlins 2...74, 116

*Griffes de la nuit (Les)* ....................158

*Grimaldi Hugo*....80

**Guerre des étoiles (La)**......95, 152, 374

**Guerre des mondes (La)**...65, 208, 373

**Guerre des monstres (La)**83, 377

**Guerre du feu (La)** ....................371

*Guest Val* .....67, 119

*Guest Val*...........213

*Guillot Roger*....372

Gunn James.....243

Haller Daniel......85

*Halloween* .........111

Hamm Nick228, 377

**Hancock**...........276

**Hannibal**..........372

Harlin Renny....181

*Harrisson John* 184

**Harry Potter et la chambre des secrets**.............. 379

*Haskin Byron* .....65

Haunted Summer .................................7

*Hayers Sydney* 372

**Hellboy**.............233

**Hellboy 2 : les légions d'or maudites** ........265

*Hellman Oliver* ..96

Hellraiser...........111

*Henenlotter Frank* .............377

*Hercule contre les vampires* ..............81

*Hessler Gordon* ..87

Hidden 112, 122, 375

**Hidden 2** ..........375

**Hideous Sun Demon**................72

*Hirschbiegel Oliver*...................252

*Hitchcock Alfred* 77

**Hobbit (The)** ..309

**Hobbit : la Bataille des Cinq Armées (Le) du même**.................312

**Hobbit : la désolation de SMAUG (Le)** ...311

*Hoffman Anthony* .............................184

**Hollow Man** ....187

**Homme à la tête coupée (L')** .....373

Homme H (L') ....70

*Homme invisible* .............................130

*Homme invisible (L')* .......................188

*Homme invisible (L')* ...........26, 55, 177

**Homme qui venait d'ailleurs (L')** ......................374

*hommes contre* 169

*Honda Inoshiro* 66, 69, 70, 80, 83

*Hood Gavin* 284, 312

*Hooper Tobe* ..... 96, 119, 121, 127, 136, 137, 371

*Horner Harry* ...... 64

**Horns**................ 331

**Horreurs de Frankenstein (Les)** .................. 376

**Horribilis (Slither)**........... 243

*Horrible* ...... 107, 108

**Horrible cas du Dr X (L')** ..... 77, 372

**Horrible docteur Orloff (L')** ........ 372

**Host (The)** ...... 246

*House of the Dead* ........... 230

*Huan Vu* ............. 291

**Hulk** ..................... 206

**Humains** ........... 286

**Human Centipede (The)** ............................. 278

*Hunter Hayes T.* ................................. 381

*Hunter Simon* ... 261

*Hyams Peter* .... 111, 120, 150, 247

**Hypothermia** . 295

**I Origins** ........... 339

**I, Frankenstein** ................................. 313

*Île de l'enfer cannibales (L')* ................................. 371

*Île des morts (L')* .............. 187, 380

*Île du docteur Moreau (L')* ..... 54, 156, 372

**Impasse aux violences (L')** .... 10, 372

*Impostor* ............ 200

**Independence Day** 144, 164, 172, 175, 184, 375

**Independence Day : Resurgence** .... 353

**Inévitable catastrophe** ... 378

**Infectés** ........... 270

**Infested** ........... 379

**Insectes de feu (Les)** ..... ............ 378

**Insectula** ......... 356

**Intrusion** ......... 188

**Invasion** .......... 252

**Invasion au Far-West** ...... ............ 281

**Invasion de Los Angeles** ............ 124

**Invasion des araignées géantes**............378

**Invasion des morts-vivants (L')**......................381

Invasion des Piranhas (L').......99

**invasion des profanateurs (L')**................82, 252

**Invasion des profanateurs (L')**......................374

invasion des Profanateurs de sépulture (L')252

**Invasion des profanateurs de sépulture (L')**.69, 163, 373

**Invasion Los Angeles**.............375

*Invasion planète X*.374, 377

**Invasion vient de Mars (L')**..121, 374

*Isaac James*..... 202

**Isolation**.......... 245

**It's Alive (Le Monstre est vivant)**.............. 272

*Jackson David* . 242

*Jackson Peter*. 309, 311, 372

**Jason X**............. 202

**Je suis une légende**...... 80, 264

**Jeepers Creepers**.......... 197

*Jessua Alain* ..... 373

*Jeu d'enfant* .... 167, 229

*Jeunet Jean Pierre* ........................... 154

**John Carter**.... 303

*Johnson Mark Steven* ............... 205

*Johnston Joe* .... 308

*Jones Dunean* .. 355

*Jones Mark*........ 134

*Jour des morts-vivants (Le)* 36, 118, 373

**Jour où la Terre s'arrêta (Le)** ... 63, 165, 373

**Judge Dredd** .. 141

**Jumper** .............. 268

**Jupiter : le destin de l'univers** ........... 325

*Jurassic Park* .... 151

**Jurassic World** ................................ 346

*Kalangis John* ... 264

*Kasdan Lawrence* ................................ 195

*Kaufman Philip* . 82, 252

*Kay Roger* .......... 372

Kay Stephen T. 231

*Keith David* ....... 121

*Kelly Richard* .... 279

*Kenton Erle C.* ... 54, 56

*Kershner Irvin* ... 96

*Kershner Irwin* 329

**King Dinosaure** ................................ 67

**King Kong** ......... 54

*King Kong contre Godzilla* 54, 377, 380

*King Kong II* 55, 380

*King Kong revient* ...................... 54, 380

*King Stephen* ... 195

*Kiselyov Dmitri* 293

*Kitamura Ryuhei* ................................ 230

*Klausmann Barrett* ................ 234

*Klushantsen Pavel* ................................ 74

*Kolditz Gottfried* ................................ 374

*Kosinski Joseph* ................................ 324

*Kubrick Stanley* ................................ 372

*Kurtzman Alex.* 367

*KurtzmanRobert* ..............................158

Kusama Karyn .234

l'île du docteur Moreau................223

**La Malédiction céleste**...............121

**Labyrinthe (Le)** ..............................334

**Labyrinthe de Pan (Le)**...........238

**Lac des morts-vivants (Le)** ...381

**Lâchez les monstres**...........87

*Land of the Dead* ..............................269

*Lang Fritz*...........372

**Last Days on Mars (The)**......321

*Laugier Pascal*..302

*Lawrence Francis* ..............................264

*Lazer J.* ................381

***Le Système du Docteur Goudron et du professeur Plume***...............235

*Lee Ang*..............206

*Lee Rowland V.* ..56

*Lefler Doug*.......346

**légende de Beowulf (La)**. 248

*Lenzi Umberto*. 371

*Leonetti John R.* ..............................327

**Leprechaun**....134

**Leprechaun 3** 141

**Leprechaun Origins**..............322

*Levasseur Gregory*..............330

*Lewis Herschell Gordon* ...............371

*Lieberman Jeff* 380

*Lieberman Robert* ..............................114

**Life Force (L'Étoile du mal)**....................119

**Lifeforce**...........374

*Liman Doug* .....268, 333

*Lipovsky Zach*..322

Liste de Schindler (La) ........................13

Lively Gerry ......235

**Livide**.................299

**Logan**.................368

*Lopez-Gallego Gonwqlo* .............298

*Losey Joseph*......74

**Lost Continent** 61

*Loup-garou (Le)* ............................177

*Lourie Eugène*....65

*Lucas George* ....95, 237

*Lwachowski Larry et Andy* ...............204

*Lyde John* ..........341

*Lynch David* 94, 117

**Machine (La)**.140

**Machine à explorer le temps (La)** .......73

**Mad Zombies** 264

*Magnat Julien* .. 201

**Mains d'Orlac. (Les)** ... ..............372

**Maison de Frankenstein (La)**..... ..............376

*Maison du diable (La)*......................129

**Maison près du cimetière (La)** .....................111, 381

**Maîtres du monde (Les)** 139, 140, 375

Malédiction de Dunwich (La) .....85

**Malédiction des pharaons (La)** 73

**Maléfices de la momie (Les)**....80

*Malone William* 373

Mancini Don...... 229

***Mangler (The)*** ................137

*Mangold James* ...............325, 368

*Mann Michael* ...114

**Mantera**............317

*Marchand Gilles* ...............373

*Marghereti Antonion*.........67, 75

*Margheriti Antonio* .................371, 374

*Marque (La)* 67, 373

**Marrrrtiens (Les)**..................375

*Mars Attacks !*.145, 162, 184, 375

*Marshall Frank*.127

*Marshall Neil*....202, 242

*Martin Franck*..371, 373, 381

*Martin Johnny*..215

*Martino Sergio*.371

*Masque du démon (Le)*...................164

**Massacre à la tronçonneuse** .................371, 372

**Massacre à la tronçonneuse 2** ...........................371

**Massacre des Morts-vivants (Le)** .....................89

*Matheson Richard* ...........................265

**Matrix (La Matrice)**...........179

**Matrix Reloaded** ...........................204

**Matrix Revolutions** ... 204

*Matthieu Nic*.....349

*Maurer Thom* ... 234

*Maury Julien*.....299

**May**.....................237

*Mc Bride John*..372

*Mc Cain Howard* ...........................280

*McG* ...... 284

*McKee Lucky* ..... 237

*McKenney James Felix* ...... 295

**Mechagodzilla contre attaque** ...... 377

*Medack Peter* .... 176

**Men in black** .. 375

**Men in Black** . 153, 379

**Men in Black 2** ...... 201, 376

*Menzies William Cameron* ...... 64, 373

*Mesa William* .... 143

**Metamorphosis** ...... 126

**Météore de la nuit (Le)** ..... 65, 373

*Météore de la nuit II (Le)* ...... 65

Metropolis ...... 14

*Miller Tim* ...... 362

**Mimic** ...... 156, 379

**Mimic 2** 156, 189, 380

**Mimic 3 Sentinel** ...... 205

**Minority report** ...... 198

**Missile to the Moon** ...... 71

**Mission to Mars** ...... 178, 184

**Mist (The) (Brume)** ...... 258

**Moi zombie** .... 173, 382

*Moik Jack* ...... 294

*Molon Jacques Olivier* ...... 286

*Momie* ...... 130

**Momie (La)** ..... 55, 367, 379

**Momie : la tombe de l'empereur Dragon (La)** ... 275

**Monde des morts vivants (Le)** ....................... 93

Mondwest ............ 14

*Monsieur Joe* ..... 54, 380

**Monsters** 287, 289, 338

**Monsters Dark Continent** ........ 338

**Monstre (Le)** .. 67, 188, 213, 373

**Monstre aux yeux verts (Le)** ............................. 374

**Monstre des temps perdus (Le)** ....................... 65

**Monstre est vivant (Le)** 88, 167

**Monstre Le** ...... 119

**Monstres attaquent la ville (Des)** ....... 378

**Monstres de l'enfer vert (Les)** ................. 378

*Monstres de l'espace. (Les)* .. 67, 374

*Monstres sont toujours vivants (Les)* ...................... 88

**Montagne du dieu cannibale (La)** .................... 371

*Montefiori Luigi* 111

*Morphman* ......... 210

**MorphMan** ....... 217

*Morrissey Paul* ... 94

Mort qui marche (Le) ....................... 14

**Morte-vivante (La)** .................... 381

**Mosquito** .......... 379

MosquitoMan ... 211, 212

*Mostow Jonathant* ....................... 117, 203

**Mothra contre Godzilla** 80, 377, 378

**Mouche (La)** .122, 378

*Mouche 2 (La)*.122, 379

**Mouche noire (La)** ...... 378

Mouche noire(La) ...... 81

*Moutier Norbert* ...... 115

*Mulcahy Russel* ...... 116, 251

*Munroe Kevin* ... 288

**Musée des horreurs (Le)** 372

**Mutante (La)** 141, 375

**Mutante 2 (La)** ...... 176, 375

**Mutants Chronicles** ...... 261

**Mutiny in outer Space** ...... 80

**Mysterious Skin** ...... 206

**Natural City** .... 240

*Nébuleuse d'Andromède (La)* ...... 75

**Necronomicon (Le livre de Satan)** ...... 273

*Neill Roy William* ...... 57

*Neumann Kurt* .. 58, 81

*Neumeier Edward* ...... 277

*Newfield Sam* ..... 61

*Newman Joseph* 66

**Next** ...... 254

*Nicoll Andrews*. 319

Night of the living dead ...... 50

**Nirvana** ...... 148

*Nispel Marcus* .. 372

Nolan Christopher ...... 233, 275, 301

*Norrington Stephen* .. ...... 166

**Not of htis Earth** ...... 70

**Nowhere** .......... 207

**Nuit de la grande chaleur (La)** ..................... 374

Nuit des morts-vivants (La) 14, 35, 39, 50, 159, 171, 264

*Nuit en enfer (Une)* ........... 158, 169

**Numéro quatre** ............................. 295

**Nurse** ................. 128

*Nyby Christian* ... 62

*O Blowitz Michael* ............................. 222

O'Brien Billy ...... 245

*O'Rourke Denis* 372

**Oblivion** ............ 324

*Oblowitz Michael* ............................. 210

**Obsessions** ..... 373

**Ogroff (Mad Mutilator)** ........ 115

**Oiseaux (Les)** .77

*Oliveira Marcel* .372

*Olson Josh* ........ 379

**One Shot** ......... 341

*Orme Stuart* .... 139, 140

Oshii Mamoru .. 140

*Ouelette Jean-Paul* ..................... 135

**Outland (Loin de la terre)** .... 111

**Outlander le dernier Viking** ............................. 280

**Outpost 37 (Alien Outpost)** ............................. 320

*Padhila José* ..... 328

*Pale George* ........ 73

**Pandorum** ....... 283

*Parker Brad* ...... 303

*Parkinson Andrew* ...................... 173, 382

*Parrish Robert* ... 86

*Pastor Alex et David* ................... 270

*Paycheck* ........... 200

**Perdus dans l'espace** ............375

*Petersen Wolfgang*............118

*Peterson Michael* ..............................356

**Petite boutique des horreurs (La)** ......................73

*Petty J.T.* .............205

**Peuple des abîmes (Le)** ......84

**Peur bleue** ......184

**Peur Bleue** ......181

Phantasm...........161

**Phantom (The)** ..............................292

**Phase IV** .........379

**Phenomena** ....378

**Piranha 3D**......288

**Piranhas**.............98

**Pitch Black**......185

**Plan 9 from Outer Space**...383

**Planète des hommes perdus (La)**........ 67, 75, 374

**Planète des singes : l'affrontement** ..............................329

**Planète des singes : les origines (La)**. 295

**Planète des singes. (La)** .... 84, 192

**Planète des tempêtes (La)** 74

**Planète des vampires (La)** 81, 374

**Planète hurlante** ................. .... 145, 199

**Planète interdite**..... 68, 151

**Planète Interdite**............ 74

**Planète rouge**184

**Planète terreur (un film Grindhouse)**...249

*Plaza Paco* ........268

*Poiraud Didier et Thierry* ................236

*Posledni Golem*..61

**Poupée diabolique (La)** ...............................78

**Poupées (Les)** ......................123, 170

*Poupées du diable (Les)* ....................170

Poursuite infernale (La) ...171

Pourvoyeurs de cadavres (Les)...10

Powder...............197

**Predator**124, 214, 374

*Predator 2* .124, 375

*Predatorman*.....210

**PredatorMan**..214

**Predators** ........284

**Predestination** ...............................335

**Premiers hommes sur la Lune (les)** .......374

*Price Vincent*.... 264

**Prince des ténèbres**..........124

**Prisonnières des Martiens** .... 69, 373

**Progeny** ...........375

**Promise (La)**. 377

**Prophecy**...........99

*Protazanov Jakov* ...............................53

*Ptouchko Alexandre*............69

Pulsions..............128

**Pulsions cannibales**...... 371

**Puppet Master 1 – 2 – 3, etc.**... 128

**Pyramide**........330

*Raaphorst Richard* ...............................314

**Rage** ...... 93

*Ragona* ...... 264

*Ragona U.* ...... 80

*Raimi Sam* 203, 248, 265

*Raimi Samuel* .. 112, 127

Raisani Jabbar . 320

*Ratner Brett* ...... 372

*Ravich Rand* ...... 188

**Razorback** ...... 116

Re-animator ...... 10

*Re-animator 2* .... 27

**REC** ...... 268

Récupérateur de cadavres (Le) .... 10, 372

**Red Planet Mars** ...... 64

Reeves Matt ..... 267, 329

**Règne du feu (Le)** ...... 202

*Reitman Ivan* ... 193

**Relic** ...... 150

**Remplaçante (The Substitute) La** ...... 282

**Rencontres du troisième type** ...... 374

**Resident evil** 192, 381

**Resident Evil : Afterlife 3D** .... 287

**Resident evil : apocalypse** ..... 228

**Resident Evil : Chapitre Final** 351

**Resident Evil : Extinction** ...... 251

**Resident Evil : Retribution** ..... 305

**Retour de Frankenstein (Le)** ...... 376

**Retour de Godzilla (Le)** . 377

*Retour de l'Homme invisible (Le)* ...... 55, 188

**Retour de la momie (Le)** .... 192

*Retour des morts-vivants (Le)* 37, 151, 381

*Retour des morts-vivants 2 (Le)* ... 37, 381

*Retour des morts-vivants 3 (Le)* ... 37, 381

**Retour du Jedi (Le)** ...................... 96

**Revanche de Frankenstein (La)** ..................... 376

**Revanche de Godzilla (La)** .. 377

*Revanche de King Kong (La)* 54, 377, 380

*Revanche de l'Homme invisible (La)* ................. 55, 188

Revanche de la créature (La) ..... 67, 296

**Révolte des morts-vivants (La)** ..................... 381

**Révolte des Triffides (La)** . 75, 374

*Reynolds Kevin* 142

**Riddick** .............. 325

*Rilla Wolf* ............. 73

*Rio Bravo* ........... 163

*Robak Alain* ...... 125

*Roberts Chris* ... 186

*Roberts Johannes* .............................. 302

*Robinson Ruari* 321

**Robocop** ... 123, 328

**Robocop 2** ...... 329

**Robocop 3** ...... 329

**Rodan** ................ 70

*Rodgers Mic* ...... 135

*Rodriguez Robert* ...................... 169, 249

**Rogue One : A Star Wars Story** .............................. 363

*Romero George A. A.* ............... 118, 373

*Rubin Jordan* .... 342

**Ruines (Les)** .. 270

*Rusnak Joseph*. 272

*Russo Anthony et Joe* ...................... 364

*Russo Joe et Anthony* .............. 330

*Ruzowitzky Stefan* ............................. 373

Saboteur .............. 27

*Sagal Boris* ........ 264

*Saine Henry* ...... 291

*Salkow* ................ 264

*Salkow S.* ............. 80

*Salkow Sidney* ... 76

*Salomé Jean-Paul* ............................. 191

*Salva Victor* ...... 197

*Salvati Sergio* ... 130

*Salvatores Gabriele* .............. 148

*Sanchez Eduardo* ............................. 244

*Sanders Rupert* 367

**Sang du vampire (Le)** ... 70

**Satellite mystérieux (Le)** ..................... 69, 373

**Scanners** ......... 107

*Scanners II* ....... 107

**Scarabée** ......... 143

*Schaffner Franklin J.* ..................... 84, 97

*Schmidt Rob* ..... 372

*Schmoeller David* ............................. 128

*Schœdsack Ernest B.* ............. 54, 56, 372

*Schumacher Joel* ............................. 272

*Scott Leigh* ........ 273

*Scott Ridley* ..... 106, 113, 355, 372

Scream .... .......... 170

*Second Arrival (The)* ........... 144, 375

*Secret de la planète des singes (Le)* ....................... 84

**Secte (La)** ....... 379

*Secte sans nom (La)* ...................... 269

*Sekely Steve* ..... 75, 374

*Selander Lesley* . 62

*Sentiers de la gloire (Les)* ........ 169

*Sept mercenaires (Les)* ..................... 171

*Sept samouraïs (Les)* ..................... 171

**Sexo cannibal** 371

*Sharkman* .......... 210

**SharkMan** ........ 222

**Sharknado 3** .. 225

**Sharktopus Vs Pteracuda** ........ 226

Sharp Don ........... 81

*Shima Koji* ... 69, 373

*Sholder Jack* .... 122, 162, 198, 379

*Shonteff Lindsay* ............................... 78

Shyamalan ........ 319

*Shyamalan Night* ............................... 317

*Siegel Don* 69, 82, 252

**Signal une aventure dans l'espace** ............ 374

*Signes* ................. 319

*Silence des agneaux (Le)* .. 128, 372, 373

Silent Hill ........... 241

**Silent Hill revelation** ....... 307

*Simon Juan Piquer* ............................... 380

**Simple Mortel** 375

*Singer Bryan* .... 190

*Singer Bryqn* .... 327

*Six Tom* .............. 278

427

*Skeleton Man* ...210

**SkeletonMan**..215

**Skyline** ..............286

*Slade David*.......263

*Slecna Golem* .....61

*Sleepy Hollow* .128, 177

**Slugs** ..................380

**Small Soldiers** ...............................170

*Smith Carter*.....270

Smith Christopher ...............................231

*SnakeMan*..........210

*Snyder Zack* ....285, 352, 382

*Soderberg Steven* ...............................297

*Solaris*75, 87, 146, 178, 374

**Soldier**...............165

*Solet Paul* ..........281

*Solomon Courtney* ...............................191

*Sommers Stephen* 155, 157, 192, 209, 377

*Sonnenfeld Barry* ...... 132, 153, 201, 376

**Soucoupes volantes attaquent (Les)** ............................... 373

*Southam Thim* 187, 380

*Space 2063* ...... 168

**Spectral**............ 349

**Spectre de Frankenstein (Le)**........ ............. 56

**Sphere** . ............ 375

**Spider-man** .... 203

**Spider-man 2**206, 232

**Spiderman 3**. 248, 265

*Spielberg Steven* ............... 114, 198, 208

*Spierig* ................ 335

Spierig Michael et Peter.... 200, 376, 381

**Spontaneous combustion** .... 127

**Squirm** .............. 380

*Stalker* .. 75, 105, 374

*StantonAndrew* 303

**Star Cruiser** .... 294

**Star Trek** .. 104, 286

**Star Trek : generations** .... 138

*Star Trek generations* ....... 104

*Star Trek II — la colère de Khan* 104

*Star Trek III — à la recherche de Spock* .................. 104

*Star Trek insurrection* ...... 104, 165

**Star Trek into Darkness** .......... 316

*Star Trek IV : retour sur Terre* ........................... 104

**Star Trek le film** .............................. 374

*Star Trek premier contact* ....... 104, 150

Star Trek V : l'ultime frontière .............................. 104

*Star Trek VI : Terre inconnue* 104

**Star Wars : le réveil de la Force** .................. 347

Star Wars la revanche des Sith ............................... 237

Stargate 152, 164, 375

**Stargate, la porte des étoiles** ............... 139

**Starman** ... 117, 374

**Starship Troopers** 167, 375, 379

**Starship Troopers 2** ..... 169, 380

**Starship Troopers 3 Marauder**........277

*Stewart Scott Charles*................318

*Stokanski Steven* ..............................354

**Storage 24**......302

Story Tim...234, 249

**Stratégie Ender (La)**.....................312

*Strause Colin et Greg*.....124, 261, 286

**Super 8**.............293

**Superman**..98, 374

*Supernatural* ....130

*Survivant (Le)*..264

**Survivants de l'apocalypse (Les)**...................378

**Survivants de l'infini (Les)**...373

**Survivants de l'infini (Les)**.....66

Tabori Kristoffer) ..............................281

Takacs Tibor.... 211, 212

***Tale of Vampires***......... 264

*Tamahori Lee*... 254

**Tarantula**.. 67, 378

*Tarentino Quentin* ............................. 249

*Tarkovski*............. 75

*Tarkovski Andreï* ....................... 87, 105

*Tarzan X* ........... 111

*Tatopoulos Patrick* ............................. 285

Taylor................. 310

*Taylor Alan* ....... 347

*Taylor Alan* ....... 310

*Teague Colin* .... 345

**Tentacules**........ 96

**Terminator**.... 117, 170

***Terminator 2***. 117

*Terminator 3*... 117, 203

**Terminator 4 renaissance**....284

**Terminator Genesys**............347

**Terreur des zombis (La)**...371, 373, 381

**Terreur extra-terrestre**...........101

**Terreur point com**......................373

**The Last Lovecraft : Relic of Cthulhu**.......291

**The Secret (The Tall man)**.........302

**The Stuff**..........380

**The Void**...........354

Thévenin Pierre Olivier..................286

*Thing (The)*81, 112, 151, 172, 214, 354, 374

**Thing The**........297

**Thor**....................310

**Thor Un monde obscur**...............310

**Ticks** ...................379

*Tiernam Marc*... 124

**Time Master** .. 375

*Tippett Phil* 169, 380

Titanic......... 155, 158

**Tommyknockers (Les)**...................375

**Total Recall**... 127, 199

*Total Recall 2070* .............................. 200

Toxic Avenger.. 243

*Toys*......................170

Train sifflera trois fois (Le) ............. 111

**Traitement de choc**.................... 373

*Trank Josh* ........ 346

**Transformers** 245

**Transformers 2 la revanche**.... 283

**Transformers âge de l'extinction** ..... 326

**Transformers The Last Knight** ................................ 366

**Tremors 1 2 et 3** ................................ 380

*Trenchard-Smith Brian* ..................... 141

*Trevorrow Colin* ................................ 346

**Trouble Every Day** ....................... 372

**Twice-Told Tales** ..................... 76

*Twohy David* .... 143, 185, 236, 325

**UFO** ...................... 303

*Unanamable (The)* .................... 135

**Undead** 200, 376, 381

**Under the Skin** ................................ 312

**Underworld 3 Rise of the Lycans** .............. 285

**Universal Soldier** ...... 135, 381

*Universal Soldier : le combat absolu* ................................ 135

*Universal Soldier 2* ................................ 135

**Unknown Beyond** ............. 191

**Valérian et la cité des mille planètes** ........... 365

*Valeurs de la famille Addams* 132

Vampires ... 158, 159

*Van Den Berg Rudolf* ................. 132

*Van Heijningen Jr Matthijs* ............... 297

**Van Helsing** .. 209, 377

Vaudou ... ............. 15

*Vaughn Matthew* ...............................300

*Vendredi 13* ......161

*Vengeance des monstres (La)* ....88

*Verhoeven Paul* 329

*Verhœven Paul* 123, 127, 167, 187

*Vestiel Franck* ..256

*Vicious Brothers (The)* ....................336

**Videodrome** ...113

**Vierge chez les morts-vivants (Une)** ..................381

**Village des damnés (Le)** ...73, 142, 374, 375

*Villeneuve Denis* ...............................350

Virus ......85, 171, 375

**Virus cannibal** ...............................371

Vivas Miguel Angel ..................336

**Vorace** ...............372

**Voyage au bout de l'horreur** ... 379

**Voyage dans la Lune (Le)** ........ 373

*Voytinskiy Alexander* .......... 293

*Wachowski Larry & Andy* ................ 179

Walking Dead .. 338

*Wan James* ....... 255

**Warcraft : le commencement** ............................... 355

**Watchmen** ...... 285

**Waterworld** .... 142

*Wawhowski Andy et Lana* ............... 325

*Webb Marc* 309, 327

*Wegener Paul* .... 53

*Whale James* 53, 55

*Whedon Joss* ... 309, 345

*White Zombie* ... 35, 381

*Wiene Robert* ... 372

*Wilcox Fred M.* ..68, 74

Williams Tod .....332

**Wing Commander** ..186, 375

*Wingard Adam* .368

*Wise Robert* 63, 104, 129, 372

**Wishmaster** ...158, 160, 161

*Wishmaster 2* ...162

*Wishmaster 3* ...162

**Wishmaster 4 La Prophétie** ..194

*Witt Alexander* .228

**Wolverine 5 The-** ...............................325

**Wolverine : le combat de l'immortel** .......325

*Wood Ed* .............383

*Wyatt Rupert* ....295

*Wynorski Jim* ....296

**Xangadix** ..........132

X-Files. 170, 172, 375

**X-Men** ........190, 300

**X-Men : Days of Future Past** ....327

**X-Men 2** ....191, 300

**X-Men l'affrontement final** ...........300

**X-Men le commencement** ..............................300

**X-men les origines : Magneto** ...........310

**X-men Origins : Wolverine** .......284

**X-Men origins: Wolverine** .......300

**Xtro** ..................374

**Yeux sans visage (Les)** ..372

*Yu Ronny* .. 166, 229

*Yuzna Brian* .....130, 179, 198, 382

**Zombeavers** ...342

**Zombi 2** ............381

Zombi III ...226, 381

Zombie .36, 118, 226

**Zombie academy** ..........381

Zombie le crépuscule des morts-vivants.... 14

www.ingramcontent.com/pod-product-compliance
Lightning Source LLC
Chambersburg PA
CBHW032145080426
42735CB00008B/593